梯實圓

正信偈講座

正信偈講座

梯　實圓

【目　次】

はじめに …… 4
第一章　ご恩に報いるために …… 6
第二章　お念仏は「如来行」 …… 19
第三章　私たちを呼び覚ます光 …… 32
第四章　本願名号（南無阿弥陀仏）の救い …… 49
第五章　念仏者は弥勒菩薩に同じ …… 63
第六章　「如来」とは何か？ …… 77
第七章　人生の荒波を超える道 …… 91
第八章　尊くかけがえのない者たち …… 104
第九章　お念仏の道を伝えた高僧たち …… 118
第十章　龍樹菩薩㈠　大乗の巨人 …… 131
第十一章　龍樹菩薩㈡　易行道の行き方 …… 144
第十二章　天親菩薩㈠　真実のはたらき …… 157
第十三章　天親菩薩㈡　一心の功徳 …… 171
第十四章　曇鸞大師㈠　大乗仏教の極致 …… 184

第十五章　曇鸞大師㈡　他力のこころ……197
第十六章　道綽禅師㈠　末法を生きる……211
第十七章　道綽禅師㈡　救われない理由……226
第十八章　善導大師㈠　浄土教を救った高僧……239
第十九章　善導大師㈡　無量寿仏の名をたもて……252
第二十章　善導大師㈢　仏さまに認められて生きる……265
第二十一章　善導大師㈣　阿弥陀仏に遇う……278
第二十二章　源信和尚㈠　日本浄土教の黎明……292
第二十三章　源信和尚㈡　仏さまに背きながら……305
第二十四章　法然聖人㈠　父の遺言を胸に……318
第二十五章　法然聖人㈡　四十三歳の回心……330
第二十六章　法然聖人㈢　回心の内景……344
第二十七章　法然聖人㈣　善悪を超えた世界……357
第二十八章　法然聖人㈤　深く信ずる心……370

※『浄土真宗聖典（註釈版）第二版』は『註釈版聖典』、『註釈版聖典（七祖篇）註釈版』は『註釈版聖典（七祖篇）』、『浄土真宗聖典全書』は『聖典全書』と略記しております。

はじめに

「正信念仏偈（正信偈）」は、浄土真宗の宗祖・親鸞聖人が『顕浄土真実教行証文類』「行文類」の末尾にお示しくださった、六十行百二十句のお歌です。私ども浄土真宗の門徒にとっては、毎朝・夕のおつとめの際によませていただく、もっとも親しみ深いお聖教です。父は、「親鸞聖人のみ教えはすべて正信偈に込められている」と申しておりました。私どもが父から教えられたのは正信偈の言葉でした。

本書は、朝日カルチャーセンター大阪中之島教室での講義を文字に起こし、「季刊せいてん」に連載された文書を整理・編集したものです。「季刊せいてん」は、聖典をはじめて手にされたご門徒を対象に、親鸞聖人のみ教えを楽しく学んでいただけるよう、浄土真宗本願寺派総合研究所が発行している学習誌です。とてもわかりやすく書かれています。

「正信偈」は、二〇一三年春の号から二〇一九年冬の号まで二十六回にわたり掲載されました。連載がはじまって一年余で亡くなりましたので、それ以降の校正は私が担当しました。今般は編集にあたり、父の言葉を忠実に表記するよう努めました。

本年はご本山で親鸞聖人御誕生八百五十年・立教開宗八百年慶讃法要が厳修されます。記念の年に刊行されますご縁をよろこび、御同行とともに読ませていただこうと思います。

出版にあたり、浄土真宗本願寺派総合研究所ならびに本願寺出版社に、深く御礼申し上げます。

令和五年三月

梯　信暁

第一章　ご恩に報いるために

多くの讃歌を造られた親鸞聖人

親鸞聖人(しんらんしょうにん)は、天性豊かな詩才を備えた方だったのでしょう、たくさんの讃歌をお作りになっています。その中には「正信念仏偈(しょうしんねんぶつげ)（正信偈(しょうしんげ)）」のような、漢詩の形式を取った漢讃(かんさん)もあれば、わかりやすい和語に訳された和讃(わさん)もあります。「讃」とは、仏様の徳をほめ称える詩のことで、和讃などは、普通には和語で仏徳(ぶっとく)を讃嘆した歌という意味ですが、聖人は独特の意味を込めて「やわらげ、ほめ」（『浄土和讃』、『註釈版聖典』五七四頁、脚註）と仰います。漢文で書かれていた聖教の御文をわかりやすい和語に直し、口ずさみやすい「今様(いまよう)」の形式で歌った讃歌ということです。和歌がフォーマルな詩であるとしますと、「今様」は、くだけた庶民的な形式だったからです。白拍子などは、お酒の座でも用いる俗な詩ですが、親鸞聖人の和讃は、歌の形式で仏徳をたたえた釈教歌(しゃっきょうか)でございます。

漢讃としての「正信念仏偈」

それに対して漢詩で仏徳を讃嘆された詩を「漢讃」と言います。なお、梵語で書かれた詩は「梵讃」と言うのですが、これは聖人にはありません。このように、和讃、漢讃、梵讃と、仏様の徳を讃嘆する詩に三種類ありますが、これからお話を致します「正信念仏偈（正信偈）」は典型的な漢讃です。

親鸞聖人の漢讃には、三つあります。一つは『教行証文類』の中に示された「正信念仏偈」と、『浄土文類聚鈔』に示されている「念仏正信偈」と、独立した『入出二門偈頌』です。『浄土文類聚鈔』は、おそらく『教行証文類』を完成していかれる内に、『教行証文類』六巻を一巻にまとめられた聖教です。その中に、「〈念仏正信偈〉をつくりていはく」（『註釈版聖典』四八五頁）といって、「正信念仏偈」と同じ、六十行百二十句の「念仏正信偈」が説かれています。一般には「念仏偈」と呼んでおります。内容は同じですけれども、文言がだいぶん違います。

『入出二門偈頌』というのは、「正信偈」と似たりよったりの七十四行の偈文ですが、天親菩薩の『浄土論』と、曇鸞大師・道綽禅師・善導大師の釈義を讃嘆する独立した讃歌です。

従来、聖人の門弟の真仏上人という方が写されたものから、撰述は八十四歳だといわれていますが、聖人八十歳の奥書を持つ写本もあります。一方、「正信偈」は、少なくとも六十三歳頃に清書された草稿本から転写された東本願寺本（自筆本）にすでに掲載されていますから、五十歳代には成立していたと見てよいと思います。

なぜ、詩の形式なのか

この「正信偈」は「偈頌」と言われるように、言葉をととのえ、韻を踏んで造られた漢詩ですけれども、これは、教義を顕わす詩、いわゆる教義詩です。だから格調は高いけれども非常に難しい文章なのです。

そもそも、教義を詩の形で短く要約してまとめていくということは、インドでは最初期から行われていました。例えば、龍樹菩薩の『中論』というのは、龍樹菩薩が作った詩を、別の人が散文で註釈を施したものです。天親菩薩の『浄土論』ですと、最初に「世尊我一心　帰命尽十方　無碍光如来　願生安楽国」という言葉で始まる一連の詩があって、この詩がどんな意味を顕わすかを説明する長行という散文の部分があります。こういうふうに、教理を詩（偈頌）で顕わし、散文（長行）で説明する、ということがインドではよく行われてきたわけでございます。

経典等でもそうです。『大無量寿経』は全体が散文でございまして、その中に、「讃仏偈（嘆仏偈）」とか、「重誓偈（じゅうせいげ）」とか「往覲偈（おうごんげ）」といった偈文があります。これは全体として散文の中に独立した形の詩で入っています。

何故に教えを詩の形で表すようになったのか、と申しますと、一番最初期は経文は文字に表さなかったのです。尊い言葉を文字に表すということは、その神聖性を損なうというふうな考えがあって文字に表さない。それで言葉を記憶して後世に伝えたわけなのです。その為に、韻を踏んだ詩の形を取り入れると記憶しやすい。そこで、記憶に便利なように詩、韻文にしてあるのです。

それからもう一つは、宗教的な心情が高まると、それを表現すると、リズミカルな言葉になるわけです。それぞれの民族の持っている独特の生命のリズムに合せて詠んでいく。そういうことで教えが、詩の形を取って表されてきたわけです。

「正信偈」がわかれば真宗がわかる

この「正信偈」も、『教行証文類』一部六巻に顕わされている内容を、ギリギリまで要約して讃仰し、伝承しやすいように詩の形式で説かれたわけです。しかし「正信偈」には親鸞聖人の教えの全てが籠っていますから、凄く難しいのです。

また、これは詩ですから字数が決まっています。「正信偈」の場合は「帰命無量寿如来　南無不可思議光」と七言の詩になります。教えを一句七字に要約をして顕わしていくのですから大変密度の濃い文章になるわけです。ほんの一つの言葉でも、実に深く広い内容を持っています。

昔から「正信偈」がわかったら真宗がわかると言われます。逆に言ったら真宗がわかっていないと「正信偈」はわからないというくらい難しいのです。これから段々と申しますけれども、前半の部分には「浄土三部経」、殊に『大無量寿経』のこころが述べられ、そして後半の部分は『大無量寿経』の教えをインド、中国、日本の三国にわたって伝承して下さった七人の高僧方の教えを六十行百二十句の短い言葉の中に全部要約しているわけです。

「正信偈」の序文

この「正信偈」には、真宗の教え全体を、いいかえれば『教行証文類』の全体を要約するのだという意味で、初めに序文が置かれています。

おほよそ誓願について真実の行信あり、また方便の行信あり。その真実の行の願は、諸仏称名の願（第十七願）なり。その真実の信の願は、至心信楽の願（第十八願）なり。これすなはち選択本願の行信なり。その機はすなはち一切善悪大小凡愚なり。往生はすなはち難思議往生なり。仏土はすなはち報仏・報土なり。これすなはち誓願不可思議一実真如海なり。『大無量寿経』の宗致、他力真宗の正意なり。

（『註釈版聖典』 二〇二頁）

これだけの言葉に『教行証文類』の全体、すなわち浄土真宗の法義の総てが要約してあるのです。阿弥陀様の本願の中に真実の行を誓った願と、真実の信を誓った願がある。また方便の行信を誓った願がある。その真実を誓った願によって成立している法義が「教、行、信、証、真仏真土」という前五巻に示したものであり、方便の行信を明かしたものが「方便化身土文類」といわれる第六巻の内容であるというのです。

この真実の行を明かした願が、阿弥陀仏の四十八願中の「諸仏称名の願」、つまり第十七願である。その真実の信を明かした願は「至心信楽の願」、すなわち第十八願である。これがすなわち法然聖人が言われた「選択本願の行信」である。その真実の行信を頂戴して救われていく機（救いの目当て）はどういう者かと言うと「一切善悪」「大小凡愚」である。善人であれ悪人であれ、大乗の人であれ小乗の人であれ、どんな愚かな凡夫であっても、すべて阿弥陀様の救いの対象になっているのだ。その人々が平等に「行信」を頂いて往生をする、その往生を「難思議往生」という。

行を明かすのが「行文類」です。信を明かすのが次の「信文類」、それから難思議往生を明かすのが「証文類」、その教えがそこから出て来て、そこへ我われを導いてくれる真実の仏土を明かすのが「真仏土文類」であるといわれるのです。

そして親鸞聖人は、「人間の思い計らいを完全に超越した、海のごとき広大無辺な絶対の真実が、阿弥陀仏の誓願の言葉、本願の言葉となって私達に届いているのだ。それを届けてくれているお経が『大無量寿経』であって、この『大無量寿経』の宗致（究極の法義）を私（親鸞）は〈他力真宗、浄土真宗〉と名付ける。それを『教行証文類』としてここに開顕し、その内容を要約して〈正信念仏偈〉として顕わしていく」と、言われているのです。

その内容の詳しい説明は本文の中で致します。

「正信偈」製作の思い

次いでこの「正信偈」を造った思いを述べていかれます。まず「ここをもつて知恩報徳のために宗師（曇鸞）の釈を披きたるにのたまはく」（『註釈版聖典』二〇二頁）と、曇鸞大師のお言葉によってご自分の思いを述べていかれます。

お釈迦さまと祖師方は、尊い教えによって、私を教えを聞ける人間に育てて下さった。その御恩を知り、その徳に報ずるためにこの「正信偈」を造っていこうと思うが、それについて曇鸞大師は『往生論註（論註）』に、「知恩報徳」ということを言われているというのです。

それ菩薩は仏に帰す。孝子の父母に帰し、忠臣の君后に帰して、動静おのれにあらず、出没かならず由あるがごとし。恩を知りて徳を報ず、理よろしくまづ啓すべし。また所願軽からず、もし如来、威神を加したまはずは、まさになにをもつてか達せんとする。神力を乞加す、このゆゑに仰いで告ぐ

（『註釈版聖典』一〇二頁）

天親菩薩は『浄土論』の一番最初に、「世尊我一心　帰命尽十方　無碍光如来　願生安楽国」（世尊、われ一心に尽十方無碍光如来に帰命したてまつりて、安楽国に生ぜんと願ず）（『註釈版聖典（七祖篇）』二九頁）と仰せられています。すなわち「世尊よ、私はふたごころなく貴方の御教えに従って、貴方が教えて下さった通りに尽十方無碍光如来（阿弥陀仏）に帰命したてまつって、その安楽国に往生したいと願っております」と言われています。

このご文は、天親菩薩がお釈迦さまに対して「世尊よ」と呼びかけられた言葉の意味を述べられたものでした。

「世尊」とは「世の中で一番尊ばれるべきお方」という意味で、仏陀の尊称です。仏弟子は、たとえ何百年を隔てていても、書物を書く時には、まず天親菩薩が、仰ったように「よいことを教えて下さいました」と、お釈迦さまにお礼を申し上げて、「貴方のお陰により、貴方の教えに順（したが）って、私はこういう思いでこの書物を書いていきます」と、申し上げるのは当然のことであると曇鸞大師は仰っているわけです。

「それ菩薩は仏に帰す」とは、真実の道を歩む菩薩は、常に根本の師である仏陀（釈尊）の教えを仰ぎ、導かれながら生きていきますから、天親菩薩が釈尊に全幅の帰依を表明されるのは当然のことです。帰依の帰とは「帰順」のことであり、依とは「依拠」拠り所のことです。要するに我見（がけん）（自分本位の誤った見解）を捨てて、真実を教えて下さる仏陀のお言葉を心の拠り所として、「素直に仰せに従う」ことを帰依というのです。

それを孝子と忠臣の生き方に喩えて、菩薩が仏に従うことは、ちょうど孝行な子どもが父母の心に随順するようなものだ。また忠義な家来が主君やお后のお心に従っていくようなものであるといわれるのです。「動静おのれにあらず」の「動静」というのは、「動くことと静かなこと」ですから、立ち居、振る舞い、すなわち「行動」ということです。菩薩の行動はすべて自分の思いから出るのではない。孝行な子どもは親の心を心として行動し、忠義な家来が主君の心を心として働いていくように、仏のお心を根拠として行動するということです。

「出没かならず由あるがごとし」の「出没」とは親や主君の前に出て来ること、そしてその前を去って余所へ行くことです。ことに菩薩の場合は、「自利・利他」の活動のことです。常に仏のみ教えを聞いて自身の行動を正し、仏の大悲心を学んで、人々を導き、安らぎを与えて行く、一切の行動が己の心によって行うのではなくて、仏の意向に従って、行動していくからです。

「由あるがごとし」といわれる「由」というのは「根拠」ということです。仏の教えを根拠とし、仏のお心を心として行動していく。仏によって救われ、仏によって真理の道を明らかにしてもらった菩薩は、その御恩を知るが故に、その仏の徳に応えようと自利、利他に励んでいきます。だからどんな行動をする時でも必ず最初に仏に向かって自分の思いを述べていくのです。

「理よろしく、まづ啓すべし」の「理」とは「道理として」ということです。「啓すべし」の「啓」とは開くということです。ここでは教えて下さった仏に向かってまずその想いを開き述べていくのが道理にかなっているというのです。それゆえ天親菩薩は、まず「世尊よ」と仰ったというのです。要するに、お釈迦さまの教えに従って真理を知り、お釈迦さまの教えに従って歩むべき自利、利他の道を明らかにして頂いた喜びから、その徳に報いようとして、まず『浄土論』の初めに「知恩報徳」のために仏陀の御名を呼んで「世尊よ」と云われたと曇鸞大師は仰っているわけです。

次いで『論註』には、「また所願軽からず、もし如来、威神を加したまはずは、まさになにをもつてか達せんとする。神力を乞加す、このゆゑに仰いで告ぐ」という文章が続きます。「神力を乞加す」の「神力」とは威神力、如来の不可思議な力ということです。もともと「神」とは、人間の思いはからいを超えた不思議な働きを顕わす言葉でした。人間の思いを超えた仏さまの教えとそのお心を伝えていくことは人間の力の及ばない至難の業です。「本来は仏さましかできないことですが、出来るだけ仏さまのお心に添うように説いて、人びとに聞いていただきたいと思っています。何とぞ私に神力を加えて頂いて、私の願いを果し遂げるようにして頂きたい」というので、天親菩薩は「世尊よ」と言われたというのです。

親鸞聖人がこの曇鸞大師のご文をここに引用されたのは、天親菩薩が『浄土論』を説かれたのと同じ思いを込めて「正信偈」をお作りになっていたことが解りましょう。

釈尊と七高僧の教えに導かれて

しかれば、大聖（釈尊）の真言に帰し、大祖の解釈に閲して、仏恩の深遠なるを信知して、
「正信念仏偈」を作りていはく、

（『註釈版聖典』二〇二頁）

そこで私親鸞は、大聖（お釈迦さま）の真実の御言葉に従い、阿弥陀仏のこころを我われに説いて下さった大祖（七高僧）の解釈を開き見て、阿弥陀仏の御恩の尊いことを疑いなく知らせて頂きました。そのご恩に応答するために、「正信念仏偈を作りていはく」と言い、「正信偈」が始まるわけです。この言葉で「正信念仏偈」は何を顕わそうとしているかということがだいたいわかります。

最初の「大聖の真言に帰し」の「大聖」とは、直接的にはお釈迦さま、「真言」とは真実の御言葉ということです。具体的に言いますと『大無量寿経』、広げれば「浄土三部経」になります。けれども、親鸞聖人は、「浄土三部経」は、真実教である『大無量寿経』に収まると見られますから、端的に言えば『大経』に従ってこれから述べていくのが前半の部分です。これは経によって讃嘆する一段というので「依経段（えきょうだん）」と呼んでおります。これが最初の「帰命無量寿如来」から「難中之難無過斯」までです。

次に「大祖の解釈に閲して」という、「大祖の解釈」とは直接的には曇鸞大師の『論註』を指していますが、広く七高僧の釈義のことです。七高僧が『大無量寿経』の心を説き顕わし、阿弥陀仏の本願を私に知らせて下さった、それを「大祖の解釈」と言われるのです。それを讃嘆されたのが後半ですので「依釈段（えしゃくだん）」と言い慣わしています。それが、「印度西天之論家」から、最後の「唯可信斯高僧説」までです。こういう形式で「正信偈」は、大きく前半と後半の二つの部分に分れているわけです。

「仏恩の深遠なるを信知して」の「仏恩」とは阿弥陀仏と釈迦・諸仏の御恩です。阿弥陀仏の御本願の御恩の深遠、我われの思いの届かない深く遠い広大無辺な御恩を頂いているということをお知らせ頂きました。それに応える意味で「正信念仏偈」を作らせて戴いたと仰せられるわけです。

第二章　お念仏は「如来行」

正信とは

「正信念仏偈」の「正信」とは「正しい信心」ということです。この「正しい」ということは、目標に向って真っ直ぐに歩いている状態、すなわち目標に正対している状態を表す言葉です。だから、「正当」とか、「正対」とか、「中正」ともいわれるのです。

また「正」というのは、「邪」に対する言葉です。

「邪」というのは、曲っているということで、目標に向かって曲っていて真っ直ぐに行っていない状態です。悟りを開こうとするものが、その悟りを開く正しい道から外れた生き方をしているならば、それは邪道であると批判します。

こうして「正信」とは、目標である仏様の悟りに正対し、契った信心をいいます。親鸞聖人は、正しい信心というのは、仏様から与えられたもの、仏様の心が私に届いたものであると「信文類」

で詳しく表されています。すなわち仏様のみ教えを聞いて、真と受け入れるような心は、それはもう人間の本来の持ち前の心ではなくて、仏様の心なのだというので、信心の本質は仏心（大智、大悲心）であると讃えられています。この信心について、「私のはからい心を雑えないで、仏様の仰せを仰せの通りに受け入れている無疑（むぎ）の状態を信心というのだ」と聖人は言われています。

念仏は如来のはたらきが私の上に顕れ出たもの

念仏には色々の意味がありますが、法然聖人から教えられた本願の念仏は、「称名念仏（しょうみょうねんぶつ）」でした。それは、「〈南無阿弥陀仏〉と、阿弥陀仏のみ名を称えよ」と言われた通りに、口に阿弥陀仏のみ名を称えながら生きていく。こういう相（すがた）を念仏という。これを本願の行というのです。行というのは行いということです。ただし念仏とは確かに私が称えているのだけれども、それは私のはからいによって称えているのではなくて、阿弥陀如来が選び定めて、与えて下さった南無阿弥陀仏という正定業（しょうじょうごう）、すなわち如来の救いのはたらきが私の口に顕れ出ているすがたである。言いかえれば、如来の行を行じているのである。そういう風に親鸞聖人は見ていらっしゃるのです。

言いかえれば、私が念仏を称えるということは、お釈迦様が『大無量寿経』や『阿弥陀経（あみだきょう）』をお説きになっているのと同じ意味を持つ。念仏は凡夫が行っているけれども、凡夫の行いではない。

如来の行を行じている。これが念仏だ、という風に聖人は仰います。

例えば道元禅師は座禅のことを「仏作仏行」といわれたそうです。私が結跏趺坐して瞑想している。その相はお釈迦様が始終瞑想しておられる相と全く同じだというのです。結跏趺坐とは凡夫の行いではない、如来の行いを行っているのだというので「仏作仏行」と言うのです。だから座禅をして、その後に悟りを開くというのではないのだ。座禅をしている相が悟りの相であるというわけです。

道元禅師は、「仏となるに、いとやすきみちあり」と言われた前に

> ただわが身をも心をもはなちわすれて、仏のいへになげいれて、仏のかたよりおこなはれて、これにしたがひもてゆくとき、ちからをもいれず、こゝろをもつひやさずして、生死をはなれ、仏となる。
>
> （『正法眼蔵（四）』「生死」、四六八頁、岩波文庫）

と言っておられます。言葉を聞いたら何か簡単なように聞えますが、「そうしたら一体どうしたらよいのですか」と尋ねたら、「仏様の仰る通りに生きたらいいのだよ」と仰るのです。そして、「仏様の仰る通りに生きるとはどうするのですか」と聞くと、「一滴の水も無駄にせず、朝から晩まで

仏様の教えに従って、キチンとした、見るからに仏様らしい生き方をしなさい」と言うのです。「それが出来ないので困っています」と言うと、「それはお前が弱いのだ」と仰るのです。道元禅師は厳しいのです。

親鸞聖人はそんな難しいことは仰いません。しかしお念仏はまさに「如来行」です。「私が称えていても、私の行いではない。これは如来が我に在ってはたらきたもう相である。だから一声一声、仏様の説法を聞くようにお念仏は聞くものだ」と仰るのです。これが有名な「行文類」の六字釈に、南無阿弥陀仏とは、如来が私を招き喚んでくださる声であるといい、「本願招喚の勅命」（一七〇頁）といわれたお言葉です。「本願の念仏は私の行動ではなくて、如来の行動が私の上に顕れている尊いはたらきである。だから念仏は大行であり、真実の行である」という風に仰るわけです。これが行です。阿弥陀仏の本願を信じて、阿弥陀仏の仰せのままに念仏を称えていくのです。

先日ある講演で、「なかなかお念仏が出ないのですが、どうしたものでしょうか」という質問をいただきました。「どうしたものでしょうか」と言われても困ります。私が代りに称えてあげるわけにはいきません。「称えない自分が浅ましいと気づいたら、すぐにお念仏することです」。これしかないのです。人間というのは、自分の心に任せていたら段々段々怠ける方に行くものです。「自分の心に任せないで、仏様に任せろ」と言われるのですから、仏様の仰せに任せて、その仰せの通りにお念仏しようと勧めていくことです。「勧めたら自力になるではないか」と言いますが、そんなものは自力とは言いません。一生懸命念仏して「これが仏様のおはからいだった」と気がついたら、それを他力というのです。一生懸命念仏して「俺がやった」と自慢しているのを自力というのです。自力と他力というのは努力するかしないかという所で見てはいけません。努力の質の問題なのです。怠け者の自分が、謹み深く努力をし励んでいく。そして、こんなに励む私ではなかったのに、励ましていただくというのは有り難いなというふうにいただけば、それを他力というのです。なお自力、他力については後に詳しく申し上げます。

「本願を信じ念仏を申す」、これが浄土真宗

聖人は「正信偈」で、「どうして私は本願を信じ念仏申す身になったか」ということを二段に分けて仰っています。初めの「依経段」といわれる部分には、お釈迦様の教えである『大経』に依って、さらに後半の「依釈段」といわれる部分には、そのお釈迦様の教えを、インドから中国、そして日本へと伝えてくださった七人の高僧方のお勧めに依って、私は本願を信じ念仏を申す身にしていただきました、という風に仰っているのです。

「正信偈」の序文には、「おほよそ誓願(せいがん)について真実(しんじつ)の行信(ぎょうしん)あり」（『註釈版聖典』二〇二頁）とあ

りました。その「真実の行」というのは「諸仏称名の願（第十七願）」によって恵まれ、そして「真実の信」というのは「至心信楽の願（第十八願）」によって与えられました。これが「選択本願の行信」である。「真実の行信」とは、本願を信じ念仏を申すということです。この選択本願の行信を聖人は「浄土真宗」と呼ばれたわけです。元々、親鸞聖人が言われた真宗というのは、教団の名前ではなく、阿弥陀様の本願のはたらきに名づけた言葉でした。さらに、具体的には、私が、今こうして本願を信じ念仏申していることを浄土真宗と言われたのです。このように、浄土真宗、すなわち本願の行信を讃嘆する身になったことを慶ばれたのが「正信念仏偈」だったわけです。

「帰命無量寿如来　南無不可思議光」

「正信偈」の最初は

帰命無量寿如来　南無不可思議光

（無量寿如来に帰命し、不可思議光に南無したてまつる『註釈版聖典』二〇三頁）

という言葉で始まっております。この二句は、「南無阿弥陀仏」というインドの言葉を中国語に訳したものです。「私達の思いはからうことのできない、限りない寿命の徳をお持ちになった如来様に帰命したてまつる。人間の思いはからいを超えた、悟りの智慧の光明の徳をもって、すべてのものを導きお救いくださる仏様に帰依したてまつる」。

なおこの二句は、親鸞聖人が阿弥陀仏への帰依と敬順をあらわされた頌（詩）ですから、「帰敬の頌」ともいいます。またこれは前半の「依経段」で讃えられる内容を総じて讃えたもの（総讃）であると同時に「正信偈」全体の総讃でもあります。

その第二句の「南無」はインドの「ナマス」という言葉が変化した「ナモ」の音写語で、第一句の「帰命」とはそれを中国語に翻訳した言葉です。帰命という言葉を、親鸞聖人は、信心と同じ意味で使われています。ナマスという言葉には心から仏や菩薩を崇め尊び敬意を表するといった意味があり、礼拝するといった意味もそこにあります。それを中国では「帰命」と翻訳しました。すると今度は、中国語としての帰命という言葉の意味を非常に厳格に見るようになります。大きく分けて三種類くらいの解釈があります。

一番目の解釈は、帰命の「帰」は「帰投、投げ出す」という意味です（帰投身命）。帰というのは仏様に身命を帰投する。命を投げ出して、すべてを仏様に投げ出して、仏様の教えに従っていこうとする。仏様の教えを受け入れるその態度を帰投身命といいます。

二番目は、「帰」は「帰順、順う」ということで、「命」とは身命ではなくて、「教命」であるという風に解釈しています（帰順教命）。帰命の命とは〝いのち〟ということではなくて、教えということ。「ああしなさい、こうしなさい」と指図をしていくことを命ずるといいますが、この場合は、命令の命で教えのことです。だから帰命とは「教えに順う」ということになります。

この二つの説は中国の唐の時代に活躍した賢首大師法蔵という方の『大乗起信論』の註釈の中に出ています。

三番目の説は、新羅仏教・さらには朝鮮仏教全体の祖師といわれる元暁という人が『大乗起信論』の註釈をするなかにあります。この説では、「帰」とは「帰還」、「命」とは「命根」といってあります（帰還命根）。あるいは、「命をその根源に還す」ということだというので、「還源命根」というようにもいわれます。つまり私の命は、私の命ではなくて、もっと大きな宇宙的な根元的な命であり、それが如来の命であるということに目覚める。そういうことを知るのを「命根を源に帰す」という意味で帰命という、こういう風に解釈するのです。

大きく分けてこういう三つの解釈を、中国、朝鮮半島、日本を通して用いるわけです。日本の浄土教の流れの上でみますと、①の阿弥陀様の仰せに命を投げ出して従っていくことを帰命というのだという言い方をしますのは、浄土宗の鎮西浄土宗、今の知恩院の方たちです。それに対して②

の帰順教命という意味で仏様の仰せに順うことだと言ったのが親鸞聖人です。そして③の阿弥陀様という根元的な命に帰す、我が命は阿弥陀の命であったことに気づくのが帰命だと言うのは、大体西山派系の方たちの考え方です。

しかし親鸞聖人の一番特徴的な解釈は、「帰命とは如来の仰せに順うことだ」というものです。阿弥陀仏に帰命するというのは、限りない寿命の徳をお持ちになった親様の仰せに順い、帰依し、その親様の所に帰らせて頂くのだという風に仏様の仰せに順っていく。そして限りない智慧の光をもって万人を浄土へと導き喚びさましてくださる、仏様の本願の言葉に順って生きていく。このように、阿弥陀様の仰せに順って限りない仏の命の世界に帰らせて頂くことを、帰命というのだと聖人は見ておられるのです。

五十三仏の出現―人間存在の底知れなさ

「帰敬の頌」に続いて、「正信偈」では、

法蔵菩薩因位時　在世自在王仏所
（法蔵菩薩の因位の時、世自在王仏の所にましまして『註釈版聖典』二〇三頁）

という言葉が続きます。『大経』を見ますと、阿弥陀仏とは一体どういう仏様かということを説明するのに、想像もできないような久遠の昔に、暗がりの中に灯火を灯すという意味を持つディーパンカラ（燃灯仏・錠光如来）という仏様が出現し、その次に、そしてその次に、またその次にと、次々次々と出現してきた五十三の仏様の名前が連ねられております。その最後に世自在王仏という仏様が出現されたというのです。

ところでこの「説話」というのは非常に重要な意味を持っています。こういうことを理論的に言ってもおそらく何の説得力も無いでしょう。むしろ説話という形で説く方がズゥーっと人々の心の深い所に如来のお心が入り込んでいきます。

人間というのは実は説話というものを生み出していく動物なのです。たとえば、ギリシャ神話というものは人類の文化の源です。仏教の場合では、殊に大乗経典は壮大な説話でその教えを伝えています。これは人類の永遠の宝庫です。そこから芸術や、演劇、音楽が生れ、様々な文化が生れてくるのです。ただし、仏教の場合は神話ではなくて仏話と言わなければなりません。

『大経』には、世自在王仏が出現する前に、「乃往過去久遠無量不可思議無央数劫」（『註釈版聖典』九頁）に、五十三の仏様が出現したという、人間の想像もできないような所から説き起されていきます。そもそも、人間存在というものは底の知れないものです。全ての人はみんな無限の過去を背負っていて、無限の未来に向っており、どれだけの〝いのち〟の深みを背負っているか誰にもわからない。しかし、そういう根源が我々の思いの届かない所にあることを語っているのです。

二人の王様―世自在王仏と国王（法蔵菩薩）

その世自在王仏が出現された時に一人の国王がおられたといいます。その国王がたまたま世自在王仏の説法を聞いて大変感動をします。そして国王は、世自在王仏に帰依して弟子になっていくというのです。

世自在王仏（ローケーシュヴァラ・ラージャ）とは、「世間にあって自在に人々を救う王様のような徳をもつ仏」という意味を顕しています。世自在王は聖なる領域を顕す王様です。それに対して、法を聞く国王（法蔵菩薩（ほうぞうぼさつ）となる）は俗なる領域を顕す王様です。人間は、富と地位と名誉と権力を求めて命を磨り減らしているわけですが、最高の富と地位と権力と名誉を持つその国王は、世自在王仏に遇って教えを聞いて、世俗の空しさを知り、弟子となって、これらを全部捨ててしまったのです。その時、初めてこの人に「法蔵（ダルマーカラ）」という名前が付くのです。「ダルマーカラ」とは、「ダルマ・アーカラ」を略して言う言葉で、ダルマというのは法、真理ということ、アーカラには「生み出す所」とか源泉、源という意味があります。そこから真理を生み出し、真理を顕現させ、真理を万人のものたらしめていくもの、そういう名前なのです。

その法蔵が世自在王仏の所へ行きます。そして世自在王仏を讃嘆（讃めたたえる）する偈を読むのです（「讃仏の偈」あるいは「嘆仏の偈」）。讃嘆するというのは、その仏様のお徳を本当に心を空しくして讃嘆する。その時、その徳が自分の方に宿って自分を改造し、自分のあり方を転換していくわけです。ここから菩薩としての誓いが生れてくる。その誓いを立てた上で法蔵は、「これからどのような世界を打ち立てていくべきでしょうか」と世自在王仏に尋ねます。そうしたら「自分でよく考えなさい」と言われるわけです。すると法蔵は、「私がこれから打ち立てていこうとする世界は私のような者には想像もつかない仏陀の境界です。私が考えてわかるような世界に私は命をかけることはできません」というのです。そこで世自在王仏は「それでは仏陀の境界を教えよう」と言って二百一十億の諸仏の世界を全部説き明かしていくわけです。それを聞いて法蔵は、一つ一つキチッと仏様方の世界を拝見して、どの仏様も実現できなかったことを実現しようとする誓願を起されるわけです。そのために五劫の間も思惟を重ねられたのです。こうして、生きとし生けるすべての者を、善悪賢愚の隔てなしに救うていく道を完成された。その誓いを四十八願という誓いとして顕したというのです。そしてそれを完成するために更に兆載永劫の間修行をした。これは五劫や十劫や百劫や千劫以上の、数えられないきわめて長い間の修行だったというのです。

　しかし考えてみると一人の人間を救うためには、一つの命をかけなければなりません。とすれば、生きとし生けるすべての者を救おうとすれば無限の命をかけなければならないのでしょう。やがて法蔵は、限りなく人々を支える仏陀と成っていかれました。そして万人を平等に救うために、南無阿弥陀仏という名を人々に聞かせて、仏の徳をすべての人に与えていこうとした。こういう説話が『大無量寿経』には展開されているわけです。

第三章　私たちを呼び覚ます光

アミターバ（無量光）と語る『大経』

前章では、阿弥陀仏が因位の法蔵菩薩の時に、世自在王仏のみもとで、五劫のあいだ思惟して本願を建て、南無阿弥陀仏という名前を十方に聞かせて、人びとを救済しようという誓いをお建てになったところをお話しました。

ここでは、法蔵菩薩が、兆載永劫にわたって修行を続け、やがて光明無量・寿命無量といわれる徳を完成して、阿弥陀仏となられたところになります。阿弥陀仏の徳は、光明無量と寿命無量で明かされますが、『大経』には、量り知ることができない智慧の光でお救いくださる方という意味でアミターバ（無量光）といい、その光明の徳を十二通りに顕されています（『註釈版聖典』二九頁）。

それを「正信偈」では、

普放無量無辺光　無礙無対光炎王
清浄歓喜智慧光　不断難思無称光
超日月光照塵刹　一切群生蒙光照

（あまねく無量・無辺光、無礙・無対・光炎王、清浄・歓喜・智慧光、不断・難思・無称光、超日月光を放ちて塵刹を照らす。一切の群生、光照を蒙る。『註釈版聖典』二〇三頁）

といわれています。『大経』には、この光明の徳に続いて、寿命の徳が顕されていますが（『註釈版聖典』三〇頁）、寿命の徳よりも光明の徳の方が倍ほど長く顕されています。『大経』の異訳の『大阿弥陀経』には、さらに詳しく光明の徳が語られています。

　インドの古い言葉であるサンスクリット本の『大経』を見ますと、阿弥陀仏のことはアミターバ・タターガタ（無量光如来）とあります。「アミダ」という言葉はインドにはもともとはなく、「阿弥陀」という言葉は中国で翻訳されたものです。その原語は一体何かと研究されていますが、実はよくわからないのです。けれども、『大経』では阿弥陀仏の原語は、必ずアミターバとなっています。これを原語の意味から翻訳すると「無量光」となるわけですが、中国の人は「無量寿」と翻訳しました。大胆な翻訳だと思いますが、おそらく、不老長寿を夢見た中国の人は、無量寿ということから、阿弥陀仏の浄土教に関心を示すようになったのでしょう。けれど、『大経』のサンスクリット本では、アミターバ（無量光如来）であったわけです。

反対に『阿弥陀経』での原語は、アミターバと言わず、アミターユス（無量寿）となっています。『阿弥陀経』の真ん中あたりで、「なぜあの仏さまを〈阿弥陀〉と名づけるのか。それは光明が無量であるから、そして寿命が無量であるから〈阿弥陀〉というのだ」（『註釈版聖典』一二三頁、取意）と言われています。寿命よりも光明が先に来ていますが、これは私たちが拝読している鳩摩羅什訳の『阿弥陀経』がそうなっているのであって、サンスクリット本、チベット本、玄奘三蔵が翻訳したものは全部、寿命が先で光明が後になっています。鳩摩羅什は、『大経』の次第によって『阿弥陀経』を翻訳しているわけです。

そのように、『大経』と『阿弥陀経』とでは説き方がちょっと違うのですが、光明を中心とした信仰形態のグループに伝承されたものが『大経』で、寿命を中心としたグループに伝承されたのが『阿弥陀経』だったのだろうと言われています。親鸞聖人は、光明系の思想家で、阿弥陀仏のことを「尽十方無碍光如来」「南無不可思議光仏」と語られ、ほとんど寿命のことは言われません。「正信偈」の冒頭に「帰命無量寿如来南無不可思議光」といわれているのは唯一の例外です。『大経』を「真実の教」（『教行証文類』、『註釈版聖典』一三五頁）といわれた聖人は、『大経』を伝承したグループと同じ思考形態をもっておられたのでしょう。法然聖人は、寿命を中心に見ていかれます。すべてのものは寿命が第一で、この世でも一番大事な宝は寿命であるといい、阿弥陀仏の徳も命に限りがないから成立しているとお考えになり、阿弥陀仏は限りのない寿命を本体とし、その仏様が一切の衆生を救っていくはたらきが光明であると説明されています。法然聖人のお弟子の西山派・証空上人や、時宗（衆）の一遍上人なども阿弥陀仏を寿命で捉えます。ところが親鸞聖人は違うのです。聖人は、「しかれば、阿弥陀仏は光明なり、光明は智慧のかたちなりとしるべし」（『唯信鈔文意』、『註釈版聖典』七一〇頁）と阿弥陀仏は光明の仏様で、光明は智慧の形で、智慧は形のないもの、よって阿弥陀仏は形なく十方を包み、十方の衆生を導き目ざめさせる仏様なのだというふうに説明されるのです。

言葉となって届く光の仏

「正信偈」のもとになる『大経』では、最初に「このゆゑに無量寿仏をば」（『註釈版聖典』二九頁）と言って十二光を語っていかれます。けれども、この言葉は翻訳者が入れた言葉でもともとはない言葉だったのです。十二光というのは、阿弥陀仏の光の徳によって十二通りの異名を出したもので、十二光仏ともいいます。

十二光の一番最初の①「無量光」は全体を総じて顕したものです。サンスクリットの「アミターバ」です。詳しくは「アミター（無量）」と「アーバ（光）」から成り、これを訳すと無量光となります。②「無辺光」の「無辺」とは、ほとりがない。阿弥陀仏の光明は照らさないところがなく、あらゆる空間を包み、すべての者をへだてなく救うという空間的な無限性を顕しています。③「無礙光」は、礙りなき光であり、如来の慈悲のはたらきを顕し、すべての者を礙りなく救う救済力の絶対性を顕しています。親鸞聖人はこの無礙光を十二光の中心と見られています。④「無対光」は、比べるものがないということで、まさに対を絶した絶対性を顕しています。⑤「焔王光」とは、かがり火の譬喩で、光の中の王様であると顕されています。次の⑥「清浄光」⑦「歓喜光」⑧「智慧光」は、阿弥陀仏の救済の具体的なあり様です。清浄光は貪欲（むさぼり）を、歓喜光は瞋恚（いかり）を、智慧光は無智（愚痴）の煩悩を対治していく。むさぼりの心を浄化し、いかりの心を静めて喜びを与え、無智を対治して智慧を開発していくはたらきを持っています。⑨「不断光」は、仏のはたらきは断えないということで、時間的な永遠性を顕します。それから⑩「難思光」は、思い難い、思量分別を超えているということで、如来の徳の不可思議性を顕します。⑪「無称光」の「称」とは、「称説（説く）」ということで、説くことができない「不可説」で、如来の徳は言葉を越えていることを顕しています。最後の⑫「超日月光」は、光明が月・日に超え勝れているということを顕している訳です。

この十二光の解説書として、親鸞聖人に『弥陀如来名号徳』という著作があります。信濃の正行寺（長野県松本市）というお寺に古写本が伝わっています。この古写本は、奥書によれば、親鸞聖人が八十八歳の時に書写されたものをさらに書写されたものということがわかります。残念ながら少し欠落した部分があるのですが、法然聖人の法語を記した『西方指南抄』に出てくる阿弥陀様の光明の徳を説明されたものを、もっと詳しく書かれたもので、聖人独自の見解が述べられています。

文末に置かれた「南無不可思議光仏」の横に、「南無は智慧なり。不可思議はりなり。光仏はきやうなりと知るべし」（『註釈版聖典』七三二頁、脚註）と左訓があります。「南無」とは「智慧」であり、「不可思議」とは「理」で、その智慧によって悟られる真理です。「光仏はきやうなり」というのは、不可思議光仏というのは「教え」の言葉となって私たちに届き、私たちを呼び覚ましている。それを一言で言えば、「南無阿弥陀仏」であり、「南無不可思議光仏」あるいは「尽十方無礙光如来」という名号なのだということでしょう。

「讃阿弥陀仏偈和讃」で讃えられる十二光

十二光のことは、『浄土和讃』の「讃阿弥陀仏偈和讃」の初めの部分（『註釈版聖典』五五七頁〜五五九頁）にも讃嘆されてあります。この和讃は、曇鸞大師の『讃阿弥陀仏偈』という漢文のお聖教を、親鸞聖人が、七五調で四句一首の和讃になるように非常に巧く日本語訳されたものです。

弥陀成仏のこのかたは
いまに十劫をへたまへり
法身の光輪きはもなく
世の盲冥をてらすなり
（『註釈版聖典』五五七頁）

この和讃は阿弥陀仏の徳の全体を示したものです。元の文章では、「成仏よりこのかた十劫を歴たまへり。寿命まさに量りあることなし。法身の光輪法界にあまねくして、世の盲冥を照らす。ゆゑに頂礼したてまつる」（『讃阿弥陀仏偈』、『註釈版聖典（七祖篇）』一六一頁）と書かれていますが、聖人は寿命無量のところを略して巧く四句にまとめておられます。

智慧の光明はかりなし
有量の諸相ことごとく
光暁かぶらぬものはなし
真実明に帰命せよ
（『註釈版聖典』五五七頁）

この句の「はかりなし」というのが①「無量光」です。「無量」とははかり知ることができないこと。無量に対するのが「有量」で、はかることができるもの、有限な相対的なものということです。私たちの存在は有限なものです。生れて死ぬ、肉体的にも精神的にも有限な存在です。その有限なすべての存在を包んで、限りない世界へと心の眼を開かせていくものが無量光仏といわれる阿弥陀仏なのだと言われているのです。

解脱の光輪きはもなし
光触かぶるものはみな
有無をはなるとのべたまふ
平等覚に帰命せよ
（『註釈版聖典』五五七頁）

ここには②「無辺光」の徳が讃えられています。「解脱の光輪きはもなし」とは、「きわ」「ほとり」がないということですから無辺光です。「光触」の光は、教え、お経の言葉を指しています。光に触れたもの、教えに触れたものはみな、「有無」を離れて、相対的なものの考え方を越えていくということです。私たちの物の考え方は、有るか無いかのどちらかに偏っています。私たちは、生きて有る状態を「生」と呼び、私の存在が無くなるのを「死」と呼ぶ。そのように私たちは生と死という枠組みでものを考えている。さらにまた自分に都合がよい状態には愛着を持ち、都合の悪い状態には憎しみを持つ。愛する者は味方、憎い者は敵というふうに描き出す。こうした物の考え方の枠組みを超えていくことが有無を離れるということになります。

光雲無礙如虚空
　一切の有礙にさはりなし
光沢かぶらぬものぞなき
難思議を帰命せよ
（『註釈版聖典』五五七頁）

この句の「光雲無礙如虚空」が③「無礙光」です。「光、雲のごとし」とは何のことでしょう。

私たちは光と雲は別物と考えています。しかし、光は雲があるから見えるのです。宇宙はまっ暗でしょう。地上に近い方が明るいのです。それは、太陽の光が地上にあたって乱反射して可視光線となっているからです。光は遮るものを通してその美しさを見せるのです。続く、「一切の有礙にさはりなし」ということは、無礙の光は私たち一人ひとりに素晴らしい存在の意味を与えるということ。「光沢かぶらぬものぞなき」の左訓に「ひかりにあたるゆゑに智慧の出でくるなり」（『註釈版聖典』五五七頁、脚註）とありますが、智慧が生れるということは、如来の智慧の光にあたって私に智慧が生れ、自分の存在の意味づけができるようになるということです。自分にとってこの一生は有りがたい一生でございました。そして死ぬことだって無駄ではない、浄土に生れる有り難いご縁なのだと受け止めるようになる。それは人間の思い計らいを越えた如来（難思議）の大きな救済を仰ぐことによることを「難思議を帰命せよ」と言われているわけでしょう。

清浄光明（しょうじょうこうみょう）ならびなし
遇斯光（ぐしこう）のゆゑなれば
一切（いっさい）の業繋（ごうけ）ものぞこりぬ
畢竟依（ひっきょうえ）を帰命（きみょう）せよ
（『註釈版聖典』五五七頁）

この「ならびなし」が④「無対光」の徳です。この智慧の光に遇うがゆえに、一切の罪の縄が断ち切れて、過去の束縛から解放される。人間は過去の事実を変えることはできなくても、過去の意味を変えることはできるのです。過去に新しい意味づけができるようになった時、過去を変えるものになる。そういう心が智慧なのです。

仏光照曜最第一
光炎王仏となづけたり
三塗の黒闇ひらくなり
大応供を帰命せよ

（『註釈版聖典』五五八頁）

仏の光は赤々と心の闇路を照らして最も勝れているから、この仏様を⑤「光炎王仏」と名づけられるのです。なお、この仏を「光炎王仏」と言われるのは、曇鸞大師が、同じ魏訳の『大経』でも、後に宋版（思渓版）に収録された経文に依られたからです。もし後の高麗版所収の経文ならば「炎王光仏」となります。なおまた、曇鸞大師が漢詩で韻を踏むために「光炎王」と順番を替えられたともいわれています。「炎」はほのお、明るいかがり火です。阿弥陀仏の智慧の光が私達の妄念妄想を断ち切って、魑魅魍魎が心の中で横行するのを消していくのが智慧の光のはたらきです。そのはたらきが「三塗の黒闇」を開くわけです。地獄・餓鬼・畜生という三塗は、私たちの妄想が作りあげた世界ですから、智慧の光が来たら、そんなものは影も形もなくなるのです。

道光明朗超絶せり
清浄光仏とまうすなり
ひとたび光照かぶるもの
業垢をのぞき解脱をう

（『註釈版聖典』五五八頁）

次は⑥「清浄光」です。清浄とは、仏自身が清らかであるだけでなく、それに触れる者を清らかにしていく、浄化していくはたらきを持つ。「道光」の道とは、「阿耨多羅三藐三菩提」の訳語で、さとりの智慧のこと。さとりの智慧の光は明るく朗らかに照らして、人びとの貪欲、瞋憎の心を浄化していくから清浄光という。一度その光に出遇った者は、業垢、罪業によって作りあげた心の垢が洗い流されて解脱を得ると讃えられます。

慈光はるかにかぶらしめ
ひかりのいたるところには
法喜をうとぞのべたまふ
大安慰を帰命せよ
（『註釈版聖典』五五八頁）

これは⑦「歓喜光」です。深い慈しみの仏様の慈悲の光は、はるかにすべての者を包んで、その光に出遇った者は真理を喜ぶ。怒りの心が融かされ、大きな安らぎと慰めを与えてくださるからその仏を「大安慰」と呼ぶといわれます。

無明の闇を破するゆゑ
智慧光仏となづけたり
一切諸仏・三乗衆
ともに嘆誉したまへり
（『註釈版聖典』五五八頁）

この「無明の闇」とは無智です。真理に暗い状態を言います。その無智を破って私達に真実、真理を見る眼を与えて下さるから⑧「智慧光仏」と名づけ、一切の仏さま方、声聞・縁覚・菩薩と呼ばれる聖者達（三乗衆）も阿弥陀仏の智慧の徳を讃嘆していらっしゃると、讃えられるのです。

光明てらしてたえざれば
不断光仏となづけたり
聞光力のゆゑなれば
心不断にて往生す

（『註釈版聖典』五五八頁）

阿弥陀仏の光明はどんな時も照らし続けて一瞬も絶え間がないから⑨「不断光仏」という。私たちは光の方向を向かずに自分の影ばかり見ているから心が暗いのです。影を見て怯えずに光に向かえば、影は邪魔にならないのです。我々はいろんな形で罪を作り、人に迷惑をかけ、自分自身を苛めていくようなこともある。けれど光を背にして闇ばかり追っていても救いの道はない。影を背にして光に向かう。そうすると影があっても邪魔にならない世界がある訳です。「聞光力」とは、教えを聞くことによって、私たちは闇を背中にして光に向かうようになる訳です。「心不断にて往生す」とは、仏を思う心が断えることなく浄土に生れていくということです。

仏光測量なきゆゑに
難思光仏となづけたり
諸仏は往生嘆じつつ
弥陀の功徳を称せしむ

（『註釈版聖典』五五八頁）

この句は⑩「難思光」にあたります。「測量」というのは測量することです。仏の光のはたらきは、思いはからいを超えていて、推し量ることはできないから「難思光仏」と名づけると讃え、あらゆる仏様方は、この阿弥陀仏によってあらゆる人々が悟りの世界へ生れさせていただくことを讃嘆し、そしてそう有らしめてくれる弥陀の本願力をたたえられています。

神光の離相をとかざれば
無称光仏となづけたり
因光成仏のひかりをば
諸仏の嘆ずるところなり

（『註釈版聖典』五五九頁）

これは⑪「無称光仏」です。「神光」とは不可思議なる光です。「神」とは不思議ということで、人間の思いはからいを超えた不思議なはたらき。それは相や形を超えているから「離相」といい、あらゆる分別による限定を超えているから言葉で表現し尽すことができないので無称光仏と名づける。「因光成仏」に、「光きはなからんと誓ひたまひて、無礙光仏となりておはしますとしるべし」（『註釈版聖典』五五九頁、脚註）という左訓があります。光がきわ（際）のないことを誓って仏になられた方であるから、その光の徳は無限である。だから、あらゆる諸仏方がそれを讃嘆されているというのです。

光明（こうみょう）月日（つきひ）に勝過（しょうが）して
超日月光（ちょうにちがっこう）となづけたり
釈迦（しゃか）嘆（たん）じてなほつきず
無等等（むとうどう）を帰命（きみょう）せよ
（『註釈版聖典』五五九頁）

そして最後に、阿弥陀仏の光明は太陽の光にも月の光にも超えている。それで⑫「超日月光仏」と申し上げるのだ。お釈迦さまは、阿弥陀仏の徳を昼夜一劫にわたって説き続けても説き尽すことはできないと仰っている。そして、「無等等」といわれる肩を並べるものがない平等覚者である阿弥陀仏を帰命したてまつれ、というのです。

第四章　本願名号（南無阿弥陀仏）の救い

名号による救い

本願名号正定業　至心信楽願為因
（本願の名号は正定の業なり。至心信楽の願（第十八願）を因とす。等覚を成り大涅槃を証することは、必至滅度の願（第十一願）成就なり。『註釈版聖典』二〇三頁）

親鸞聖人は、阿弥陀仏の正覚、悟りの内容を光明と名号でもって顕されています。前回は、光明についてお話しました。今回は名号による救済が顕されるわけです。「名号」というものは、真宗では一番大事な事柄なのです。浄土真宗とは名号を中心に展開する宗教と思って頂いてよいのです。ここに第十七願（一八頁）の意によって、「本願の名号は正定の業なり」と仰ってあります様に、阿弥陀仏の本願（第十八願）（同頁）は、第十七願に誓われた諸仏讃嘆の名号となって人々を喚びさまし、救済していくのです。親鸞聖人のお書きになったものを見ますと「名号」とか、「称名」「念仏」というような言葉を仰っている時には幾つかの例外を除いて、必ずといってよいほど、上に「本願」、「誓い」、「誓願」という言葉が付いています。これは名号が、ただの名ではなくて、阿弥陀仏の願い（第十八願）を具体化したものであり、その名が人々の心を如来・浄土に開き、救済していくということです。これが真宗の特徴なのです。だから阿弥陀仏といっても、浄土といっても、すべて名号という一点に集約していく訳です。

名号の「名」も「号」も、どちらも名乗りということです。「名」はおもしろい漢字で、「夕」と「口」と書いてあります。これは夕方になって薄暗くなると、そこに人がいるのはわかるが誰かわからないので、「あなたはどなたですか?」とたずねます。その時に「私は梯でございます」という風に名前で答えるわけです。そういえば夕方のことを「たそがれ」といいます。誰かよくわからないので「誰そ彼」です。そして「号」という字は上に大きな口が書いてあって、大きな声で叫ぶという意味であり、また「何々と号す」というように名乗るという意味があります。「名」も「号」もどちらも名乗りです。

「南無阿弥陀仏」という仏様

名号の「南無」という言葉は、もともと仏に対して帰依し、礼拝し、心から尊敬をする、という意味の言葉ですから、礼拝する側の心境を表す言葉です。釈迦牟尼仏に心から礼拝を捧げますという時に「南無釈迦牟尼仏陀」と呼びます。だから「南無」というのは名前ではない。けれども阿弥陀仏だけは、「南無阿弥陀仏」が仏の名前であるというのです。

親鸞聖人は『唯信鈔文意』の中で「〈尊号〉と申すは南無阿弥陀仏なり」（『註釈版聖典』六九九頁）と仰っています。尊号、つまり名号というのは、「阿弥陀仏だ」と言えばよいのに、「南無阿弥陀仏だ」と言っておられます。これはただの名前ではないということです。南無阿弥陀仏とは、「南無せしめる阿弥陀仏」、「南無という信心を与えて救う阿弥陀仏」ということです。

この「南無」は、「ナマス」という言葉の音訳で、「帰命」と訳しますが、尊敬し、礼拝するという意味の言葉です。ですから一般的には必ずしも信心ではありません。けれども親鸞聖人は「信心」も「帰命」も、「はからいなく如来の仰せに従う」という意味にとり、両者を同義語にしてしまうわけです。そして「南無」とは、信心を顕しており、信心を私達に与え、喚び覚ます阿弥陀仏ということで、「南無阿弥陀仏」だと仰るのです。これは親鸞聖人の名号観の非常に大きな特徴です。阿弥陀仏というのは、「南無」を省略しているが、いつもちゃんと「南無」が付いた意味で用いておられるわけです。だから非常に厳密に言えば「阿弥陀様」ではなく、「南無阿弥陀仏様」という受け取り方なのです。その名号に阿弥陀仏の誓願、第十八願が込められている。南無阿弥陀仏はその第十八願を顕している御名だというので、「本願の名号」といわれたのです。それが「正定の業」であるといわれた。この「正定業」という言葉は中国の善導大師が初めて使われた言葉で、「称名が正定の業である」、「称名正定業」ということを仰るわけです。「業とは行業（おこない）」のことです。正定業とは「正しく往生の決定する行業」です。だから本来は称名の主体は衆生ですが、それをここで親鸞聖人は、「本願の名号が正定の業である」と言い換えて、主体を如来に転換していらっしゃるのです。

称名正定業

お経の中には、往生の行としていろんな行が説かれています。『観経（かんぎょう）』を見ましても、定善（じょうぜん）とか散善（さんぜん）が説かれ、ことに散善という言葉の中にはあらゆる行が摂（おさ）まってしまいます。それらが何れも浄土に往生するはたらきを持った行として説かれています。そういった浄土に往生する為の行を善導大師が、「雑行（ぞうぎょう）」と「正行（しょうぎょう）」に分類されたのです。これは随分思い切ったことを仰っているのです。

雑行とは、元々此の土で成仏する為の聖道門の種々雑多な行を、発願によって往生行に転換したものです。本来は非往生行です。非往生行を仮に往生行に転用したものを雑行と言うのです。

それに対して正行というのは、正当な往生行です。阿弥陀仏とその浄土を対象として行っていくような行だからです。この本来の往生行である正行に、読誦・観察・礼拝・称名・讃嘆供養の五つがあり、五正行と言います。五つの正当な往生行ということです。但しこの中で称名だけは正定業であって、他の四つは助業であると善導大師は仰ったわけです。正行を正定業と助業の二種類に分類したのです。正定業とは、正しくその一行によって往生が決定するような徳を持った行業であり、それは称名念仏である。一方、助業は、その念仏生活を荘厳していくような役割をもった正当な行だというのです。具体的には助業とは、実は念仏を中心として行う日常の宗教儀礼です。浄土を願生するものは、念仏を中心とした厳粛な人生をおくるべきだというのが善導大師の考え方なのです。

では、なぜ称名だけが正定業かと言いますと、善導大師は「かの仏願に順ずるがゆゑに」（『註釈版聖典』二二一頁）、つまり「阿弥陀仏の本願（根本誓願）にそう誓ってあるからだ」と仰ったのです。つまり第十八願には、「私の名号を称えることが、たった十声であったとしても、その者を必ず浄土に生れさせる」と誓ってあるのだと仰っているのです。それは曇鸞大師から道綽禅師を通して段々と磨き上げられてきた法義で、第十八願成就文（『註釈版聖典』四一頁）の心からいえば、たった一声であっても私の名を称える者を必ずさとりの領域（報土）に往生させると誓ってあるのだ。四十八願というのは、この一つの願のために誓ってあるのだ、と言い切ってしまう訳です。

親鸞聖人の解釈―名号正定業

親鸞聖人は、善導大師の「称名正定業」をもう一歩踏み込んで、「本願の名号は正定の業なり」と言われています。称名ではなくて名号です。「称名正定業」のことを、あえて「名号正定業」と展開させていくのが親鸞聖人の『教行証文類』なのです。

ではなぜ「称名正定業」を「名号正定業」と展開されるのか、そこで問題なのが、名号を称えていることが一体どういう意味を持っているかということです。親鸞聖人は、名号を称えるということは、実は私の営みではない、阿弥陀仏が私の上で活動している相（すがた）だ、阿弥陀仏が私に在ってはたらいているすがた（行相）だ、と見ていかれるのです。だから名号を称えていることは、私が称えているというような人間のはたらきではなく、阿弥陀仏のはたらきそのものであるから「大行」とも「真実行」とも言われるのです。

それはどういうことかというと、「南無阿弥陀仏、南無阿弥陀仏…」という声は、阿弥陀仏が私達に救いを告げている説法、名乗りだということです。「お前を救う救い主がいるぞ」ということを、私達に告げている阿弥陀仏の名乗りが称名の声となって私に聞えている。私が称えているままが、実は阿弥陀仏が十方衆生に救いを告げる言葉そのものなのだ。これが選択本願の念仏なのだ。だから念仏というのはそのままが如来の救いを告げる名乗りなのだ。称名が正定業であるのは、如来の救いの名乗りが私達の心を開いて、阿弥陀仏という救い主のいることを私達の一人一人に知らせ、私に往生の因である信心を与えている仏の「はたらき」と受け取られたのです。これが、念仏が「本願招喚の勅命」（『註釈版聖典』一七〇頁）、すなわち阿弥陀仏の本願が私を招き喚び覚ましているはたらきであると言われた所以です。

つまり、なぜ親鸞聖人が「称名正定業」を「名号正定業」と言い、「大行」とも「真実行」とも言われたのかというと、本願の名号を称えることは、実は私のはたらきではなかったからです。本願の念仏は人間の営みとは違う、人間の営みにしてしまってはいけない、というのが親鸞聖人の味わい方だったのです。

念仏―阿弥陀仏から頂戴した行

親鸞聖人は、念仏は私が行じたから行になるものではなくて、往生成仏の大行として完成している真実行を頂戴しているのだ、と領解されたわけです。だから称えているということは、阿弥陀仏から真実の行を頂いている相（すがた）であり、阿弥陀仏から与えられた大行に随順し、奉える相であるというので、『教行証文類』の「総序」には、「もつぱらこの行に奉へ、ただこの信を崇めよ」（『註釈版聖典』一三一頁）と仰いでおられます。この「行に奉える」というのは変った言葉でしょう。行というのは私がやることであり、私が行うことならば奉えるものではありません。勉め、はげむ、というべきです。しかし称名とそれ以外の行とは質が違う。雑行は勿論の事、助業であっても称名とは質が違うのです。つまり阿弥陀仏が私の上に顕現し、南無（われにまかせよ）阿弥陀仏（必ず救う）と、本願の心を言葉で表して招喚されている如来の説法であるような念仏なのです。そういう念仏が私を救うわけです。私が称えた念仏で私が救われるということはあり得ません。如来のはたらきであるような、如来そのものであるような念仏が私を救う。そのことを「本願名号正定業」という言葉で表現されているのです。

「至心信楽願為因」──本願が往生の因

続く「至心信楽の願を因とす」という言葉を、親鸞聖人自身が『尊号真像銘文』に次のように註釈されています。

「至心信楽願為因」といふは、弥陀如来回向の真実信心なり、この信心を阿耨菩提の因とすべしとなり。

（『註釈版聖典』六七一頁）

信心は、阿弥陀如来が回向して下さったもの、つまり如来から賜った、「南無」の心で、この信心が「阿耨多羅三藐三菩提」（最高の悟り）の因となるということです。これだったらよくわかるでしょう。しかし「正信偈」では「至心信楽願為因」です。少し変っていますね。実は「信心が因である」と「本願が因である」とは同じことなのです。だからこの二つの文章が矛盾しなくなる訳です。

「至心信楽」は、『尊号真像銘文』に、

「至心」は真実と申すなり。真実と申すは如来の御ちかひの真実なるを至心と申すなり

（『註釈版聖典』六四三頁）

とあります。至心というのは阿弥陀仏の「真実心」です。阿弥陀仏の救済の誓いが真実であること、嘘偽りのないことを至心と言う。次に、

煩悩具足の衆生は、もとより真実の心なし、清浄の心なし、濁悪邪見のゆゑなり。「信楽」といふは、如来の本願真実にましますを、ふたごころなくふかく信じて疑はざれば、信楽と申すなり。この「至心信楽」は、すなはち十方の衆生をしてわが真実なる誓願を信楽すべしとすすめたまへる御ちかひの至心信楽なり、凡夫自力のこころにはあらず。

（『註釈版聖典』六四三頁）

と言われています。これも聖人の実に破天荒な読み方です。「至心に信楽する」とは、本来は「至心」は「信楽」の形容詞で、「嘘偽りなく信楽する」という、信楽を形容した言葉です。けれどもここでは「至心」とは真実心であり、真実は如来の上にのみある完全な真実心、すなわち智慧心の

ことで、その阿弥陀仏の本願の真実であること（至心）を疑いなく受け容れていることを信楽と仰っているというのです。阿弥陀仏の真実心、すなわち嘘偽りのない阿弥陀仏の本願を信ずるということです。

信心は、「疑い心」のない状態

その信楽とは何かというと、「疑いのない状態」を顕す。「〈信心〉は如来の御ちかひをききて疑ふこころのなきなり」（『註釈版聖典』六七八頁）と『一念多念文意』に仰っているのです。「信楽」（信心）とは、如来の真実なる御誓いを聞いて疑う心のないこと、疑いを雑えないことと仰っています。だから信心とは「疑いがない状態」なのです。では何があるのかというと、至心です。如来の真実心が私に届いている。これを信心という。だから信心とは、疑いという「はからいを雑えない状態」である私に、阿弥陀仏の本願の真実心（仏心）が宿っていることなのです。

親鸞聖人は信楽を「疑蓋間雑あることなし。ゆゑに信楽と名づく」（『註釈版聖典』二三五頁）と仰る。疑いという蓋を間に雑えないことを信楽という。つまり容器に水を入れようとしても、蓋をしていたら中に入らない。そこで疑いという蓋を雑えないことによって、法の水が器の中に入ってくる。この器の中に本願の救いの法が届いていることを信心、信心の内容という。だから信心を

「疑うこころのなきなり」と言います。「疑わない心」ではないのです。「疑う心がない」という状態なのです。だから信心は、「ない状態」を顕すので、つかまえようがないのです。信心をつかまえるなんてことはできないのです。

如来の仰せが主人公

実は信心を獲るというのは、信を獲るのではない、法を獲るのです。だから親鸞聖人は、信心の徳を讃嘆する時には必ず法の徳を讃嘆します。しかし法の徳を法の側ではなく、機の側で語るのが信心なのです。つまり器の中に入った法を信心と呼んでいる。例えば「信海」という言葉は、「信心は海のように広大無辺の徳をもつ」という意味ですが、実は、法が海のように広大無辺ということです。法を私の上で語る時に信というのです。だから、「至心信楽の願、つまり法が因だ」というのはおかしな言い方のようですが、その通りなのです。「至心信楽の願」が私にとどいて私の仏因となっている状態を信と言う。

妙好人(みょうこうにん)の庄松(しょうま)同行(どうぎょう)が「お前の往生は大丈夫か?」と聞かれた時に「俺に聞いてもわかるか。阿弥陀様に聞いてみろ」と答えた。さらに「阿弥陀様は、どう言っておられるのか?」と聞かれて、「助けると仰っている」と答えたという。仏様が「助ける」と仰っているのだったら私が助かるのは当り前だということです。これが「至心信楽の願」を因としているということです。これを「信心正因」と言うのです。

だから『尊号真像銘文』では、「弥陀如来回向の真実信心なり」と言ってある。「阿弥陀様が信心を回向される」というのは「教えが聞えてくる」ということなのです。「お前を必ず助ける」という如来の言葉が聞えてくる。その言葉が言葉の通りに受け入れられたら、「私は助かる」という信心になる訳なのです。この「助かる」という事は「助ける」という仰せの他にはない。つまり「助ける」という本願の言葉の他に、「助かる」という信心は存在しない。だから「助ける」という仰せを、私のはからいを雑えないで聞けば、それで埒(らち)が明いているということです。それを「どう思ったらよいのか」と考えると、考えただけ間違ってしまう。

「総序」に「聞思(もんし)して遅慮(ちりょ)することなかれ」（『註釈版聖典』一三二頁）というお言葉があります。私が思ったら思っただけ間違うぞ、だからお前の考えを横に置いておけということです。人間の考えを捨てる訳にはいかないから、ちょっと横に置いておけ。教えを聞く時は自分の考えを横に置いて、仰せの言葉をスゥーと受け入れる。すると仰せの言葉が主体、主人公になる。はからいはお客様だから少し横に。はからいだって生活の場では要るのですから、少し横に置いておく。置いておけばいいのです。聴聞の場においては法が主体なのです。ただ主客さえハッキリしたらごまかされません。そうしたら、もう迷わないということです。如来の仰せが主人公である。それを「至心信楽の願を因とす」と言ったのです。「願を因とする」ことが、「信心を因とする」ということなのです。なぜならば、如来の誓願が信となるのだからです。それゆえ信心は、人間の心に開けていますが、その本体は、人間の心ではなくて、願心であり、仏心なのです。また、本願の他に信はないのだから、本願が往生成仏の因となるわけです。

第五章　念仏者は弥勒菩薩に同じ

『大無量寿経』第十一願―親鸞聖人の見方

本願名号正定業　至心信楽願為因
成等覚証大涅槃　必至滅度願成就
（本願の名号は正定の業なり。至心信楽の願（第十八願）を因とす。等覚を成り大涅槃を証することは、必至滅度の願（第十一願）成就なり。『註釈版聖典』二〇三頁）

この「正信偈」の文は、阿弥陀仏の果徳を、光明と名号の徳で讃えられたものです。すなわち、名号が私達の上に届いて正定の業となり、真実の信心となり、そして涅槃の覚りを獲しめて下さる事を讃えられたのです。前回は、初めの「本願の名号は正定の業なり。至心信楽の願（第十八願）を因とす」という所までお話をしました。今回は、次の、

等覚を成り大涅槃を証することは、必至滅度の願（第十一願）成就なり

というご文についてお話させて頂きます。

これは、『大無量寿経（大経）』の第十一願（一七頁）の「必至滅度の願」が成就した相を顕したものです。ところがこの文章には少し問題があります。親鸞聖人は、「等覚を成る」という事と、「大涅槃を証する」という事の二つに分けてご覧になっているからです。聖人は、『尊号真像銘文』の一番最後のところに、「正信偈」のこの部分をご自身で註釈されておられます。

> 「成等覚証大涅槃」といふは、「成等覚」といふは正定聚の位なり。（中略）これはすなはち弥勒の位とひとしとなり。「証大涅槃」と申すは、必至滅度の願（第十一願）成就のゆゑにかならず大般涅槃をさとるとしるべし。「滅度」と申すは、大涅槃なり。
>
> （『註釈版聖典』六七一頁）

まず「等覚を成る」という事はこの世において私達が信心を獲た時に正定聚の位に住する事を言い、そしてこの世が終って浄土に生れた時に「大涅槃」を証する。これが「必至滅度の願（第十一

願）」に誓われている事柄であると聖人は御覧になる訳です。

「正信偈」の「等覚を成り大涅槃を証する」という言葉は、正依の『大経』の第十一願文にはないのですが、実はこれは、唐の時代に玄奘三蔵によって翻訳された、異訳の『無量寿如来会』から取られた文章なのです。その文は「証文類」に引用されています。

『無量寿如来会』（上）にのたまはく、「もしわれ成仏せんに、国のうちの有情、もし決定して等正覚を成り大涅槃を証せずは、菩提を取らじ」と。（『註釈版聖典』三〇八頁）

すなわち、「私が仏になった時に、私の国に生れてきた者が、必ず浄土において等正覚を完成して、大涅槃を証する事がなかったならば、私は仏になりません」と阿弥陀仏がお誓いになっている訳です。

この「等正覚」とは、普通は「平等の正覚」を意味します。「正覚」とは正しく真理を覚る智慧です。「阿耨多羅三藐三菩提」の「三菩提」が「等正覚」と呼ばれています。つまり、平等の真理を覚る完全な智慧の事を「等正覚」と、普通は言う訳なのです。

そして「大涅槃」とは、等正覚と言われる智慧によって悟られた境地の事で、煩悩の火が完全に寂滅した、安らかな境地です。

従ってこの『無量寿如来会』の第十一願は、全体として、「私の国に生れてきた者は完全な智慧を完成して、煩悩が微塵も雑わらない安らかな覚りの境地に到達せしめる」ということがその誓いの内容になります。

十四日の月と十五夜の満月

ところが親鸞聖人は、この第十一願を「等正覚」と「大涅槃」の二つに分けて、「等正覚」を「等覚」という「等覚の菩薩」の位、そして「大涅槃」を仏の位なのだと仰るのです。

「等覚」とは何かと言うと、「覚りに等しい」という事だと仰います。「覚りに等しい」とは、「覚りと同じ」ではない、という訳です。一方、「大涅槃」は無上涅槃の事だと言われるのです。

「等覚」というのは、菩薩の最高位で、代表的な方が弥勒菩薩(みろくぼさつ)です。それに対して大涅槃というのは仏の位。つまり菩薩は因の位で、仏は果の位です。

仏教で菩薩の階位を顕すのに、十信(じゅっしん)、十住(じゅうじゅう)、十行(じゅうぎょう)、十廻向(じゅうえこう)、十地(じゅうじ)があり、その次に十地の位からずーっと行って等覚(とうがく)の位まで行きます。そして最後には妙覚(みょうがく)という仏の位に行く。修行中の菩薩の中で一番高い地位にあるものを等覚と言うのです。この場合の等覚は「覚りとほとんど同じ」という意味なのです。十四日の月は十五夜の満月にほとんど同じ。一夜明けたら必ず満月になる。十四日の月は満月ではないが、満月に極めて近い。その十四日の月の様な、菩薩としては最高の地位にある人を等覚の菩薩と言うのです。

つまり、『無量寿如来会』の「等正覚」の「等」は平等という事なのですが、聖人がここでお使いになる「等覚」の「等」は、「ほとんど同じ」という意味なのです。

弥勒菩薩と念仏の行者―一生を終えたら仏になる

等覚の菩薩である弥勒菩薩は、お釈迦様の後継者と見なされています。弥勒菩薩は兜率天(とそつてん)で天人を教化しながら、今度この世に生れてきた時にはどのように人々を救済するかを考えている。弥勒菩薩は修行がほとんど完成して、後は今の兜率天の一生が終るのを待つばかり。その一生が終ると、この娑婆へ出てきてお釈迦様の跡を継いで仏の位に至る。そして、竜華樹(りゅうげじゅ)という木の下で覚りを開き、説法をされて無量の衆生を教化する。つまりお釈迦様が救い残した人達を皆そこで救っていかれるのです。

弥勒菩薩のように、一生が終ったら此の世に出てきて覚りを開く菩薩を「一生補処(いっしょうふしょ)の菩薩」といいます。この一生が終ったら仏の処、場所を補う。つまり今は仏様の候補者なのです。等覚の菩薩とは一生補処の菩薩です。

そこで考えてみると念仏の行者もこの一生が終ったら浄土に生れて仏様になる。それだったら弥勒菩薩と同じように念仏の行者もこの一生を終えたら仏になる一生補処の菩薩だというので、親鸞聖人は、「信文類」の「便同弥勒釈」(『註釈版聖典』二六四頁)において、念仏の行者は弥勒菩薩と同じだと仰る訳です。また、「信心よろこぶそのひとを　如来とひとしとときたまふ」(『浄土和讃』、『註釈版聖典』五七三頁)とも言われた訳です。

ところが、先ほどの『尊号真像銘文』では、「これはすなはち弥勒の位とひとしとなり」(『註釈版聖典』六七二頁)と仰っておられます。弥勒菩薩の位の場合だったら「等しい」と言わずに、「同じ」と言わなければならないはずです。実はここでの「等しい」は、同じという意味になっている訳です。つまり、聖人がお使いになる「等」という字には二種類の意味がある。このように「等」と「同」を同じ意味で使う場合と、「等」と「同」を違った意味で使って、ほとんど同じ状態を「等」と言い、そして全く同じ事を「同」と言う。こういう風に「等」と「同」を使い分けるのです。この辺りは「等」と「同」の言葉の意味が、同一だったり違ったり微妙に揺れている訳です。

ですから、弥勒菩薩について言われる場合、「弥勒菩薩と等しい」という表現と共に、先の「便同弥勒釈」のように「弥勒菩薩と同じ」とも仰います。しかし、仏については、「如来と等しい」

とは言うけれども、「如来と同じ」とは絶対に言われない。

「諸仏等同」の誤り

親鸞聖人の「御消息」の中に「諸仏等同云事」という標題が付いたものがありますが、あの標題は間違っています。あれは親鸞聖人がお付けになったものではないのです。聖人のお書きになった古写本にはあの標題は付いておりません。「等同」とは全く同じという事です。あの標題を付けた人は、

まことの信心の人をば、諸仏とひとしと申すなり。また補処の弥勒とおなじとも申すなり。
（『註釈版聖典』七七八頁）

という文から、「ひとし」を同じという意味と思って、「諸仏と同じ」という意味に間違えたのです。それで親鸞聖人の教えが誤解されて、即身成仏の異義というものが出てくるようになる訳です。

親鸞聖人のお弟子達の中で、孫弟子位になりますと、「如来とひとし」と言うと誤解を受けるから、この言葉は使うまいという事を掟として言っている人達がございます。それ位に誤解を受けた

のですが、この辺の「等」と「同」との使い分けが凄く難しいのです。

親鸞聖人が言われているのは、「如来と同じ」ではなく、念仏者はこの一生が終ったら仏になる一生補処の菩薩であるということです。今は凡夫だけれどもこの一生が終ったら仏になる。それだけの徳を頂戴しているから、その意味では弥勒菩薩と同じ等覚だ。等覚であるという事は仏様とほとんど同じ、つまり如来と等しい位なのだ。その位に念仏者はあらしめられている。だからお念仏を申す人というのは尊いお方なのだという事で、聖人は念仏者を非常に尊厳な者として尊敬されている訳です。

弟子が知らないのはなぜ？

このように、親鸞聖人は『大経』の第十一願文を見るのに『無量寿如来会』の第十一願文を参考にされまして、「等覚を成る」という言葉を第十一願の正定聚の位として読んでいかれ、最初に挙げた『尊号真像銘文』で「〈成等覚〉といふは正定聚の位なり」と仰ったわけです。

正定聚というのは「仏になる事に決定している仲間」です。正定聚は本来、煩悩を断ち切って覚りの智慧を開いた聖者で、初地(しょじ)以上の菩薩の位を言います。しかし聖人は、念仏の行者は本願の名号を頂戴し信心を獲た時、正定聚の位に就けしめられるのだという事を仰る訳です。

この「正定聚」という言葉と、「等覚」或いは「如来とひとし」という言葉の使用時期についてはだいぶん隔たりがあると思います。正定聚は早い時期、恐らく四十代位にはもうそういう境地に到達しておられたと思います。等覚ということを仰る所までいくのはやはり『教行証文類』をお書きになる頃だろうと思います。

ただ、どうもおかしいなと思いますのは、親鸞聖人の弟子達が、一番の弟子であった性信房や高田の真仏房などでも、聖人が「如来とひとし」或いは「弥勒と同じ」と言われたことをよく理解していないのです。建長八年（一二五六）から翌年の正嘉元年頃にかけての親鸞聖人のお手紙を見ますと、二人ともその事を聖人に尋ねているのです。八十五歳の聖人は、正嘉元年の十月十日に同じ日付で、「如来とひとし」という事について、性信房と真仏房の両方に手紙を出しておられます。両方共にその問題を尋ねてきているのは、関東で問題になっていたからです。これは親鸞聖人が関東時代にもっとハッキリと言っておられたら彼等は知っている筈なのです。

親鸞聖人が『教行証文類』の中で、この「正信偈」の「成等覚証大涅槃　必至滅度願成就」の部分を書かれたのは、筆跡からしますと六十三歳位の清書された時だと思います。「如来とひとし」という事を仰る文章は「信文類」に出て来るのですが、これはだいぶん後で、七十歳以後の筆跡です。けれども、「成等覚証大涅槃　必至滅度願成就」と書かれているのですから、恐らくその時はそのつもりで書いていらっしゃると思うのです。『尊号真像銘文』でこの文章を註釈された八十三歳の時の気持ちで書いておられたとすれば、関東におられた時分にはもう既に親鸞聖人はその境地に到達していたとも言える訳です。

だけど関東時代の弟子達がよく知らない。親鸞聖人の晩年になって、若手の門弟達が京都に上っていって聖人から、「如来とひとし」、「弥勒と同じ」といったことを聞いて帰っていきます。しかし関東では、「そんな事を親鸞聖人が言われる訳ないぞ」というような事で色々と問題が出てきた。それで性信房達が「あれはどういう意味でしょうか」と尋ねている訳です。

性信や真仏といった関東教団の大物達がよくわかっていないという事は、彼等の理解が行き届いていないというよりも、聖人自身としては関東時代にその境地に到達していたが、弟子達には仰っていなかったのではないか。そこまで円熟していなかったのでしょう。それがずーっと確かめられ、確かめられして、七十代、八十代になって円熟してくるとドンドン語られる。するとやはりそれに対して問題が出てきたという事だろうと思うのです。

親鸞聖人の心境の深まり

正定聚はわりと早く出来上がっていた思想だと思います。「行文類」に、念仏者は「初果(しょか)の聖者(しょうじゃ)」

（『註釈版聖典』一八六頁）、すなわち初地の位に到達した菩薩と同じ位なのだと言われております。それが初地どころではない等覚まで飛び超えていくというのは、これは相当な事ですが、五十代ではもうすでに心の中では出来上がっていた。けれども一般には公開されていなかったのではないか。公開されていたならば性信房や真仏房が知らない筈はないですし、御開山が八十五歳の時に、今更なぜこんな事を質問されなければいけないのかと思います。しかしそういう事はあるのです。いくら偉大な方だと言っても「ローマは一日にして成らず」なのです。ドンドン深まり、展開している訳です。ですから基本的な枠組みは出来ているけれども、それがダーっと深まっていく。そして自信を持って人に語るという所まで行くには相当な時間がかかる。私達は御開山が言って下さっているから安心して言っていますけれども、こんな今だかつて誰も言った事のない事を言うというのは恐ろしいのです。

例えば覚りを開いても、それを人に語るまでにはどんな人でも随分時間がかかるのです。お釈迦さまがそうです。お釈迦さまが覚りを開いて、「誰に言ったらわかるだろうか」と悩んで、一緒に修行していた五人の比丘達に初めて語られるのですが、彼らに話すまでには随分時間がかかっています。それまでにずーっと覚りの内容を整理して話をされたのです。

また、蓮如上人は『御文章』で「後生たすけたまへと弥陀をたのむ」という言い方をされるのですが、五十八歳位に上人の心の中では出来上がっているのです。だけどそれを文章にするのは五十九歳なのです。一年間の間があります。しかしそれでも尚、ほとんどその言葉を使わないのです。盛んに使うようになるのは明応年間、七十七、八歳になってからです。それから後はもう全部そればかり語られます。だからその境地に到達して、初めて話し、そして実際に盛んに使われるようになるまでに、ためらいがあるのです。

　幾ら偉い人だって、いや偉い人であればこそ、良心的であればある程ためらいがあるのです。それを振り切って、これが本当だという所に到達するまでには随分長い間の思索と体験とそれから実績が必要とされます。

　実績というのは、その言葉を言う事によって相手がわかってくれるということです。お釈迦さまの場合ですと、相手が覚りを開いてくれるということです。例えば五比丘の一人コンダンニャ（阿若憍陳如）が、お釈迦さまのご説法が「わかった」と言った途端に、お釈迦さまは、もの凄く喜んで、「アンニャータ・コンダンニャ、アンニャータ・コンダンニャ（コンダンニャは覚った、コンダンニャは覚った）」と言われたので、それが名前になってしまったのです。相手がわかってくれたという事は、自分の思いが承認されたという事なのです。そこで自分の思いが客観性を持つようになるのでしょう。

だから私は布教使の方によく言うのですが、布教というのは人に教えてあげるのではなくて、自分の考えを言った時に、相手が共鳴してくれたら、それは証誠（しょうじょう）、つまり真実であることを証明してくれているのです。承認してもらえる事が有り難いのですから、「教えてやるなんて思ったら大間違いだ」と言うのです。宗教の世界というのはそんなものなのです。自分でいくら考えていたって、それだけではやはり客観性がないのです。

しかしそれを言うにはためらいがあるのです。ためらいながら言う。言って相手が「わかった」と言ってくれた途端に、これは間違いないのだなという風に段々段々自信が出て来るのです。境地としては深いものを持っていても、それを言葉として実際に言ってみて伝わっていくものがあるのです。

御開山は、「現生正定聚」という誰も言った事がないことを言って、そしてそれから更に一歩二歩と進んでいるのです。これは普通の人が聞いたらビックリするような事です。弥勒信仰を持っている人達にとっては弥勒菩薩というのは信仰の対象です。それを「在家の念仏者は弥勒と同じ」なんて言ったらそれは飛び上がります。「俺達の信仰の対象とお前らと一緒にしてしまってはかなわない」と怒るでしょう。それを言ってのけるのだから随分思い切った表現なのです。しかしそこまで言わないと如来様の救いというものをハッキリと表現する事は出来ない。如来様の救いとはそれほどの救いなのだ、そこまでの救いを今私に与えて下さっているのだという事を御開山は確認していくのです。

第六章　「如来」とは何か？

『教行証文類』のすべてが「正信偈」に

如来所以興出世　唯説弥陀本願海
五濁悪時群生海　応信如来如実言

（如来、世に興出したまふゆゑは、ただ弥陀の本願海を説かんとなり。五濁悪時の群生海、如来如実の言を信ずべし。『註釈版聖典』二〇三頁）

の四句についてお話をさせて頂きます。

復習となりますが、「正信偈」は、「正信念仏偈」と言われるように「本願を信じ念仏を申さば仏に成る」（『歎異抄』、『註釈版聖典』八三九頁）という教えを、六十行百二十句の偈文、詩の形でまとめあげたものでございます。このわずかな言葉の中に『教行証文類』六巻に広く説かれている内容が要約して明かされていますので、一言一言に非常に深い意味が込められて、大変密度の濃い文章になっている。ですから余程注意をしないと大事な所を読み落としてしまう訳です。

「正信偈」は二つに分れまして、初めの部分はお釈迦様のお説きになった『大無量寿経（大経）』というお経に依って教えを誉め讃え、説き明かすというので、「依経段」と呼んでおります。そして後半部分は「依釈段」と呼ばれ、インド・中国・日本と三国にわたって次々と出られた七人の高僧方がこの教えの真理性を確認し、それぞれの時代と民族の中で展開された教えを集約しているのです。これらの教え全体を親鸞聖人が「浄土真宗」と言われるのです。今は「浄土真宗」という言葉は教団の名前になっていますが、聖人は、阿弥陀仏の救済体系を「浄土真宗」と名付けたのです。

始めのない過去からの仏様

初めの「依経段」は直接的には『大経』に依っています。お釈迦様がこのお経に要約して開説された教えを「浄土真宗」と言うのだと親鸞聖人は仰る訳です。広げれば『観無量寿経』とか『阿弥陀経』、そして更に広げれば、お釈迦様が無数に説かれた経典にまで広がりますけれども、そのエッセンスを取り出すと『大経』という経典につづまるのだ、これを根本とするのだ、と言われます。こういう教えの核になるものをキチッキチッと押さえていくのは、やはりさすがに宗祖と言われる方です。浄土真宗の中核を『大経』だとパチッと断定して、その内容を「正信偈」に明かす訳です。

依経段では、初めに、阿弥陀仏とはどういう仏様かということを、その因の相（すがた）と果の相、「因果」という形で明かします。「因果」と言いますと何か難しいことのようですが、私達が説明する時に、こういう訳だからこうなるのだと理由を言ってから結論を出すでしょう。その理由の部分が因で、結論の部分が果なのです。阿弥陀様は、こういう過程によって、こういう内容を持っているのだ、ということを因果という形で説明したのです。これが依経段の最初の部分です。

それから依経段の後半部分は、「釈尊の開説」と言います。釈尊というのは「釈迦牟尼世尊（しゃかむにせそん）」を略したもので、お釈迦様のことです。そのお釈迦様が阿弥陀様のいわれについて詳しく説き開いて下さった。阿弥陀様についてお釈迦様が説かれたのが『大経』なのですが、「正信偈」ではまず阿弥陀仏を挙げて、次にお釈迦様を挙げるという説き方になっています。ここには、お釈迦様とは実は阿弥陀様なのだ、という親鸞聖人の考え方が表れているのです。

聖人は『浄土和讃』の中に、

弥陀成仏（みだじょうぶつ）のこのかたは
いまに十劫（じっこう）とときたれど

塵点久遠劫よりも
ひさしき仏とみえたまふ
（『註釈版聖典』五六六頁）

と仰っています。聖人は、『大経』には「阿弥陀様が成仏してから十劫を経た」と説いてあるけれども、実は「十劫」というのは私たちにわかりやすいように一応説かれただけで、本当は始めのない久遠の昔からずっと私達を救うために救済活動を行っているのが阿弥陀様なのだ、と仰るのです。

また聖人は、

久遠実成阿弥陀仏
五濁の凡愚をあはれみて
釈迦牟尼仏としめしてぞ
迦耶城には応現する
（『註釈版聖典』五七二頁）

とも仰います。「五濁の凡愚」とは、濁りきった世の中で、濁りきった心を抱いてあてもなく生きている私のことです。そういう真実を見失った愚かな私を喚び覚ますために、果てしない過去に仏と成った阿弥陀様が、インドの伽（迦）耶城（ブッダガヤー）にお釈迦様として出現されたという訳です。久遠実成の阿弥陀様がお釈迦様となって私達の前に顕れて、そしてこの『大経』をお説きになっているのだ、と親鸞聖人は味わっていらっしゃるのです。

仏は、お釈迦様だけではない

そうしますとお釈迦様と阿弥陀様は別ものではないのです。お釈迦様とは、実は阿弥陀様が時間的に限定された形で我々の前に顕れて来られたお方だ、阿弥陀様とは、お釈迦様の覚りの内容なのだ、ということです。これがお釈迦様と阿弥陀様なのです。

このことは『大経』自身が、浄土の光がお釈迦様を始めとした諸仏となって顕現していると説いています（『註釈版聖典』四〇頁）。つまり阿弥陀様の智慧はお釈迦様となって私達の前に顕れる、お釈迦様の説法というのは阿弥陀仏の智慧の光なのだ、智慧の光が言葉となったものが『大経』なのだ、と説いているのです。大乗経典というものは、「仏様がお説きになったもの」であると同時に、「仏とは何か」を説いたお経でもある訳です。仏とは何かということを仏自身が説いているのです。だからお経を読めば仏とは何者かということがわかるのです。

一番の根源は阿弥陀仏の久遠の覚り、その覚りがお釈迦様となって我々の前に顕れ『大経』を説いている。だからお釈迦様だけが特殊例ではなくて、お釈迦様のような仏様はいくらでも顕れて人々を喚び覚まし続けているのです。

実は、「如来所以興出世」の「如来」は、坂東本という『教行証文類』の聖人自筆本には、最初は「釈迦」と書かれていました。それを後でグシャグシャと消して、「如来」と書き換えておられるのです。この消した痕によって聖人の心の動きが見えてくるのです。釈迦という固有名詞では、お釈迦様だけの話になるでしょう。違うのだ、阿弥陀様が相（すがた）をとって顕れてくるのはお釈迦様だけではない、無数の仏様方がそうなのだ、ということを考えて、「如来」という普通名詞を使われたのです。

『尊号真像銘文』の最後の所に親鸞聖人がこの部分を解説されて、「〈如来〉と申すは諸仏と申すなり」（『註釈版聖典』六七一頁）、つまり、「如来とは諸仏のことだ」と言われている。『阿弥陀経』に「恒河沙数の諸仏」（『註釈版聖典』一二五頁～一二七頁）と説かれる、ガンジス河の砂の数程もある仏様方は、皆如来なのだ、と。あのもの凄い大きな川に本当に粉のような砂が無数に敷き詰められています。そのガンジス河の砂を全部集めた程の仏様がいらっしゃる。そしてその仏様方が我々に教えを説き続けているというのです。

仏教というのは仏に成る教えです。仏に成る教えであるのに、仏に成ったのはお釈迦様だけで、後は誰も成らないのだったら看板に偽りがあります。無数の仏様が出られたというので、仏教にはその実績があるのです。

実は親鸞聖人は、七高僧を、一応、お釈迦様に対して仏弟子としておられますが、その内実は仏様だと見ておられます。この方たちの智慧の領域は仏様と同じだといってよいのです。阿弥陀様の久遠の覚りが七人の高僧となって様々な時代と民族の中に顕れてきて下さったのです。これが「正信偈」というお聖教に表されている。本当にスケールの大きなことが言ってあるのです。

如来とは、「如より来る」

ここで親鸞聖人が言われる「如来」という言葉には特殊な意味、すなわち「如より来る」という意味を響かせてあります。この「如来」はサンスクリット語で、「tathāgata（タターガタ）」ですが、この語には「如より来る」と、「如に行く」という意味の両方あるのです。

「如」とは、一如（いちにょ）、或いは真如（しんにょ）と言われます。これが私達の知的な、概念的な思考・判断を超えた覚りの領域です。これは私達の分別によって捉えることができない世界ですので、無分別智（むふんべつち）の世界というのです。

こういう如の世界を覚ったお方を「如去（にょこ）」（如に行く）といい、その如の状況を覚り、それを我々に説き顕すために来る方を「如来」という。如より来るというのは、その分別を超えた領域を言葉で表現するということですから、分別しなければ仕方ありません。説く、知らせる、これは全部言葉で表現します。つまり如来というのは、如の世界を私達に告げ知らせる相（すがた）なのだということです。だから「如来」なのです。お釈迦様だけではない、すべての仏陀は如より来る。あの阿弥陀の世界、無分別智の領域から私達の所へ言葉をもたらし、その言葉でもって私達をこの如の世界へと導いてくれるもの、それが如来なのだ。だから如去・如来というけれども、どちらかというと如来の方を中心にします。

このように、お釈迦様は阿弥陀仏が如来してきたのだから、その如来してきた阿弥陀仏、つまりお釈迦様は阿弥陀仏の心を説き顕す。それが釈尊の出現の使命である。それで「如来、世に興出したまふゆゑは、ただ弥陀の本願海を説かんとなり」と言われる訳です。

私達の命を支える阿弥陀様

阿弥陀様がお釈迦様となったのだから、阿弥陀様というと、私達はすぐお釈迦様と同じように考えてしまいますが、違います。仏像にして見るとそう考えますね。仏様というのは表現のしようがないからあのようにしてありますけれども、実は阿弥陀仏というのは「アミターバ」「アミターユス」と言います。アミターバとは、はかり知ることのできない智慧の光、アミターユスとは、はかり知ることのできない命です。はかり知ることのできない智慧の光の徳と命を阿弥陀仏といっている訳です。「正信偈」の一番最初に「帰命無量寿如来　南無不可思議光」と書いてあるのがそれなのです。もっと言い換えたら、生とか死とか、我とか彼とか、是とか非とかいう風に分別して限定していく人間の思いはからいを突き破って、そして一切を包含しているのが阿弥陀様の領域です。一切を包含しているものはそれ自体が無であって、無にしてしかも一切を包括している領域です。それはしかし何か冷たい道理、理論というものではなくて、それが実は私達の命を支え、育み、導いていく、そういう領域なのです。それを命と光、無量寿・無量光という言葉で非常に象徴的に顕してあります。しかし、無限の世界は、言葉で限定できるものではないのです。

お釈迦様は、有限な概念である言葉を使って、言葉を超えた世界を顕すためにお経を説いている訳です。一切の限定を超えた無限の領域を言葉として顕す時には、有限な概念の言葉では限界があります。だけどそれは仕方がない。言葉にしなかったら私達にはわからないのですから。言葉で言葉を超えた世界・領域を伝えて、我々を頷かせる。「お前のその生と死を超えた所に、お前の生と死を包むような領域があるぞ」と開き顕して下さっている。そういう領域を告げ知らせる言葉がお釈迦様の説法として我々に説かれている。これが『大経』というお経なのです。

底なしの迷いを抱えた人間

続く「五濁悪時の群生海」とは、濁りきった世の中、そこで濁りきった心を持って生きている人々を顕してあります。「五濁」は、『阿弥陀経』に

> 娑婆国土の五濁悪世、劫濁・見濁・煩悩濁・衆生濁・命濁　（『註釈版聖典』一二八頁）

と説かれています。

「劫濁」というのは時代そのものが濁ってくる状況をいいます。仏教には一つの世界観がありまして、世界は八十劫かかって出来たり消えたりしているというのです。この八十劫が二十劫ずつ四期にわかれ、まず宇宙に何もない、空々漠々とした世界が二十劫ほど続くといいます（空劫）。するとそのうちに塵がズーッと集まってきて、最後には猛烈な勢いで塵の固まりが渦を巻き、塵の固まりが一つのカチンとした固い基盤を造る。これを「金輪際」といい、世界の基盤になるのです。その上にズーッと塵が積もって世界が出来上がる。それが出来上がるまでに二十劫かかるのです（成劫）。

そうして世界が出来上がると、そこに色んな生物が住み着いてくる。その時間がまた二十劫あるというのです（住劫）。しかし段々世界が老朽化していきます。そして二十劫経ちますと今度は壊れ始めるというのです。そして世界が壊れてしまうまでにまた二十劫かかる（壊劫）。そして最後、世界は大爆発を起して、また全部無くなってしまう（空劫）。これで完全に無に帰するのです。無に帰するといっても小さな塵はあるので、またその塵が集まって、また二十劫かかって世界を造り出していく。このように世界が二十劫ずつのサイクルで変化している。これを四劫（成劫・住劫・壊劫・空劫）といいます。これはもう無限に繰り返す。だから世界全体が流転輪廻しているという訳です。こんな面白い考え方を仏教は持っているのです。

今の時期はちょうど住劫の時期にあたります。しかしだいぶガタが来て老朽化し環境全体が悪くなっている。最後にはもの凄い大水や大火事が起きて、世界全体が火に包まれて大爆発を起して消えてしまう。これを「劫濁」というのです。劫全体が濁ってきている。

その元にあるのは、やはり人間の邪見、過った見解です。これを「見濁」と言う。自己中心的な自分本位の過った見解によって自己も環境もすべてを濁らしていくというのです。この「見」とは邪見のこと、誤った思想です。自分さえよかったらよいという考え方が世の中を濁らしていくのです。

「煩悩濁」とは、その邪見によって自己本位の思想と行動が出てくることをいう。自分に都合のよいものを際限なく求め（貪欲）、都合の悪いものを排除しようとする（瞋恚、怒り）。その我欲と怒りの根底には自分本位の考え、自分を中心にしてものを考えるという考え方が根底にある、これを「愚癡」と言う。貪欲と瞋恚と、その誤った行動を起して、自分も人も環境も破壊していくのです。

それによって衆生全体が、生き物全体が劣化するのを「衆生濁」というのです。そして「命濁」とは、命もまた段々と縮まってしまうことをいいます。

こんな状況が五濁悪世なのです。その五濁悪時に生きる「群生海」とは、群がり生きている者、本当の意味の秩序はなくて、てんでんばらばら好き勝手に生き、そしてお互いにわずかの命を傷つけ合いながら生きている人間の相（すがた）を表しているのです。

ここには本願海と群生海と「海」が二つ出ます。底知れない迷いを抱えている人間を救うものは、底知れない深さを持った教えでなければならない。果てしない悩みを抱えている者を救うのは、果てしない慈悲の心でなければならないのです。群生海を包み、そして転換するもの、それが本願海だということです。迷いの海を覚りの海に転換する。二つの海が入れ換わる訳です。しかし二つの海がある訳ではないのです。実は、群生海を転換していくはたらきを本願海というのです。

生きる意味と方向を確かめる

そして「五濁悪時の群生海、如来如実の言を信ずべし」と言われる。「如実」の「実」とは「真理」であり、「如」とは「かなう」ということです。お釈迦さまの真理にかなったお言葉、真理を真理のごとくにお伝え下さるお言葉を「信じるがよい」と仰る訳です。お釈迦様は「私は阿弥陀さまの本願を説くために生れてきたのだよ」と言われ、そして「私はこの本願の教えを聞くために生れてきたのですね」と言ったら、お釈迦様と意見がピタッと一致して、お釈迦様とお友達にならせてもらう訳でございます。こんなに意見が合ったら友達です。それで『大経』の中には「この教えを聞いて、そして信じてくれるものは私の善き親友である」（『註釈版聖典』四七頁、取意）と仰ってあります。親友というのは心が通い合うものです。そして目的を一つにするものです。そして互いに切磋琢磨していく、そういうものが親友なのです。

　だからお釈迦様の出現の本意と、私の出現の本意とが一つになる、重なるような生き方をするのが仏弟子の生き方なのです。お釈迦様は説くために生れてきた、こちらは聞くために生れてきたということです。だから賢くなる必要はないのです。聞かして頂ければよいのです。教える方は賢くなかったらいけないでしょうが、それはお釈迦様の分野です。私たちはそれを聞かせて頂いて、人生を生きる意味と方向を、仏様の教えの中で確かめていくのです。

第七章　人生の荒波を超える道

信心は、人間の心ではない

「正信偈」は、前半の部分が『大無量寿経（大経）』の意を述べ、後半の部分が七人の高僧方の徳を讃嘆して、全体として浄土真宗の全容を要約して顕されています。その「正信偈」の前半部分に、『大無量寿経』こそ釈尊がこの世に出現された本意を顕された経典であるから「真実の教」なのだ、と言われております。そして、「五濁悪時の群生海」（『註釈版聖典』二〇三頁）、すなわち、濁った世の中に生きる人びとは、如来の真実のお言葉を信ずるように、と仰る。その信ずべき教えの内容をこれから明かしていくのですが、初めに教えを直接説くというよりも、教えを頂いた人がどういう利益を獲るかということが述べられます。教えが私の上に実現したとき、私をどのようなものに変えていくかということを具体的に明かしていくわけです。今回は、以下の四句についてみていきたいと思います。

能発一念喜愛心　不断煩悩得涅槃
凡聖逆謗斉回入　如衆水入海一味

（よく一念喜愛の心を発すれば、煩悩を断ぜずして涅槃を得るなり。凡聖・逆謗斉しく回入すれば、衆水海に入りて一味なるがごとし。『註釈版聖典』二〇三頁）

「一念喜愛の心」とは信心のことです。この「一念」という言葉は非常に複雑な言葉なのですが、ここは「僅かひとおもい」というくらいの意味です。そして「喜愛の心」は、「喜」とは喜ぶ、「愛」は愛でるということです。教えを聞いて喜び、心から愛で讃える心が信心なのです。浄土真宗の「信心」という言葉には様々な意味がありまして、「信文類」において信心のいわれを様々な形で顕していきます。ただ、信心というものは一番端的に言いましては、「仏様の教えを聞いて、その教えを疑いなく受け入れる心」、「仏様の教えに共鳴する」ということです。嫌々ながら受け入れるのではなくて有り難く受け入れるわけです。

ところが、阿弥陀仏の教えを有り難く受け入れる心は私達にはちょっと起り得ない。だから親鸞聖人は阿弥陀仏の本願を受け入れる心、しかも有り難く喜んで受け入れる心というものは人間の心ではないと言われるのです。その心は如来の智慧に等しいのだ、如来の智慧が私の智慧となって、そして如来の言葉を信じさせているのだ。そして、仏様の言葉を感動をもって受け入れるような心がもし一度でも起きたら、その人は煩悩を断ち切らずして涅槃を得るという境地に入るのだと言われているのです。それが次の「不断煩悩得涅槃」（煩悩を断ぜずして涅槃を得るなり）という言葉です。

火が燃えているけど、消えている？

この「不断煩悩得涅槃」ですが、これがまたわからない話です。煩悩の「煩」は「わずらう」、「悩」は「なやむ」ですから、我々の身心を煩わせ悩ませる心のはたらきを煩悩と呼びます。煩悩がある限り私達は悩み苦しんでいく。その煩い悩む元が、貪りや怒りや憎しみの心であったり、愚かさや傲慢、あるいは正しいものを正しいとなかなか受け入れられない心であったり、いろいろな思いが自分で自分を苦しめ悩ましていく。

そういう悩み苦しみを生み出してくるようなとらわれの心、我欲、憎しみといった心がなくなってしまいますと安らかな境地が開ける。これを涅槃、「ニルヴァーナ」と呼ぶのです。「ニル」とは否定を示し、「ヴァーナ」とは燃えさかっているという意味ですから、ニルヴァーナというのは煩悩の火を吹き消した状態です。だから涅槃とは煩悩が消えて初めて成立する状況なのです。それを

「煩悩を断ぜずして涅槃を得る」と言うと、「ちょっと待ってよ」ということになります。火が燃えているけれども火が消えている、と言うようなものです。そんなおかしなことはないです。煩悩を断ちきって初めて涅槃を得るのであって、「煩悩を断ぜずして涅槃を得る」ことがどうして出来るのかという問題があるわけです。こんな謎めいたことを親鸞聖人は仰っているのです。

「煩悩を断ぜずして涅槃を得る」とは？

実はこの言葉には歴史があるのです。『維摩経』というお経に「不断煩悩得涅槃」という言葉が初めて出てきます。これを曇鸞大師が『往生論註』というお聖教の中に引いておられるのです。『往生論註』の「清浄功徳釈」には、浄土は涅槃の世界であることが顕されています。そこに「すなはちこれ煩悩を断ぜずして涅槃分を得」（『註釈版聖典（七祖篇）』一一一頁）と、煩悩を断ちきらないまま涅槃の分人になる。涅槃の領域に入るのだと言われているのです。

この「涅槃分」と言われた言葉は一体どういう意味を表すのかが問題になります。「涅槃分」の分には、「分斉」と「分位」という二つの意味があります。

まず、「分斉」とは「涅槃の分斉」ということです。迷いの分斉に対して涅槃の分斉、つまり悟りの領域に入る、完全な涅槃を得るということです。蓮如上人の『御文章』の中に「大坊主分」

（『註釈版聖典』一〇八四頁など）という言葉があります。この場合の「分」は分斉の意味で、大坊主の地位、大きな寺の住職の地位にあるものということです。

一方、「分位」の場合は「満」に対して「分」というように、完成に至らない未完成な状態です。完全な悟りではないけれども一部分悟った状態を初地というのですが、この一分の悟りの状態を分位というのです。だから浄土に往生したら完全な悟り・涅槃を得るのではなくて一分の悟りの境地に入る。この境地に入るともう地獄だとか餓鬼だとか畜生だとかいう迷いの境界は完全に消滅して、境地としては仏と全く同じなのです。ただ、仏様のような自在無碍のはたらきができない。「涅槃分」には、このような二つの意味があるのです。親鸞聖人の場合は涅槃分の「分」を省略して「涅槃」と仰います。だから『往生論註』の「涅槃分」は、完全な涅槃のことなのだと聖人は見ていらっしゃる、ということになるでしょう。

但し、ここの文章は少し問題があります。「正信偈」は七言の詩ですから、涅槃分と言うと一字増えるので聖人が省略したのだという考えもあるのです。この場合、涅槃分の「分」は、分斉ではなくて分位。つまり、まだ涅槃ではないけれども、涅槃に至ることに決定している位にある者、悟りを完成することに決定している初地以上の菩薩の境地に入るということになります。こういう風に解釈したのが蓮如上人なのです。『正信偈大意』というお聖教の中にそういう解釈がされております。

「能発一念喜愛心」といふは、一念歓喜の信心のことなり。「不断煩悩得涅槃」といふは、願力の不思議なるがゆゑに、わが身には煩悩を断ぜざれども、仏のかたよりはつひに涅槃にいたるべき分に定まるものなり。

（『註釈版聖典』一〇二七頁）

私の方は煩悩が少しもなくならない状態だけれども、阿弥陀仏の本願を信じた者は涅槃に至るべき分に定まるのである。そういう一分の位に定まる。この場合の「涅槃分」とは「正定聚」のことです。正定聚とは、仏になることに決定している位に我々が就けしめられているということです。

如来から与えられる智慧と力

しかし、親鸞聖人は『尊号真像銘文』に、

「不断煩悩得涅槃」といふは、「不断煩悩」は煩悩をたちすてずしてといふ。「得涅槃」と申すは無上大涅槃をさとるをうるとしるべし。

（『註釈版聖典』六七二頁）

と言われています。ここには、「無上大涅槃をさとるをうるとしるべし」とあって、「涅槃分」と書いてないのです。この親鸞聖人の味わいからすると、正定聚には違いないのですが、煩悩を通して如来の涅槃の徳を感得していくことが「不断煩悩得涅槃」ということでしょう。

正定聚とは、煩悩の支配を受けているようだけれども、本質的には如来の支配下に置かれているような位です。それは、如来の智慧と慈悲が我々の考え方、行動様式の一番根元的な所でリーダーシップを取っている、煩悩具足の凡夫ではあるけれども如来の智慧によってリードされ導かれている存在です。だから私達は煩悩を燃やしているけれども、それが浅ましいことである、あってはならないあり方をしているという思いがある。煩悩がただの煩悩ではなくて、その煩悩を通して逆に如来の徳を味わう転換の契機になる。苦しみ悩むというのも、そのことによって絶えず法に目覚めさせられる。だから煩悩は先生であるのです。

皆さんも経験があると思いますが、十冊の本を読むよりも一つの大きな出来事にぶつかって、そういう問題と格闘したことから人生について深く教えられるということがあるでしょう。ですから、どんな状況の中からでも真実を聞こう、どんなものの中にも真実は語られている、そういう思いで物事にぶつかっていくことが大切なのでしょう。すると燃えさかっている煩悩がそのまま涅槃を味わう機縁となる。煩悩を断ぜずして涅槃を味わい続ける。これが正定聚という位です。

人生の荒波を超えていける者と沈んでしまう者、それは智慧ある者とそうでない者との違いです。その智慧を如来が与えてくれる。「能発一念喜愛心」とは、如来から智慧と力が与えられるということです。その智慧と力によって我々は人生の荒波を超えていく。これが正定聚であり、煩悩を断ち切らずして、むしろ煩悩のまっただ中で如来の涅槃の徳を確認していくあり方なのです。

ですから、この「正信偈」の文章は「涅槃分を得る」で良いと思いますが、「涅槃を得る」と言っても良いわけです。ただ親鸞聖人はより積極的な言い方になっています。「涅槃分」という蓮如上人の方が分りやすいのですが、親鸞聖人の方は、真反対の煩悩を通して涅槃を感得するという非常に積極的な意味を込めていらっしゃるような感じがします。

生と死の意味づけ

続いて、「凡聖(ぼんしょう)・逆謗(ぎゃくほう)斉(ひと)しく回入(えにゅう)すれば、衆水海(しゅすいうみ)に入(い)りて一味(いちみ)なるがごとし」というお言葉をみていきましょう。これは平等一味の利益を得るということでしょう。「凡聖・逆謗」の「凡」とは凡夫、「聖」とは聖者、「逆」とは五逆罪、「謗」とは謗法罪、教えを謗ることです。だから、凡夫も聖者も、五逆罪を造った者も、謗法罪を犯した者も、ということです。これですべての人を表しているわけです。

凡夫というのは煩悩に振り回されている者という意味です。これにはいろいろな定義があって、例えば『大毘婆沙論』には、畏怖心の去らぬものが凡夫、畏怖心がないのが聖者だと言ってあります。畏怖というのは畏れおののく心です。

その畏怖心とは具体的にどういうものかというと、『大毘婆沙論』の中に五つの畏怖心が言われています。①不活畏②悪名畏③怯衆畏④命終畏⑤悪趣畏です。

①「不活畏」とは生活の畏れです。うまく生きていけるかどうかという生活上の畏れです。

②「悪名畏」とは悪口を言われてはしないかという畏れです。誰か三人ほど向うで話しをしていて、その内の一人がこちらを向いてニヤッと笑っていると、何か悪口を言っているのではないかとすぐに気が回るのは悪名畏です。

③「怯衆畏」とは人目を怯える、人を畏れることです。これは自信がないということです。

④「命終畏」とは命の終ることを怯える、死を怯えるわけです。死の怖さというものは、実は死が怖いわけではないのです。死ぬこと自体よりも死への無知によるものです。死が何であるか我々には理解できません。理解できないものは受容できないし怖いのです。

また、「死ぬのは何ともない」と言うのもいい加減なものです。むしろ死ぬことが怖いというのは良いことなのです。だから、死にどんな意味を与えるか、生と死の意味づけが宗教の大事な役割なのです。意味のある生を生き、意味のある死を死ぬ。そういうことで、死がある意味で死を超えるということがある。生死を超えた所から生と死に意味づけをして頂く。これで初めて私達は命終畏から解放されるわけです。

⑤「悪趣畏」とは悪い所に行きはしないかという畏れです。凡夫はこのような畏れを持っているのです。聖者(しょうじゃ)にはそういう畏れはない。しかし凡夫も聖者も本願の海に入れば平等一味となる。淀川もあれば大和川もあり、いろいろな川の流れがあるけれども、海に流れこんでしまえば一つの海の味わいに変る。それが「衆水海に入りて一味なるがごとし」ということです。

救いとは？ ―新しい秩序の中に生れる

五逆罪(ごぎゃくざい)と謗法罪(ほうぼうざい)を犯す者は、悪人です。殊に凡夫の中の悪人です。五逆というのは、①父を殺し、②母を殺し、③阿羅漢(あらかん)を殺す。阿羅漢は、煩悩をきれいになくした尊い聖者です。そして、④悪意をもって仏に傷を付ける。悪意をもって仏身より血を出す。⑤和やかな修行者の集団、和合僧を破る。「破る」というのは分裂させることです。和やかに修行している修行者の心をいろいろと惑わし、修行者達を惑乱していくことを「破和合僧」と言います。前の二つを「恩田に背く」、後の三つを「福田に背く」と言います。何れも反逆罪です。

謗法罪というのは、無仏・無仏法・無菩薩・無菩薩法です。つまり仏陀を否定し、仏陀の説かれる真理を否定し、悟りを目指して修行する修行者を否定し、その修行者の生き方を否定する者、これを法を謗る者というのです。これは実際にやっている連中は格好良いと思ってやっているわけです。しかし、それが結局自分の心の依り所を失い、人々の心の依り所を失わせていくということになるのです。心の依り所がなくなるから心の正しい秩序が崩壊してしまいます。心の正しい秩序が崩壊すれば当然とんでもない暴走を繰り返す。その暴走が五逆罪という形で現れてくるということでしょう。これが五逆・謗法と言われるものです。

親鸞聖人は『尊号真像銘文』（『註釈版聖典』六七二頁）において、「一闡提」もこの「逆謗」であると言われています。一闡提とはどんな悪を犯しても、その悪に対する負い目がなくなってしまう、道理の感覚が完全になくなった者です。こういう者に救いを与えようというのです。これはどういうことかと言いますと、その罪の重さを知らせるのです。罪の重さを知らせることによって回心させるのです。自分の罪を認めたということは法を認めたことになるのです。全面的に自分の罪を、悪を承認したそのときに法の中に入る。これが「救われた」ということです。

だから第十八願は最後に、「ただ五逆と誹謗正法とをば除く」（『註釈版聖典』一八頁）と言います。「救いから除くぞ」と言うことによって五逆と謗法の者がどれほど大きな罪であるかということを知らせる。そして、「大変なことをやっていたのだな」と気がつくことによって初めて自分の罪を認めます。親鸞聖人は『尊号真像銘文』に、

> 五逆のつみびとをきらひ誹謗のおもきとがをしらせんとなり。このふたつの罪のおもきことをしめして、十方一切の衆生みなもれず往生すべしとしらせんとなり。
>
> （『註釈版聖典』六四四頁）

と言われています。「みなもれず」救うといっても金魚すくいではないのです。一度、誤った秩序を崩壊させてしまって、転換させなければならない。価値観を転換させる。如来の新しい智慧と慈悲の秩序の中に生れさせる。これが如来に救われた状態なのです。それを正定聚というわけです。

これは煩悩具足であろうと愚かであろうと問題ではないのです。如来の権威、如来の秩序を認め、その中に自分の存在というものを位置づける。そして絶えず過ちを犯しつつある自己に気がつく。そうすると慚愧の心というものが絶えず起ってくる。これが如来の秩序の中にいるものの相（すがた）であり、それを「救われた」と言うのです。「凡聖・逆謗斉しく回入すれば、衆水海に入りて

一味なるがごとし」とは、如来の秩序の中に入るということです。そこには大きな川か小さい川か、きれいな川か濁った川か、そんなことは問題ではない。如来の智慧と慈悲の「一味」に変っていく。新しい秩序の中に生れ変るのだということです。これは死んでからではありません。ただ今、ここで、我々は「衆水海に入りて一味なるが如し」という徳を頂くのです。

第八章　尊くかけがえのない者たち

経典の言葉が私を護り導く

「正信偈」の前半の「依経段」の中、親鸞聖人が信心の利益をあげて『大無量寿経（大経）』の内容を顕わしていく箇所に前回から入っています。このご文は、ただ経典を解説するのではなくて、「この経典は私にこのような素晴らしい徳を与えてくれた」ということを顕わされている訳です。

以下の六句を拝読します。

摂取心光常照護　已能雖破無明闇
貪愛瞋憎之雲霧　常覆真実信心天
譬如日光覆雲霧　雲霧之下明無闇

（摂取の心光、つねに照護したまふ。すでによく無明の闇を破すといへども、貪愛・瞋憎の雲霧、つねに真実信心の天に覆へり。たとへば日光の雲霧に覆はるれども、雲霧の下あきらかにして闇なきがごとし。『註釈版聖典』二〇四頁〉）

大変おもしろい譬えですね。まず「心光」とは、阿弥陀仏の智慧と慈悲のはたらきです。智慧と慈悲と言っても、抽象的なものではなくて、教えの言葉です。端的には『大経』の言葉であり、本願の言葉であり、南無阿弥陀仏です。『大経』は、南無阿弥陀仏に収約していくのです。ですから阿弥陀仏の心光が常に私を照らし護っているということは、教えが私の生き方を護り導いてくれているのです。「そちらに行ったらいけない、そのやり方は危ないよ」、「これは〝いのち〟の道だ、輝く道だ、この道を行け」という風に教えてくれる訳です。

だから、この譬えでいう太陽は『大経』であり、本願、あるいはその願と行であり、南無阿弥陀仏である。例えば『大経』には阿弥陀仏になる前に法蔵菩薩が願いを発し、修行をしたと書いてある。法蔵菩薩の修行の相は、

欲覚・瞋覚・害覚を生ぜず。欲想・瞋想・害想を起さず。色・声・香・味・触・法に着せず。忍力成就して衆苦を計らず。少欲知足にして染・恚・痴なし。三昧常寂にして智慧無礙なり。

（『註釈版聖典』二一六頁）

と言われますが、これが本当の生き方、真実の生き方なのです。この言葉に喚び覚まされる訳です。それが「信文類」に明かされる信心です。信心というと何か静的なものを感じますが、親鸞聖人は如来の躍動を感じておられるのです。つまり如来と感応道交する心が信心なのです。この『大経』の言葉、あるいは阿弥陀仏の生き方といったものを真実と受け入れる心を信心というわけですから、信心の内容というのは『大経』なのです。

根源的な迷いがなくなる

この譬えでは、ひとたび太陽が出て輝くならば、たとえ雲や霧が深く覆っていても、下には闇がないと言います。この太陽が出るということを「無明の闇を破る」という言葉で顕わしているのです。太陽が出ることによって無明の闇が破られる。真理に対する無知のことを仏教では無明と申します。非常に知的な惑いのことです。雲や霧は、「貪愛・瞋憎の雲霧」と言われていますから貪愛と瞋憎です。これはどちらかと言うと情的、感情的な煩悩です。「貪愛」とは自分に都合のよい者を貪り求めていく心、「瞋憎」とは自分に都合の悪い者を拒絶する心です。だから自分の都合が絶対的なものであると考える心で、そこからすべての迷いが起ってくる。そういう自己中心的な想念を打ち破って、貪愛・瞋憎と言われるような愛欲、あるいは憎悪の心といったものをなくす。そうすると愛する者と憎む者がなくなる訳です。これが愛と憎しみを超えた「怨親平等（おんしんびょうどう）」という境地です。私にとって都合がよいからといってその人の存在が特別の意味を持つ訳でもない。私の都合と関係なく、その人その人が存在している。そういう〝いのち〟というものを見ていく。それが悟りの心なのです。だけど私たちは死ぬまでそんな怨親平等の心は出てきません。

それが、既に無明の闇は破れたけれども、貪愛・瞋憎の雲霧は「つねに真実信心の天に覆へり」ということです。天には太陽が輝いているのですから、「信心の天」とは太陽のことなのです。雲霧が太陽を覆い隠している。だから真実が真実と知らされながら、私たちは絶えず真実を覆い隠すような生き方をしているということです。

私たちは仏様の言うことをなかなか聞かないでしょう。煩悩に振り回されている。しかし、ひとたび何が真実かということを知らされた人間にとっては、「あ、これはとんでもない脇道にそれていたな」と、絶えず喚び覚まされる訳です。それを死ぬまで繰り返すけれども、そこに根源的な闇はない。「どうしようか、こうしようか」と日々の生活は迷い通しだけれども、阿弥陀仏に護られながら自己の存在の意味と方向だけは迷いがなくなった。それが「雲霧の下あきらかにして闇なきがごとし」の意味であり、それは薄暮の中を生きているようなものなのです。貪愛・瞋憎の煩悩は一生涯あり続けるが、ひとたび太陽が出れば下に無明の闇はない。つまり『大経』の教えを聞いて阿弥陀仏の本願を知り、そして経典に導かれながら生きていく者は、煩悩具足の凡夫であるが、根源的な迷いはないと言い切っている訳です。

人間の思議を超えた世界

次に、以下の二句の内容をみていきましょう。

獲信見敬大慶喜　即横超截五悪趣
（信を獲て見て敬ひ大きに慶喜すれば、すなはち横に五悪趣を超截す。『註釈版聖典』二〇四頁）

この文は親鸞聖人はだいぶ迷われたようで、『教行証文類』の草稿本である「坂東本」ではこの箇所が三回位書き換えてあって、最終的に「獲信見敬大慶人」になっています。また『尊号真像銘文』では、

「獲信見敬得大慶」といふは、この信心をえておほきによろこびうやまふ人といふなり。

（『註釈版聖典』六七三頁）

と言われています。「見敬得大慶」は『大経』（『註釈版聖典』四七頁）に出てくる言葉です。「見敬」とは、お釈迦様を見て敬うことです。この人は凄い人だ、尊いお方だということは信を獲ないとわからないのです。そして、聞くべきものを聞いた、遇うべきものに遇った、歩むべき道を歩んでいる、そこに自信に満ちた人生というものが開かれる。これを「大慶喜」「大慶人」と言われたのです。

続く、「即横超截五悪趣」の「横超」とは「横さまに超える」ということです。これはいわゆる「横超五趣の益」と言われる利益を出したのです。『大経』の下巻に

横截五悪趣　悪趣自然閉

（横に五悪趣を截り、悪趣自然に閉ぢ『註釈版聖典』五四頁）

という言葉があります。五悪趣とは五趣、五道ともいい、迷いの境界を五つに分けたもので、地

獄・餓鬼・畜生・人間・天上のことです。阿修羅を加えて、六趣、六道という場合もあります。
「趣」とは、善悪の業によって趣く世界ということです。

「五悪趣」とは全部迷いの境界です。この迷いの境界を超えていくということを「横に五悪趣を超截す」と言われた。「截」とは「断ち切る」、つまり迷いの世界に繋ぎ止めている綱を断ち切ることです。そして、「横さま」は、非常に大きな意味を持っているお言葉です。

親鸞聖人は、仏教を「横」と「竪」とに分けます。「横ざま」と「竪ざま」ということです。「横」とは他力を、「竪」とは自力を表わします。例えて申しますと、竹筒の中に虫がいて、この虫が竹筒から出るのに二つの道がある。一つは、節を一つ一つ竪に破って出ていく場合、もう一つは横の皮を破って出ていく場合です。しかし竹の外皮というのはものすごく固い。だから虫の力で簡単に食い破れるものではない。内の節は割と柔らかいですから食い破りやすい。そこで虫は一つ一つ竪に食い破る。これと同じように一つ煩悩を断ち切って、そして一つ真理を悟るという風に、一つ一つ煩悩を断ち切って、ついに一切の迷いの束縛から解放される。このような生き方が、惑を断じて真理を証る（断惑証理）という仏道で、ちょうど「竪ざま」という感じがするでしょう。

それに対して、自分の力ではこんな固いものは破れはしないが、大変慈悲深いお方がいて、横に穴を開けてくれた。それで虫はその穴から出る。そこで「横」というのは、人間のいわゆる道理を超えた領域を表わしているわけです。自力の世界は人間の理知の通用する世界ですから思議の世界と言います。ところが他力の世界というのは常識を破った、人間の思議を超えた不可思議の世界です。その他力不思議を表わして「横さまに超える」と言うのです。阿弥陀仏の本願を聞いて慶び、如来を心から尊敬し、その教えに遇ったことを大変慶ぶ人は、阿弥陀仏の本願力によって迷いの境界を横さまに超えて悟りの領域にあらしめられるということです。

煩悩の中にあって、煩悩を超える

続いて、以下の四句を拝読します。

一切善悪凡夫人　聞信如来弘誓願
仏言広大勝解者　是人名分陀利華

（一切善悪の凡夫人、如来の弘誓願を聞信すれば、仏、広大勝解のひととのたまへり。この人を分陀利華と名づく。『註釈版聖典』二〇四頁）

善人であれ悪人であれ、如来の弘誓願、すなわち阿弥陀仏の広大無辺な誓願を疑いなく聞いて慶ぶ人を、仏は「広大勝解者」と仰る。「広大勝」とは仏の徳、「解」とはよくわかった人ですから、広大無辺な仏徳を領解し、仏徳に共鳴をしている人を、素晴らしい人だと仏は誉め讃えておられる。そして、こういう人を分陀利華（プンダリーカ）と名づける。これは『観経』の一番最後に出てくる言葉です（『註釈版聖典』一一七頁）。分陀利華とは、白蓮華、純白の蓮華のことです。中国人や日本人は蓮華と言っておしまいですが、インドでは蓮華の名前を必ず色で分けるのです。中でも純白の蓮華は、泥沼の中に咲きながら泥に染まらない美しさを表わすには非常によいのです。そういう言葉を念仏を申す者に使われている訳です。煩悩具足の凡夫で念仏する人を分陀利華と呼んだというのは、念仏者は煩悩の中にあって、しかも煩悩を超える道を頂戴した者だということで、お釈迦様が大変誉めていらっしゃるわけです。

愚かさに帰る

次の四句は、「依経段」の最後のご文になります。

弥陀仏本願念仏　邪見憍慢悪衆生
信楽受持甚以難　難中之難無過斯

（弥陀仏の本願念仏は、邪見・憍慢の悪衆生、信楽受持すること、はなはだもつて難し。難のなかの難これに過ぎたるはなし。『註釈版聖典』二〇四頁）

「難中之難無過斯」というのですから、これ以上の困難はないということです。つまり阿弥陀仏の本願の念仏は、「邪見憍慢の悪衆生」、すなわち、自力をたのむ邪見で傲慢な悪人には絶対に信じることは出来ないと仰った言葉です。やれば出来るということではなくて、絶対に出来ないということは、人間の手が届くものではないということです。これは考えてみると随分皮肉な話です。念仏の行というのは易行であり、これ以上の易行はない。けれどもそれを信受することは難信である。行は易行、信は難信。これが『大経』の特徴です。『阿弥陀経』の一番最後の所もそうです。「もろもろの衆生のために、この一切世間難信の法を説きたまふ」（『註釈版聖典』一二八頁）の「この」とは、『阿弥陀経』に説かれた念仏往生の法義を押さえている。信ずることができないという法をお説きになった。そのような法を説くことによって、実は、信じたのではない、信ぜしめられたのだ、ということを知らせようとしているのです。

救いの世界は、自力では絶対に理解することも、信ずることもできない。それはまったく如来の御はからいの開く世界だ。そういう領域ですから、私は自分の固有の能力というものを一切はたらかせずに、如来の御はからいに自分の身をすべて委ねる。如来の御はからいとは、要するに本願の言葉です。その本願の言葉は理解できる言葉ではありません。理解のできる言葉ではないから受け入れるしかないというのです。これを信という訳です。

易行は信心によってのみ受け入れられるのだ、念仏は易行であるけれども、易行の念仏というものはなかなか受け入れられない、ということなのです。「ではどうしたらよいのですか」と言ったら、法然聖人は「愚痴に帰れ、それ以外にない」と仰います。愚痴に帰るというのは、愚かさに帰るということです。「どれくらいの愚かさですか？」と問えば、「黒白もわきまえぬ身になりて法を聞け」と言われます。白と黒のけじめがつかない、何にもわからん人間になって法を聞けという言葉です。それが信の世界だと。ただ仏様の言葉が響いているだけなのです。私のはからいを離れて本願を聞くという所にのみ、救いの世界は開かれていくのだということです。

そうすると「難」とは、信心の世界の超越性、本願の世界の絶対的な超越性を表わしているのです。本当に超越したものには、地上の差別は一切問題にならないのです。つまり如来が万人を分け隔てなく救うということは、如来が本当に万人を超越しているからです。そういう完全な超越性を表わしているのが「難」という言葉です。

如来への反逆―他人を手段と見る「おごり」

法然聖人が説かれた本願の念仏の世界では、老少、善悪、賢愚、出家在家を選ばない。人間の上の差を一切問題にしない。だから「ただ念仏申しなさい」という法然聖人のお言葉は、如来は私をそのままの姿で受け入れ、悟りの領域に転換して下さるのだと言っているです。

「それだったら自力だって他力だって一緒ではないか」と思うと、これがいけないのです。自力というのは差をつけることなのです。子どもの時分から死ぬまで人間というのは色んな形で差をつけながら生きている訳です。そして少しでも上に行きたい、少しでも人よりのし上がりたいという思いで人間は生きている訳です。そこで人に差をつけようとしている。だから善をもって悪を否定する。しかし善と悪と言っても、本当は逆転するもので、より重い悪のことを悪と言い、より軽い悪のことを善と呼んでいるのです。いつでも善が悪になったり、悪が善になったりするのです。逆転が突如起るから怖いのです。しかしそれが人間の営みというものなのでしょう。だから自力をたのむことを、ここでは「邪見憍慢の悪衆生」と仰ったのです。

善悪、賢愚という価値基準でものを考えていくことに慣らされているものだから、私たちはどうしても傲慢になったり卑屈になったりします。そのような心で阿弥陀仏の世界を忖度（そんたく）しようとしても絶対にわからないので、真宗では自力は捨てるべきものだと言うのです。

ここで「悪衆生」と出ますが、それでは、煩悩具足の凡夫が本願を信じ念仏していたらどうなるのでしょうか？ これは善なる衆生です。もっとも賢者であり、もっとも善なる者になる訳です。善悪が逆転するのです。「悪人正機」ということが本当にわかった場合には悪人が善人に変る。しかしこの善人というのは普通の意味の善人ではない。普通の善悪ではなくて、如来に背くか、如来に順うか、真理に背反するか、真理に随順するか。それを善悪という言葉で顕わしているのです。

ここで「邪見憍慢の悪衆生」といわれた言葉は、如来に背く者、平等の大悲に背く者ということです。「邪見」とは邪な見解です。真理をまともに見ない。真理を歪めているということです。「憍慢」というのは、高上がり、傲慢ということです。自らを頼みにして、他を見下ろしている。それは何かと言うと他人を道具に使っていること、すべてを手段にしてしまうことです。それは、みんなは私の幸せのためにあるのだ、と思っているということです。つまり人を手段として見ているということは〝いのち〟を見ていない。手段とは物です。根元的に言うと〝いのち〟を無視している、物化してしまっている状態が憍慢です。これが仏様に対する反逆なのです。つまり如来の子の〝いのち〟を無視して物としてしまった。これが一番大きな罪なのです。「仏智うたがふつみふかし」（『註釈版聖典』六一四頁）というのはそういうことなのです。

そして、すべてを手段として自分のために使おうとする人間は、結局自分自身も手段にしてしまっているのです。病気でもして、「自分は役に立たなくなったから存在意義がなくなった」と考えるのは、自分を手段として考えているからです。つまり自分自身の〝いのち〟も見失ってしまっているのです。一生涯自分の〝いのち〟に触れずに生きていった人というのは案外多いのではないですか？　本当の意味のかけがえのない〝いのち〟、一瞬たりとも私以外の者は生きられない〝いのち〟を今生きている。そんな〝いのち〟の意味なんていうものは考えたことはないだろうし、それは如来に対する最大の反逆であるということです。そういう邪見・憍慢を翻して、如来の真実を受け入れる。その如来の真実を受け入れる時に、万人が仏の子として蘇っていく、自分も人もみんな如来の子としてかけがえのない尊い者として蘇ってくる。こんな領域が新しく開けるのです。

第九章　お念仏の道を伝えた高僧たち

七高僧が明かしてくださったこと

お釈迦様の『大無量寿経（大経）』に依って説かれた依経段が終りますと、これから後は依釈段になります。依釈段とは七人の高僧方の論釈によって浄土真宗の教えが伝えられてきたことを仰るところです。つまり『大経』の法義が親鸞聖人のところまでどのように伝灯されてきたか、伝持されてきたのかという教法の歴史です。その七人の高僧方の論釈によって私は浄土真宗に遇わせていただいたということを慶び、讃嘆するわけです。それでは、まず初めの四句二行を拝読しましょう。

印度西天之論家　中夏日域之高僧
顕大聖興世正意　明如来本誓応機

（印度西天の論家、中夏（中国）・日域（日本）の高僧、大聖（釈尊）興世の正意を顕し、如来の本

誓、機に応ずることを明かす。『註釈版聖典』二〇四頁）

ここでは、「大聖」、つまりお釈迦様がこの世に出現された本意は、『大経』を説いて阿弥陀仏の本願を明らかにすることであり、更にその阿弥陀仏の本願は末法の時代を生きる凡夫に一番ふさわしい教えであることを、インド・中国・日本の七人の高僧方が明かして下さった、と言われているのです。

「印度西天」の「印度」は、中国では「天竺」と呼ばれており、中国から西の方に行くわけですから、「西の天竺」ということでインドのことを「西天」と呼んでいるのです。「中夏・日域」の「中夏」とは中国のことです。それから「日域」とは日本です。「日域」とは「日の昇る国」という意味です。聖徳太子が「日出づる国の天子、日の没する国の天子に書をいたす」という文章を書いたといわれておりますが、とにかく日本のことを「日域」と言います。

インド・中国・日本の三国にわたってお釈迦様の教えを伝灯してきた七人の高僧がいる。インドでは龍樹菩薩と天親菩薩、中国では曇鸞大師と道綽禅師と善導大師、日本では源信僧都と源空聖人です。源空聖人とは法然聖人のことです。この七人がお釈迦様の教えを次々と承け伝えて下さった祖師方であり、浄土真宗はこの高僧方の教えに則って展開していくとして、親鸞聖人はこの七人を真宗の伝灯の祖師として選び取られたのです。これを「七高僧（七祖）の選定」と申しております。

「七高僧選定」の理由

親鸞聖人が何故この七人を選定したのかについて昔からいろいろ言われています。まず、浄土を願生していることが第一の理由にあげられます。自分が浄土を願生する人でなかったならば、たとえどんな浄土の教えを説いていたとしても、浄土の祖師と言うわけにはいかない。インドでも中国でも日本でも多くの人たちが浄土の教えを説いています。けれどもそれを学問として著しただけであったら祖師にはならないのです。例えば源信僧都のお師匠さんである慈慧大僧正良源という人が、『極楽浄土九品往生義』という書物を書いています。これは『観無量寿経（観経）』の九品段の註釈書です。日本人で『観経』の註釈書を書いたのはこの方が最初です。けれどもこの人自身が浄土願生者ではないわけです。学問的な著作しかないのですから、浄土の祖師とするわけにはいかないということです。

それから第二に、浄土教を開顕した著作があるということです。著作がないとどんな有り難い人であっても、伝記だけで祖師とするわけにはいかないのです。

第三に、著作があり浄土願生者であっても、阿弥陀仏の本願力を強調するということがなければならないのです。その著作の中に阿弥陀仏の本願力による救済を説いて強調している。やはり自力の教えを説いてもらったのでは真宗の祖師とするわけにはいかないのです。

それから第四に、法義上の新しい開顕がなければならない。前の人が言ったことをただそのまま言っているのだったら、それは祖師にする値打ちはないわけです。その人しか言えなかった、その人が初めて言ったという開顕がなければならない。

こういう判定基準を持って、「長い仏教の歴史の中で浄土真宗の祖師として崇めることができる人はこの七人しかいない」と、親鸞聖人は七高僧を選ばれたのだろうと昔の学者方は仰られているわけです。なるほどその通りだと思うのです。七高僧選定の理由は、選ばれた七高僧を見て、そこからこういった基準があったのだろうなあというものを抽出してくれば、先のようなものになります。だから間違いではないのです。しかし親鸞聖人が選定された理由は、どうもそれだけではないのです。

法然聖人への論難

親鸞聖人のお師匠である法然聖人は善導大師のご著作によって回心(えしん)をされます。それで法然聖人は「偏に善導一師に依る（偏依善導一師）」（『註釈版聖典（七祖篇）』一一八六頁）と言われて、徹底して善導大師を依りどころとされます。

法然聖人は、文治六年（一一九〇）二月、五十八歳の時に再建中の東大寺の大仏殿で「浄土三部経」の講義をします。東大寺における「三部経講釈」と言って非常に有名なもので、これから後、法然聖人が賛否両論の渦の中に巻き込まれていくのです。「三部経」とは『大経』と『観経』と『阿弥陀経（小経）』であり、この「三部経」の講義をたたき台にして、新しい構想の元に書き上げていくのが『選択本願念仏集（選択集）』です。

その時に法然聖人は、「私は直接師匠に会って教えの伝授を受けたわけではない。浅薄な読み方だけれども、とにかく善導大師のお聖教を読んで、私なりに考えたこと、味わったことをここに述べているのだ」ということを仰っています。その上で「浄土三部経」に依って「浄土宗」という一宗を開く、浄土宗という一宗が仏教の中にあるのだと主張するのです。これは「立教開宗」と言って、新しい教義体系を立てて一宗を開くわけです。「宗」とは独自の教義体系のことです。

これがものすごい問題になるのです。後に法然聖人に対して有名な『興福寺奏状』が出されて、弾圧を受けるわけですが、その第一条は「自分で勝手に宗を立てた」というものです。大体、宗を立てる場合には中国へ渡って、そしてインド以来伝灯してきた教えをちゃんと師資相承しなければならない。「師資」というのは師匠と弟子です。師匠から教えの伝授を承けて、日本に持って帰って、朝廷の許可を得なければならない。師資相承がないということは、善導大師の教えに依ったと言うけれども、直接師匠に会って聞いたのではなくて自分勝手に考えたのではないか。それだったら「法然宗」としか言えない、それは名聞利養の最たるものだとして、存在することを許すわけにはいかないと批判されているのです。『興福寺奏状』を書いたのは笠置の解脱上人貞慶で、彼は当代切っての学僧であり、しかも単なる学者ではなく、非常に熱心な実践家であった人です。

そのような批判は早くからあり、どうもそれでは少し具合が悪いということで、法然聖人は『選択集』の中で、浄土宗の相承として、菩提流支・曇鸞・道綽・善導・懐感・小康という系譜を出されます（『註釈版聖典（七祖篇）』一一九一頁）。ただし菩提流支は翻訳者で、浄土教の祖師というわけにはいきませんから、法然聖人は普通、曇鸞大師以下の「五祖相承」を用いられています。

ところが『選択集』の一番最後になると、「偏依善導一師」という本音が出るわけです。一応言えば五人だが、私が依りどころとするのは善導大師だけだと。これはもう徹底しています。だから「そんなことで一宗を立てられたら誰でも一宗を立ててしまう」と集中砲火を浴びるわけです。このように法然聖人は、一応「五祖相承」を立てますが、結局は「善導一師に依る」のだと言ってしまう。しかし、これだけでは論難に対して浄土教というものの正当性を立証できないのです。

求道者・法然、聞法者・親鸞

親鸞聖人は、法然聖人の浄土教が全仏教の中でこういう位置を占めるのだ、実はこの教えが全仏教を包むような意味を持っているのだということをハッキリと理論的に確認して顕したのです。それが『教行証文類』です。

『教行証文類』を拝読しますと、『華厳経』や『涅槃経』や『維摩経』などの様々な経典を引用して、浄土教の真理性を証明していかれます。だから親鸞聖人は、浄土真宗というのは、仏教の中の一宗ではなくて、これが仏教なのだ、仏教はこの一点に統一される、という意味を持っていると確信しているわけです。その確信の中からこの教えの伝灯をもう一度見直し、七高僧の伝承というものを立てるのです。

実を言いますと、親鸞聖人はやはり法然聖人を中心として七高僧を見ているのです。法然聖人から出発するのです。親鸞聖人は、法然聖人という直接の師匠を持っていたことがすごいことなのです。法然聖人は本当の意味で、道を求めた求道者です。親鸞聖人は聞法者です。法然聖人の求められた道の真理性を確認した人です。だからやはり浄土真宗は法然聖人と親鸞聖人の合作です。これはどう見てもそうです。親鸞聖人が言われているのは、「浄土真宗は、法然聖人の浄土宗なのだ、法然聖人の浄土宗の真実のおいわれを浄土真宗と名付けるのだ」ということなのです。

その法然聖人を支えているのが善導大師です。これはもう言うまでもない。その法然聖人と善導大師を結んでいるのが源信僧都である。源信という媒介を入れず、直接善導から法然というわけにはいかないのです。源信僧都の『往生要集』を通して初めて善導大師が受け入れられる。親鸞聖人は、中国人の思想を日本人が受け入れるにはストレートに行くはずがないことを知っておられるのです。つまり源信僧都は一つのダムみたいな、ものすごい人なのです。その源信僧都というダムを通して初めて中国の思想が日本人の心の中に響いて来る。だから皆は法然聖人と善導大師だけを見るけれども、源信僧都をここに入れてみると、すっと繋がりが見えて来るのです。こういうものを見ていくのが親鸞聖人なのです。

「親鸞」の名乗りの意味

次は曇鸞大師です。何故に曇鸞大師かと言いますと、実は天親菩薩の『浄土論』は曇鸞大師の書物を通して初めて意味を持つということです。

法然聖人は、浄土宗の依りどころとする経論として「三経一論」（『註釈版聖典（七祖篇）』一一八七頁）をあげられます。「浄土三部経」に加えて、「一論」として天親菩薩の『浄土論』をあげられるのです。しかし、『浄土論』については何も語らないのです。本当に何も言わない。よくこれだけ沈黙を守るなあというくらいに沈黙しているのです。これは一つの謎なのです。「三経一論」と言いながら師資相承の中に天親菩薩の名前も入れないし、『浄土論』に関しては何も語らない。その謎を解こうとして弟子たちが必死になるわけです。そして弟子たちが注目したのが曇鸞大師なのです。曇鸞大師と天親菩薩との間に、法然聖人の教えを理解する通路を見出そうとしたのです。これが比叡山きっての秀才、隆寛律師（りゅうかんりっし）と親鸞聖人です。そして曇鸞大師を通して天親菩薩の『浄土論』を見ると、『浄土論』が浄土宗の依りどころとなる聖典だと法然聖人が言われたことの意味がわかってくるわけです。

曇鸞大師が天親菩薩の『浄土論』を註釈する元にしたのが龍樹菩薩です。龍樹菩薩が仏教の中に難行道・易行道という枠組みがあると仰っている。その枠組みでいえば、浄土教は、難行の道ではなくて易行の道である。『浄土論』は、詳しくは『無量寿経優婆提舎願生偈（むりょうじゅきょううばだいしゃがんしょうげ）』と言うのですから浄土教の論書です。そうしたら天親菩薩が『浄土論』に説いてあるものも易行でなければ浄土教の枠組みから外れてしまう。易行道が説いてあると見ると、この『浄土論』は一体どう考えたらよいのか。

実は『浄土論』に書いてあるのは菩薩道です。浄土に往生しようとする者は、礼拝・讃嘆・作願・観察・廻向という自利利他の行を修め、「妙楽勝真心（みょうらくしょうしんしん）」（『註釈版聖典（七祖篇）』四〇頁）と言われる悟りにふさわしい心を完成して浄土往生は実現すると言ってあるわけです。だから誰が見たってそれは難行道としか見えない。そんな行は凡夫が行えるものではないのです。この『浄土論』を『浄土論』だけで読んでいったら、どう見たって浄土教の論書に見えない。なるほど浄土教を取り上げているが、やはり天親菩薩がそうであったように、瑜伽行（ゆがぎょう）と言われる仏教をもって浄土教を解釈した、瑜伽行派の論書としか見えないわけです。

ところが龍樹菩薩の難行道・易行道の枠組みの中で、易行道として位置付けた時に、この読み方がコロッと変るわけです。曇鸞大師は天親菩薩の『浄土論』を易行道として読んでいったのです。その為に曇鸞大師の『往生論註』には一番最初に龍樹菩薩の「難易二道」を出し（『註釈版聖典（七祖篇）』四七頁）、「この枠組みの中でこの書物は読むべきだ」と決めて、独自の解釈をしていくのです。この論理をもって善導・法然の教えを理解すると、浄土教が仏教全体を包むような教義体系として見えてくるわけです。

それがすっと見えてきた時に、親鸞聖人は、天親の「親」と曇鸞の「鸞」を取って「親鸞」と名乗るわけなのです。これは「わかった」というところでしょう。だから「親鸞」という名前は若い頃に付いたものではないのです。流罪以後に「愚禿親鸞（ぐとくしんらん）」と名乗られたと言われているように、恐らく越後で一生懸命考えたのだと思います。もう師匠の法然聖人はいない。誰も聞く人はいない。流人として過酷な人生を通して、お聖教と対話し格闘していくわけです。その思索と体験の中で生れていくのが、曇鸞大師を通した天親菩薩の『浄土論』の理解でした。それは親鸞聖人ご自身が、

天親菩薩のみことをも
鸞師ときのべたまはずは
他力広大威徳の
心行いかでかさとらまし

（『高僧和讃』、『註釈版聖典』五八三頁）

と、曇鸞大師の註釈がなければ天親菩薩の書物は読めないと言われているのです。その天親菩薩の『浄土論』を読み切っていく時の枠組みは、龍樹菩薩の枠組みなのです。だから浄土教の基本的な枠組みを作ったのは龍樹だ。この枠組みを示した方は祖師と言わざるをえない、これこそ浄土の祖師の最初の人なのだということで、龍樹菩薩を浄土の祖師として仰いでいくのです。龍樹菩薩の名声に惚れたのではないのです。龍樹菩薩が初めて浄土教理解の枠組みを定め、この枠組みに従って浄土教は展開していくことを読み取られたのです。だから天親と龍樹は曇鸞から開いていくのです。

親鸞聖人の眼

この曇鸞大師と善導大師とを結びつける橋渡しが道綽禅師なのです。禅師は仏教を聖道門と浄土門とに分けて、浄土教を、「約時被機」（時に約し機に被らしめる）」（『註釈版聖典（七祖篇）』一八二頁）と言われました。教法を選ぶには、今がどんな時代（時）であるか、そして自分がどういう人間（機）であるか、置かれている時代環境と、そこに生きている自分というものがどんな人間であるかを見定めなければならない。どんな素晴らしい教えでも自分の身にあわないものだったら何の役にも立たない、末法の時代を救うものでなかったならば、教えとしての意味を持たない。教えとは人を導き、育てていってこそ教えなのです。それができないのならば、教えとしての意味を持たない。だから道綽禅師は、「曇鸞大師は末法の時代を生きる煩悩具足の凡夫の救いの道を他力の道として顕したのだ」と言ったのです。その道が阿弥陀仏の本願の念仏であり、曇鸞大師の教えの結論なのだと禅師は言うわけなのです。

曇鸞大師の教えの結論を道綽禅師が立てて、それを前提として善導大師の教学活動が始まっていくわけです。だからこれはただずらっーと並んでいるのではなくて、実は法然から善導へ、善導から曇鸞へ、そして曇鸞から天親・龍樹を開いて、そして曇鸞と善導を結ぶ媒介として道綽、善導と法然を結ぶ媒介として源信、こういう風に見てみると教えの流れというのはすーっと見えてくるわけです。これで七高僧が成立するわけです。

だから選ばれた七高僧を見れば、確かに資格審査のように判定基準が考えられますが、その基準は初めからあるわけではない。やはり中心になるのはこういう人々を見出していった親鸞聖人の眼です。この眼が親鸞聖人独自の境地なのです。だから、七高僧の教えが親鸞聖人のところに伝灯されて来たと言うのですが、ある意味では親鸞聖人はそれを包むような体系を持っているわけなのです。その意味で親鸞聖人の教えというのは途轍もないスケールを持っているのです。

第十章　龍樹菩薩㈠　大乗の巨人

龍樹菩薩の活躍された時代と場所

龍樹菩薩は、インドでのお名前をナーガールジュナといいます。分解すると「ナーガ・アルジュナ」となり、ナーガを「龍」と意訳して、アルジュナを「樹」と音訳して、「龍樹」と翻訳しています。だいたい西暦紀元後一五〇年から二五〇年頃、二世紀の中頃から三世紀の中頃にかけて南インドに出られた方です。

インドの中程にデカン高原があります。そのデカン高原の東、ムンバイの近くからベンガル湾に向かってクリシュナ河が流れています。このクリシュナ河の下流にナーガールジュナ・コンダ（ナーガールジュナの丘）という街があります。南インド仏教の大きな遺跡があった所です。あったというのは、ここにダムができて、現在では遺跡の大部分はダムに水没しているのです。もったいない話です。しかし主だったものだけは丘の上にあげて保存しております。このナーガールジュナ・

コンダが、ナーガールジュナが生れ活躍したところだといわれています。必ずしも確定はできませんけれども、そういう名前が今に残っているということです。このあたりはアンドラといわれる土地です。

紀元後一八〇年頃にマウリヤ王朝が滅びてから、インドの政治勢力はデカン高原の方に移っていきました。龍樹菩薩が出られたのは、アンドラ地方のサータヴァーハナ王朝といわれる王朝が栄えた頃です。これはだいたいわかるのです。サータヴァーハナ王朝の王様に対して龍樹菩薩が仏教を説き、仏教の心を持って政治を行うように勧め誡めた『勧誡王頌』というものが残っているのです。そういう書物を書かれた方が、だいたい紀元後二世紀の中頃から三世紀の中頃までの一時期に出られた。百歳だったというわけではありません。この百年間の一時期にお生れになって活躍なさったということです。伝記としては、鳩摩羅什三蔵が翻訳した『龍樹菩薩伝』というものがあります。ただし、奇想天外な伝説に彩られておりまして、どこまでが本当でどこからが伝説なのか、よくわかりません。

『楞伽経』について

釈迦如来 楞伽山　為衆告命 南天竺

龍樹大士出於世　悉能摧破有無見
宣説大乗無上法　証歓喜地生安楽

（釈迦如来、楞伽山にして、衆のために告命したまはく、南天竺（南印度）に龍樹大士世に出でて、ことごとくよく有無の見を摧破せん。大乗無上の法を宣説し、歓喜地を証して安楽に生ぜんと。『註釈版聖典』二〇四～二〇五頁）

「正信偈」のこの部分は、『楞伽経』というお経に、龍樹菩薩の出現を予言した教説があって、それを引いてあるのです。『楞伽経』というのは楞伽山、つまりランカの山でお釈迦様がお説きになったといわれる経典です。それにスーリ（美しい）という言葉を付けますとスリランカです。ただ、この『楞伽経』がスリランカで説かれたのか、それとも南インドの、スリランカをすぐ前に見るケーララプトラの近くの山で説かれたのか、そこのところはわかりません。

大乗経典が成立した時期は、一般に前・中・後の三期に分けられます。『楞伽経』は中期大乗経典の終り頃、だいたい西暦紀元後四世紀の終り頃から五世紀の初めくらいにかけて成立した経典と考えられます。成立させたのは恐らくスリランカのセイロン大乗仏教徒だったと思うのです。龍樹菩薩より後に編纂された経典なのですから、龍樹菩薩のことが書かれていても当り前のことです。

親鸞聖人は『楞伽経』の予言をどう読まれたか

しかし親鸞聖人はそのように合理的には読まないのです。お釈迦様がお説きになった経典というのは、色々な喩えが説いてあって、散漫に見えることもあります。私たちは、特に若い時分は、そうした経典よりも、凄い論理で展開されている、菩薩がお書きになった論書（経典の註釈書）、『論』の方が上だと思いがちです。しかし、人間が生きるか死ぬかということになった時には、論書と経典とだったら経典の方に皆飛びつきます。経典というのは、人間の心の中に入ってくる力というのが、もう全然違うのです。経典にはそういう所があります。『楞伽経』は後の時代に編纂されている。その辺りを皆は知っているのです。知っているけれども、お経の言葉というのはやはり絶対的なものとして頂いているわけです。

『楞伽経』には、「私（お釈迦様）が死んだ後、南インドに龍樹菩薩という素晴らしい人が出現する。その人は悉く有無の見を打ち破って、歓喜地と言われる境地に到達して、しかも自ら阿弥陀仏の本願に帰依して、そして西方極楽世界（安楽国）に生れていく」と説かれています。つまり南インドからスリランカにかけての大乗仏教徒たちは、龍樹菩薩をお釈迦様の後継者として崇めていたわけです。そして、龍樹菩薩という方は、あの素晴らしい空の論理を体系立て、仏教の基礎理論を体系立てた人でありながら、しかも自らは浄土を願生して、極楽世界に生れていった人だと。このように説かれていることは、龍樹菩薩が浄土願生者であったことがずっと伝承されていた証拠です。この証拠が大切なことなのでしょう。つまり龍樹菩薩の著作よりも、そういう形で弟子から孫弟子・曾孫弟子と続いてきた龍樹伝説というものが、実は龍樹菩薩の本質的なものを言い表しているということなのでしょう。

恐らく親鸞聖人はこの経典の説話の中に非常に深い意味を見出されたのだと思うのです。『楞伽経』の中で龍樹菩薩を「歓喜地の境地に到達しながら、なおかつ浄土を願生した人だ」と言っているところに、浄土教というものの持っている意味を、親鸞聖人は読み取っていこうとしているのです。だからこれを非常に大事にしておられるわけです。『高僧和讃』にも出ています。第一首目は親鸞聖人が独自の表現で龍樹菩薩を讃えられたものです。

本師龍樹菩薩は
『智度』・『十住毘婆沙』等
つくりておほく西をほめ
すすめて念仏せしめたり
（『註釈版聖典』五七八頁）

とあります。次に、

南天竺に比丘あらん
龍樹菩薩となづくべし
有無の邪見を破すべしと
世尊はかねてときたまふ
（『註釈版聖典』五七八頁）

本師龍樹菩薩は
大乗無上の法をとき
歓喜地を証してぞ
ひとへに念仏すすめける
（『註釈版聖典』五七八頁）

とあります。この二首は『楞伽経』の意に依って書かれたものです。だからこれを「楞伽の懸記」と言います。「懸記」とは予言することです。「楞伽の懸記」というのは非常に深い意味を持っているわけです。伝説というものは事実よりも深く事実を伝えることがあるのです。

『中論』―大乗仏教の基礎理論

龍樹菩薩は色々な書物をお書きになっています。大乗仏教全体として、ことに大事なのは『中論』です。これから後のすべての大乗仏教は、龍樹菩薩を共通の祖師としています。大乗仏教は中国や日本に来ますといろいろな宗派に分れますが、お釈迦様から次の第一番目の大乗仏教の祖師というと、どの宗派でも皆龍樹菩薩を数え上げるというぐらいです。日本では古来から、八宗（あらゆる宗派）の祖師と呼ばれています。そのように讃えられるのは、この方が、以後展開する大乗仏教の基礎理論というものを確立した方だからです。それをやったのが『中論』という短い書物です。

『中論』は、私たちのものの考え方というものを徹底的に打ち破って、我々のものの考え方はすべて虚構であり、我々は虚構の世界を真実だと思っている、ということを非常に論理的に説いていきます。大乗仏教の基礎理論や、仏教とはどういう教えなのかを知りたい時にこれを見れば非常によくわかる、ということになっているのだけど、実はとても難しいのです。

なぜ難しいのかというと、お経の中に書いてあるいろいろな難しいことについて、それはこういうことを言おうとしているのだ、ということを論理化しているからです。例えば、般若経典の一つ『金剛般若経』というお経を見ますと、「衆生は衆生にあらず、ゆえに衆生である。仏は仏にあらず、ゆえに仏である」という風に説いてあります。「私は私でないから私である」という言い方で説いてあるのです。一体どうしてこんなことが成立するのか、こんな難しいことを説いたお釈迦様はどういう世界を我々に伝達しようとしているのか。このことを論理的に説明しようとしているのが、『中論』の難しい論理なのです。

縁起―一瞬一瞬まっさらな〝いのち〟

『中論』で龍樹菩薩は、縁起の理法にもとづいて、私という存在を説明していきます。私は実体として存在するのではない。諸々の縁、あらゆるものは私を成立させる縁として、今の私というものをあらしめている。あらゆるものが私を成立させているのだったら、そのあらゆるものは時々刻々変化しているのでしょう。だったら私も時々刻々変化しており、同じ私は一瞬も存在しないということです。ただ同じ私があるように見えるのは、実は同じような状況が続いてるから同じように見えるだけであって、それは虚構だ。

例えばローソクの火が燃えているでしょう。あの火というのは、瞬間前の火はもう消えて無いし、瞬間後の火は未だ無いのです。一瞬一瞬まっさらな火が燃えているのです。同じように見えるのは、それをあらしめている縁がほとんど同じ状況であるからそう見えるだけで、その縁の中の一つが変れば、例えば酸素の供給が無くなったり、強い風がパーッと吹いたり、温度が急激に下がったりしたら、瞬間にこの火は消えてしまいます。そうでなくてもローソクの蝋が尽きてしまったら消えてしまいます。

同じように、いろいろな条件関係の中の状況として私は存在しているのだというのです。だから私は実体としてあるのではなく、ただ状況としてあるのだ。その状況というのは一瞬一瞬まっさらな状況が出ているのだ。だから〝いのち〟というのは、一瞬一瞬、一日一日まっさらな〝いのち〟を生きているのだ、既製品の〝いのち〟、既製品の人生なんていうのは存在しないのだ、ということなのです。だから不安があって当り前なのです。不安が無い、惑いが無いというのは生きていない証拠です。その不安と惑いに打ち克ちながら、一瞬一瞬の〝いのち〟の火を燃やし尽していく、その瞬間瞬間に自己の〝いのち〟を確認しながら生きていくのが悟りの境地なのだというわけなのです。

だから、例えば神が人間を作ったという風な、一つの原因から一つの結果が出るというようなことはあり得ません。無数の縁によって一つの事柄が成立して、その一つの事柄は他の無数の事柄が成立する縁となっている。だから私がいるという時には、この私があるために、この地球から太陽系から宇宙全体がこの私をあらしめる縁となって私の一点に凝集している。それでまた私があらゆるものに縁となって影響を及ぼしている。すべての存在は一であるままが一切であり、一切であるままが一の上に凝集している。そういうものが〝いのち〟のあり方なのだということを、縁起、「縁って起っている」というのです。縁って起っているという状況としてある、だから実体として私は存在しない、というのが悟りの領域なのです。

一切は空である──有無の見を破る

我々は「である」とか「でない」という風に、肯定判断・否定判断でものをとらえようとするけれども、そこでとらえられたものは、存在の影に過ぎない。〝いのち〟そのものは、「である」とか「でない」という論理でとらえられるものではない。「である」という状態は、生きてあるということであり、生きてあることの否定対としては死というものを考える。しかし、そのように生とか死というもので人間をとらえることはできないのです。

あるいは、「有る」というのは論理でいえば肯定判断、「無い」というのは否定判断。肯定と否定です。これが我々の判断能力ですけれども、そういう肯定・否定の中に、物事の本当のすがた、真相は隠れてしまうのだということです。これが、自分に都合のよいものを愛し、自分に都合の悪いものを拒絶して、愛と憎しみというものを生み出してくることになる。愛とか憎しみとか生とか死とか、それらはすべて私たちの虚構する能力が描き出した影に過ぎない。その影に私たちは誑(たぶら)かされて生きている。このように龍樹菩薩は言うわけです。

こういう形で、龍樹菩薩は、人間が作り上げたあらゆる論理を徹底的に破ってしまうわけです。従って究極的には何なのかというと「一切は空である」ということなのです。「ことごとくよく有無の見を摧破せん」といったのは、この『中論』の論理をいっているのです。この論理によって、大乗仏教は不動の地盤を得るようになったのです。

未完だった『十住毘婆沙論』

龍樹菩薩の数多い著作のうち、浄土真宗の聖教に位置付けられるのは『十住毘婆沙論』、特にその中の「易行品(いぎょうぼん)」です。十七巻が現存しています。この書物は『華厳経』の「十地品」の註釈書ということになるのですが、成立背景が少々複雑です。

『華厳経』の「十地品」は、この当時は『十地経』もしくは『十住経』という独立したお経でした。また同じように『華厳経』の「入法界品(にゅうほっかいぼん)」も、元は『不可思議解脱経(ふかしぎげだつきょう)』という独立したお経でした。『華厳経』というのは、そうした同じ系統の思想に貫かれている経典群が集まって、六十巻の『華厳経』、あるいは八十巻の『華厳経』という風に成立したのです。その中の「十地品」、当時は『十地経』『十住経』と呼ばれていたお経の註釈書が『十住毘婆沙論』ということなのです。「十地」というのは、菩薩が修行して、仏と呼ばれる悟りの完成に到達するまで、一段一段心境を磨き上げていく、そういう境地を十に分けているので十地と言うのです。地とは地位ということです。初地から二地、二地から三地というように、段階的に十地まで上がっていきます。初地から十地をそれぞれ、歓喜地・離垢地・発光地・焔慧地・難勝地・現前地・遠行地・不動地・善慧地・法雲地と呼びます。その上に等覚の位があって、さらにその上に、仏の悟りである妙覚の位があります。等覚までは因の位で、妙覚は果の位です。この因の位をボーディサットヴァ（菩薩）と呼ぶのです。『十住毘婆沙論』は、この因の位である初地から十地までの位についての註釈書なのです。

しかし『十住毘婆沙論』では、初地と二地については註釈されていますが、三地から後の記述はありません。それには次のような事情があると考えられています。

『十住毘婆沙論』を翻訳したのは、先ほども名前を出した鳩摩羅什三蔵です。五世紀の初めに中国へやってきて、西暦紀元後四一二〜四一三年頃に亡くなった方です。中国へやって来てわずか十年余りの間に膨大な経典を翻訳しました。中国人が本格的な仏教に触れる事ができるようになったのは、この鳩摩羅什の翻訳のおかげなのです。私たちにもなじみ深い『仏説阿弥陀経』も、この人の翻訳です。同じお経の別の翻訳としては、玄奘三蔵が翻訳した『称讃浄土仏摂受経（称讃浄土経）』というお経があります。玄奘はインドの言葉を非常に忠実に翻訳していますけれども、多くの人に親しまれてきたのは鳩摩羅什の訳の方です。それほどにこの人は名訳家なのです。

その鳩摩羅什が『十住毘婆沙論』を翻訳したのは、当時ヤシャス（仏陀耶舎）という人がインドから中国にやって来て、その人が『十住毘婆沙論』を憶えていたからなのです。昔の人は仏典を文字に書かないで、実に正確に憶えていたようです。それで、ヤシャスがサンスクリットで『十住毘婆沙論』を暗唱して、それを鳩摩羅什が文章にして、同時通訳に近いような形で翻訳していったわけです。仏典の翻訳というのは一人で行うのではありません。少なくとも十人以上がチームを組んで行います。中国文学の大家、それから文法学の大家、サンスクリットの大家、それから仏教思想の大家。そういった大家が十人以上集まって共同作業でやるわけです。

ところが『十地経』の中の第二地の註釈が終った時点で、ヤシャスと鳩摩羅什との間に意見の相違が生じ、ヤシャスは「俺はもういやだ。止めた」といって帰ってしまうのです。これは難儀なことで、この人が帰ってしまったらもう続けられません。『十住毘婆沙論』の翻訳はそこで中止になったのです。全部翻訳されていたら恐らく百巻くらいになっていたことでしょうけれども、そのような事情があって、現存しているのは十七巻までなのだということです。

第十一章　龍樹菩薩㈡　易行道の行き方

歓喜地―悟りのよろこび

宣説大乗無上法　証歓喜地生安楽
顕示難行陸路苦　信楽易行水道楽

（大乗無上の法を宣説し、歓喜地を証して安楽に生ぜんと。難行の陸路、苦しきことを顕示して、易行の水道、楽しきことを信楽せしむ。『註釈版聖典』二〇五頁）

『十住毘婆沙論』の「易行品」では、菩薩が修行を続けて、初地、すなわち歓喜地へ到達するにはどうしたらよいかという問題が論じられています。この歓喜地というのは菩薩の修行の一つの関門なのです。菩薩の修行をしていると、後戻りしてしまう可能性があるのですが、歓喜地まで来ますともう後戻りしないのです。「不退転」ということです。そして、歓喜地では仏陀と同じ悟りの境地に到達します。ただし、その悟りが実際に自分自身の実践に充分にあらわれるかというと、そうはいかない。未だ足りない所がございます。なので、それからずっと永い間、生れ変り死に変りを繰り返して修行を続けるというのです。

中国や日本では「早く悟りを開いたら偉い」と考えます。ところがインドの人は違うのです。「早く出来たものはダメだ」と考えるのです。修行というものは、修行している過程が大切なのであって、地道な積み上げというものが必要なのだ。早く仏の悟りを開いたからといってそれがどうした。地道な修行を限りなく続けていくことこそが生き甲斐なのだ、という考え方を持っているのです。だから彼らにしてみれば、死ぬということはまた新しく生れ変って、元気な身体になってやり直そう、ということになる。そんなことでインドの修行者たちというのは、死ぬことをそんなに苦にしていないのです。むしろ修行が後戻りして、また最初の一から始めるというのが一番困る。だから、もう後戻りはしないという歓喜地へ到達することが大切になるのです。

歓喜地とはどんな状況をいうのかということは、『十住毘婆沙論』に書かれています。それを親鸞聖人は「行文類」に引用されています（『註釈版聖典』一四六～一五一頁）。歓喜地には「喜び多し」と書いてある。初めて真理を見て、非常に深く大きな喜びを得るから歓喜地という。仏様や大菩薩や観世音菩薩はこんな徳を持っていらっしゃる、ということを聞いて喜ぶのです。

初地へ行く前までの者がこういうことを聞いても、それはもう空々しい話なのです。よそ事なのです。お隣の家に財産が幾らあるといって計算しているようなもので、少しも嬉しくない。ところが、初地に到達した人がそれを聞けば、やがて私の上に実現する徳として聞きますから、非常に嬉しい。仏様というのはこんな徳を持っていらっしゃるのだと聞くと、「ああそうか、俺は今度はあの徳を実現できるのだな」と思える。心境としては仏と同じ境地に到達しており、真理が見えている。まだ、もう一つ輪郭ははっきりしていなくて、それが段々はっきり仏様と同じように見えるようになるまでには時間はかかるけれども、もう真理は見えている。だから非常に嬉しい。こういう状況に到達しているのが初地であるから、歓喜地といわれるのです。

菩薩の死

しかし、そこへ到達するのは大変なことなのです。そこでどうしたらよいかというので、「易行品」にその問題が出てくるわけです。「もろもろの難行（なんぎょう）を行（ぎょう）じ」（『註釈版聖典（七祖篇）』三頁）とあります。仏に成るには、自分の煩悩、世俗の欲望というものを断ち切っていくために、色んな修行をしていかなければならない（諸（しょ））。また、それを長時間にわたって続けなければいけない（久（く））。さらに、その修行は途中で退転する可能性が非常に高い（堕（だ））。このような「諸久堕」の三難があるから難行というのです。

例えば、大乗仏教の側で言うことなのですけれども、舎利弗（しゃりほつ）が過去世において大乗の菩薩行を修行しておられた時の話があります。舎利弗はあるバラモンから「眼を一つくれ」と言われ、自分の目玉をくり抜いてバラモンに与えた。そうしたらバラモンがその目玉を地面に叩きつけてギュウと踏みにじった。それで舎利弗は怒ったのです。痛い思いをして助けてやって、喜んでくれるならばよいけれど、喜んでくれるどころか踏みにじるなんて。私はもう人助けなんて止めた。そう言って、自分の徳の完成だけを目指すようになった。そのために舎利弗は、この世に生れてきて小乗仏教の聖者、阿羅漢にしかなれなかったのだ、というふうなことが龍樹菩薩の『大智度論』の中に書いてあるのです。

一切衆生を救済するということは格好良いけれども、実は、人を救って喜んでもらえるなんて思ったら大間違いです。まず嫌がられます。お医者さんが手術するようなものです。救おうと思ったら嫌がることをやらせなければなりません。嫌がられるけれども、最終的にはその人が幸せになることを見通して、支えていく。これが菩薩道というものだということです。けれどもこれは大変な困難を伴いますから、大概そこで脱落してしまう。あるいは、これは良いことだと思ってやったことが裏目に出るということも、いくらでもあるわけです。だから人を救うというのは凄く怖いことなのです。

それで、途中で声聞（しょうもん）・辟支仏（びゃくしぶつ）地という小乗の境地に退転してしまうことがある。これは「菩薩の死」である。一切衆生を救済しようという願いを建てた菩薩が、自分のことを考えるようになったら、それは死んだのと一緒であるというのです。

絶望からの易行道

そこで「易行品」では、難行道のほかに何とか歓喜地へ到達できる易しい道はないかという問いが出されます。それに対して龍樹菩薩が答えるわけです。「丈夫志幹（じょうぶしかん）の言（ごん）にあらず」（『註釈版聖典（七祖篇）』四頁）と。「そういうことは一切の衆生を救済しようという誓いを建てた菩薩が言うべきことではない。菩薩道を修行しようとする者は三千大千世界を両手で支えるような想いで修行すべきなのだ。それなのに、とても私にはできそうにないと易行道を求めるなんてことは、仏道修行者の言うことではない」。こう言って、いったんは退けてしまいます。

しかし、こんなにいわれても、「私はどうしようもない者でございます」という者がいるならば、そういう道が無いわけではない。道は必ずしも一つではない。例えば困難な陸路をテクテクと歩いて目的地に到達することもある。これは難行道ですね。また、水路を大きな船に乗って目的地に到達することもある。つまり、みんな一緒に大きな船に乗って、歩く力が無いとか、身体が弱いとか、そういうことが全く邪魔にならないで、極めて速やかに目的地に到達できる道がある。どうしても聞きたいというのだったら説いてあげましょうと言って、易行道を説くのです。

それは、一切の衆生を救済するために「我を信じ我が名を称えよ」と言われた阿弥陀仏の本願を信じて、仰せのままに念仏していく道なのだ。長い時間はかからない。もう残り僅かなこの一生。極めて速やかに、その本願を信じた即座に阿弥陀仏の本願の船に乗せていただくのだから、即時に救いにあずかることができる。決して退転することはない、不退転の道である。それが易行道だというのです。易行道というのはある意味で難行道の落第生のために説く教えなのです。しかし落第生に説くのだからといって、つまらない教えなのではありません。

「大人志幹の説にあらず」（『註釈版聖典（七祖篇）』五頁）と叱られて、「それならやります」という人は、難行道をやったらよいわけです。しかし、叱られようと蔑まれようと、「私はもう一歩も歩めません」という者がやはりいるのです。それで「どうしても聞きたいというならば」ということで易行道を教えていくわけです。だから、易行道というものは易きを求める者には教えないのです。自分自身への絶望体験、挫折体験の無い者に易行道なんか教えないというのが龍樹菩薩の態度なのです。これは非常に厳しいあらわし方になっていますが、仏道を完成したいという思いだけはある、けれども自分の身心が及ばない。そういう者に易行道を教えるわけです。

「世捨てられ人」の道

浄土の教えというのは決して格好の良い教えではないのです。山に入って修行する方が格好は良いです。よく修行者のことを「世捨て人」というでしょう。それは世の中を捨てていくわけです。地位とか名誉とか財産とか欲望を捨て、それによって世俗への執着を断ち切っていくわけです。そして自分への執着というものを断ち切って、超えていくわけです。お釈迦様は六年間苦行をされたと言われています。あれは結局は自分を克服し、自分を超えていこうとしたわけです。パキスタン・ラホール博物館のお釈迦様の苦行像は、非常に写実的で、皮膚と骨と血管がひっついて浮き上がっています。何かを見ながらでないとあのようには彫刻できません。実際にああして断食の修行をしている者がいるのです。本当にもう一歩いったら死ぬという、生と死のギリギリまで肉体を追いつめていく。そこで生と死を超える境地、つまり自分を超える境地に到達しようとするのです。お釈迦様はそれでも、「この道は悟りに赴かない」というので捨てて、尼連禅河で身を清めた。そして河から上がろうとしたけれども体力が尽きてしまって上がれない。それで倒れている所へスジャーターという女の人が通りかかり、お釈迦様に声をかけて、乳粥をささげた。それで力を回復して悟りを開いたといわれます。これがお釈迦様の成道（じょうどう）です。修行というのはすべて、そういうふうに自分を超えることなのです。

だけど自分を超える道はその道だけでは無いのです。自分を超えることが出来ない、絶望するという形で、自分を超えるということもあります。世を捨てて悟りを開く人もありますが、捨てられて悟りを開く人もあるわけです。「世捨て人」ならぬ「世捨てられ人」というのもあってよいのではないですか。私は全く何の取り柄も無い。仏道を歩むような値打ちもない。三世の諸仏に見捨てられたどうしようもない者なのだ。だから良い格好も何も出来ない。そういうどうしようもない私に気づいて、しかしなお仏道を完成したいという思いだけは持っている。だったらこの道を教えてやろうというので易行道を教える。そこに新しい万人の救いを開いていくわけです。これが龍樹菩薩の易行道ということなのです。この易行ということの意味をもう一度確認するのが法然聖人です。法然聖人のところでもう一度申しあげますけれども、易行というのはただ易しい道という意味ではないのです。万人に開かれた普遍の道という意味を持つのです。

真宗では「自力を捨てて他力に帰す」というでしょう。あれはきつい言葉です。「他力に帰す」ということは、自力が死ななければダメなのです。微塵でも自力が生きていたら、そこでは阿弥陀仏が隠れてしまうのです。自らの計らいの虚しさ、自我意識の儚（はかな）さというものを本当に思い知った所にのみ、阿弥陀仏はあらわれるのだというのです。浄土と穢土というのがそうです。この世が面白くて仕方ない者にとって、浄土なんてどうあっても夢の世界です。これは二者択一でして、あの世もこの世も肯定するというわけにはいかないのです。

『栄花物語』で藤原道長は、九体の金色の阿弥陀仏の中に囲まれて、五色の糸を引いて、山の念仏者たちが実に美しい迦陵頻伽のような声で讃嘆するのを聞きながら、命を終って浄土に生れていこうとします。絢爛豪華なものです。しかしこのように、この世もあの世も肯定するという形で見ていく、その浄土というのは幻でしょう。本当の浄土というのは、やはりこの世というものの虚しさ、醜さ、おぞましさという、この世の否定を通して現れてくる。人間の営みの愚かさを否定する原理になっている。そういうものなのです。

だから親鸞聖人の教えには、人間は本当の意味で死ななければ浄土は開けないというところがあります。死ななければ治らない程の愚かさを私は持っているということを思い知っている。しかしそういう中で愚かな私に生きることの意味を与え、死ぬことの意味を与えていく。新しい生と死の蘇りというものを与えていく。そういう原理が浄土であり阿弥陀仏ですから、やはり一度死と蘇りというものが必要なのです。これが回心といわれるものになるのです。

「死ぬと思うな、生れると思え」

憶念弥陀仏本願　自然即時入必定
唯能常称如来号　応報大悲弘誓恩
（弥陀仏の本願を憶念すれば、自然に即の時必定に入る。ただよくつねに如来の号を称して、大悲弘誓の恩を報ずべしといへり。『註釈版聖典』二〇五頁）

阿弥陀仏の本願を信ずれば、阿弥陀仏の本願力によって自然に即時に、「必定」という必ず仏になることに定まった位に入る。本願を信ずるとは、阿弥陀仏の本願を聞き、阿弥陀仏の本願に身をゆだねることです。本願の言葉を受け入れることです。本願の言葉を受け入れるということは、「至心信楽してわが国に生れんと欲ひて、乃至十念せよ」、本当に疑いなく私の国に生れるのだと思いなさい、そして私の名を称えながら生きなさい。こういうふうに仏様が我々に仰っている、その言葉を受け入れるということです。

しかし、この言葉を受け入れるということは凄く難しいのです。私たちは「生れてきて死ぬ」としか考えられません。なのに「死ぬと思うな、生れると思え」というのです。絶対に思えないでしょう。死が生だったら、それならば生は一体何なのですか。生きているということは一体何なのですか。死ぬことが生れることならば、生きていることは何なのですか。「死んでいるのか生きているのか」と問われたらどうします。返答に困ります。

阿弥陀仏はこういう形で我々の生と死の枠組みをひっくり返してしまうのです。これは私の理解の枠をはみ出してしまっています。私には、生れてきて死ぬという枠組みでしか捉えることができないからです。世間では「命あっての物種」とか「死んで花実が咲くものか」などということを言いますね。

それなのに、死ぬことを浄土の開ける機縁と思え、限りない命の開ける機縁だと思えという。「ならば束の間の命とは一体何なのか」と聞くと、「それは仏様の教えを確認する場としてのみ意味を持つのだ」といわれる。ここで、「生きる」ということの意味が変ってくるのです。生きているということは仏様の教えの真実性を立証し、それを確認していく道場とすることだ。そこにおいてのみ、私は生きている意味を持つということです。

いつ死んでも

この世で何か実現しようとして生きているのだったら、必ず行き詰まります。私だってしなければならないと思っている仕事があります。しかし、そんなものはまず実現できないでしょう。人間はみなやりかけて死ぬのです。これで良いなんていうことはないのです。最期の瞬間まで命の炎を燃やし続けられることの出来るようなものは、やはり生を超えたところから意味づけられた生でないとダメです。

それには、いくら短い一生だって生き足りないということはない。いくら長い一生だって生き過ぎるということもない。今死んでも別にやり損じたことはない。「これで私はこの世に生れてきた所詮があった」と言えるような人生を生きれば、それで良いわけです。それが、「我が名を称えよ」、念仏する人生だということなのです。仏を念じながら、仏に導かれながら、仏の教えに呼び覚まされながら生きる人生を生きなさい。そうしたら、その命はいつ死んでも悔いのない人生が生きられるのです。

そういうことが本願に言われているのです。その言葉の意味は私には何も解らないけれども、あなたの言われるようにあなたの所に生れていく人生であると、阿弥陀仏の本願の言葉に身をゆだねて、その仰る通りに自分の人生を見極めた時、その時に「自然に即の時に必定に入る」。自然に如来のはたらきによって、必ず仏になることに決定している身になる。だから人生がいつ終っても、そこで仏になることが完成する。こんな人生があるというのです。これはやはり凄いことだと思います。

「ただよくつねに如来の号を称して、大悲弘誓の恩を報ずべしといへり」。だから、いつも阿弥陀仏の名を称えて、たすけて下さって有り難うございますとお念仏を申しあげて、阿弥陀仏のご恩を報ずる人生を生きなさいと、龍樹菩薩は私たちに易行道の生き方というものを教えて下さった。そのように親鸞聖人は仰ったのです。龍樹菩薩の教えというものはここに尽きています。

第十二章　天親菩薩㈠　真実のはたらき

天親菩薩の活躍された時代と場所

天親菩薩は、インドの言葉では「ヴァスバンドゥ」と言います。これを旧訳では「天親」、新訳では「世親」と翻訳します。旧訳・新訳というのは、経典翻訳史の中での分類で、五世紀の初めに活躍された鳩摩羅什以前の翻訳を古訳と言います。その鳩摩羅什から、七世紀の中頃に活躍した玄奘までの間の翻訳を旧訳といい、玄奘以後の翻訳を新訳というのです。

とにかく西暦四百年頃から四百八十年頃にヴァスバンドゥといわれる方がインドの西北、ガンダーラ地方の中心地ペシャワールに生れている訳です。ガンダーラ地方とは西暦一世紀頃から非常に栄える土地で、一五〇年頃にカニシカ王が出て、仏教を保護し奨励したことで仏教が大変盛んになりました。そこでは部派仏教だけではなく、大乗仏教も大変栄えていきました。

天親菩薩には無着菩薩（アサンガ）というお兄さんがいました。無着菩薩は、部派仏教の一つ、経量部で得度するのですが、早くに大乗仏教に転向しました。そして『瑜伽師地論』や『摂大乗論』といった書物を書いて、大乗仏教の根本義を展開させました。

弟の天親菩薩も経量部で得度をし、後に説一切有部の教説を学ぶためにカシミールに行きます。帰国後、説一切有部の教学を経量部の思想を通して註釈した『阿毘達磨倶舎論』という書物を書きました。内容は、説一切有部の教えを経量部の立場から批判的に解説したもので、非常に解りやすく、明晰な解説書であり、いわば部派仏教の教学を大成した書物であるとも言われます。

兄の病い

天親菩薩は、初めは大乗仏教を批判していました。それに心を痛めた兄の無着菩薩の指導で、大乗に転向する訳です。それにはこんな面白いエピソードがあります。

ある時、お兄さんから「重い病にかかったので見舞いに来て欲しい」という知らせが来ました。天親菩薩が見舞いに行くと何のことはない、お兄さんは元気にしている。どういうことかと尋ねると、「嘘をついたのではない。お前は大乗の教えを誹謗して大乗経典なんて本当の仏教ではないと言っているが、正法を誹謗する重い罪を犯しているお前を見ていると私の心は痛むのだ。お前の迷いの深さが私の病なのだ」と言って懇々と説いたのです。そうして夜中、天親菩薩が寝ていると、隣の部屋で『十地経』を暗唱する声が聞える。その声を聞いている内に大乗仏教の教えの深さに気が付き、「私は今まで大乗仏教は仏説でないと誹謗し、大変な罪を犯してきました。舌を噛みきってその罪を償います」と言いました。しかしお兄さんから、「たとえ舌を噛み切ったとしても、お前の罪は消えない。それよりも、その仏説を誹ったその舌で、今度は仏説を顕揚するのだ」と諭され、大乗に転向したと言われています。なかなか劇的で面白いエピソードですが、実際は、お兄さんの影響があったのは確実ですが、このように一遍にポンと変ったのではなくて、部派から大乗へ順次展開していかれるのです。それは天親菩薩の書いた本、例えば『成業論』という書物は、説一切有部の立場から大乗の立場への一つの過渡期を表しているからです。だから思想的にはキチッと精算しながら転向している訳です。

四世紀から五世紀頃にかけてのインドは、グプタ王朝がおこり、いわゆる「インドの文芸復興」と言われる程、インド独自の文化が栄えた時代です。そういう時代の中でいわば仏教の担い手として無着菩薩や天親菩薩という人が出る訳で、この二人によって瑜伽行派と呼ばれる学派が大成していくのです。龍樹菩薩の主著は『中論』という書物であり、その龍樹菩薩の思想系統を引き継ぐ人びとを中観派と呼びます。無着菩薩と天親菩薩は、それを受けながら更に展開させて、唯識と言われる学説を完成していきます。これによって「万法唯識」と言われるような唯識学説が確立する訳です。

千部の論主

天親菩薩は、たくさんの書物を書かれたので、昔から「千部の論主」と言われています。先ほど申しました部派の立場で書いた『阿毘達磨倶舎論』が一番最初のもので、『成業論』等を経て大乗に入ると、『十地経論』『法華経論』という大乗経典の註釈書や、無着菩薩の『摂大乗論』を註釈した『摂大乗論釈』、また『唯識三十頌』『唯識二十論』、そしてこれから申します『浄土論』といった書物を次々に書いていく訳です。

中国では、『阿毘達磨倶舎論』を研究するグループを倶舎宗、『十地経論』を研究するグループを地論宗と言います。『法華経論』は、直接ではないですが天台法華宗に影響を及ぼします。『摂大乗論』の研究をするのが摂論宗です。『唯識三十頌』を註釈した『成唯識論』を通して法相宗が生れ、そして『浄土論』を通して浄土真宗へと展開するのです。つまり、仏教の様々な学派がこの人の書物を研究をするために成立する訳ですから、とてつもない人だったのです。

天親菩薩の信仰

天親菩薩造論説　帰命無礙光如来
依修多羅顕真実　光闡横超大誓願

（天親菩薩、『論』（浄土論）を造りて説かく、無礙光如来に帰命したてまつる。修多羅によりて真実を顕して、横超の大誓願を光闡す。『註釈版聖典』二〇五頁）

天親菩薩の『浄土論』は、正確には『無量寿経優婆提舎願生偈』といいます。この「無量寿経」というのは、『大無量寿経』あるいは『阿弥陀経』などの無量寿経典のことです。「優婆提舎」は「ウパデーシャ」の訳です。「ウパ」とは「近づく」、「デーシャ」とは「説く」という意味ですから、「ウパデーシャ」とは「近づいて説く」という意味です。つまり経典に説かれていることを人々にわかり易く伝えていこうとするものを「優婆提舎」と言います。

『浄土論』は、

世尊我一心　帰命尽十方　無礙光如来　願生安楽国

（世尊、われ一心に尽十方無礙光如来に帰命したてまつりて、安楽国に生ぜんと願ず『註釈版聖典（七祖篇）』二九頁）

という言葉で始まっています。「世尊」とは世間でもっとも尊ばれるお方、つまり仏様のことで、ここではお釈迦様（釈尊）のことです。教主釈尊に対して敬意を表するために、最初に「世尊よ」と申し述べられているのです。「尽十方無礙光如来」とは阿弥陀仏です。つまりこの一文は、「世尊よ、私は十方世界を照らして礙り無く救いたもう智慧の光の仏様である阿弥陀仏に二心なく帰命したてまつって、阿弥陀仏の浄土に生れたいと願っております」と仰っているのです。だから、これは天親菩薩自らの信心を表白したものです。天親菩薩は随分沢山の書物を著し、殊に瑜伽唯識の学説を大成していくような人なのですが、あの人自身の信仰は何だったのかと言いますと、阿弥陀仏に帰命し、その浄土に生れたいという信心を持っておられたということです。

『浄土論』に本願は説かれているか

『浄土論』には

我依修多羅　真実功徳相　説願偈総持　与仏教相応

（われ修多羅の真実功徳相によりて、願偈を説きて総持し、仏教と相応せん。『註釈版聖典（七祖篇）』二九頁）

と続きます。「修多羅」（スートラ）とは経典のことで、ここでは無量寿経典を指します。「真実功徳相」とは「真実なる功徳の相」という意味で、具体的には、お釈迦様が無量寿経典に説かれた、阿弥陀仏の浄土と阿弥陀仏の徳、そして阿弥陀仏に救われた菩薩たちの徳、という三種類の徳のことです。これを「三種荘厳」と言います。

「願偈」とは「願生の偈」という意味で、浄土願生の詩です。「総持」はインドの言葉では「陀羅尼」です。陀羅尼と言っても呪文という意味ではなくて、「短い言葉の中に広博な教えの内容を要約する」という意味なのです。そして「仏教」とは仏陀の教えであり、「相応」とは、その仏陀の教え、真実の教えに相応しい生き方をしようということです。

つまりこの文は、「私は、無量寿経典に説かれた真実功徳相を依りどころとして浄土願生の詩を説き、その詩の中に真実功徳相のすべてを説き顕し、仏陀の教えとピッタリ一致した生き方がどういうものであるかを、これから顕していきたいと思っております」という文章なのです。

親鸞聖人はこれを受けて、「天親菩薩は修多羅によって真実を顕された」と「正信偈」に示されます。そして、その真実の内容は阿弥陀仏の本願の救いなのだということで、「横超の大誓願を光闡す」と言われるのです。「光闡」とは「広く示す」ということです。

しかし『浄土論』では、特に本願をとり挙げて、「本願の意味はこういうことだ」と解説されている訳ではありません。それを親鸞聖人は、『浄土論』に説かれる「真実功徳相」を、阿弥陀仏の「横超(おうちょう)の大誓願」であると受け止めておられるのです。この「横超の大誓願」は、親鸞聖人の非常に特異な言葉です。「横超」とは「横さまに超える」ということです。「横」とは「他力」を顕します。阿弥陀仏の本願力によって生死の迷いを横さまに超越することを「横超」という言葉で顕したのです。本願力によって、私たちをして生死の迷いを超えしめていく。そういう阿弥陀仏の本願の徳を、天親菩薩は『浄土論』に、浄土、阿弥陀仏、そして阿弥陀仏に救われた菩薩の徳を挙げることによって詳しく説き顕して下さったと親鸞聖人はご覧になるのです。

あるがままを見られない私

実は、親鸞聖人のこのような見方は、曇鸞大師が『浄土論』を註釈した『往生論註』という書物を通して読まないとわからないのです。聖人も、

天親菩薩のみことをも
鸞師ときのべたまはずは
他力広大威徳の
心行いかでかさとらまし

（『高僧和讃』、『註釈版聖典』五八三頁）

と仰っています。

「正信偈」に「真実を顕して」と示された「真実功徳相」について、『往生論註』には大変詳しく示されています。「功徳」とは、善によって作り上げられる勝れた徳、勝れた性質のことです。ところが曇鸞大師は、功徳には二種類あると言われます。

一つは、「有漏の心より生じて法性に順ぜず。いはゆる凡夫・人天の諸善、人天の果報」（『註釈版聖典（七祖篇）』五六頁）と言われるものです。ものの本当の相（すがた）、法の本質にかなわない、人や天の神々が行うような有漏の善によって作り上げられた功徳は、善ではあるけれども真実ではないので、「不実功徳」と言われます。

それに対して煩悩を浄化した智慧によって行った善を「無漏の善」と言い、これを曇鸞大師は、菩薩の智慧であると言われます。その典型的な菩薩が法蔵菩薩です。これを『往生論註』では、

「菩薩の智慧清浄の業より起りて仏事を荘厳す」（同頁）と説き、法蔵菩薩の智慧によって完全に浄化された、煩悩の雑わらない行いによってもたらされた功徳を「真実功徳」と言われるのです。この『往生論註』に出る「仏事を荘厳す」とは、「荘厳せる仏事」と言ってもよいのです。「仏事」とは、「仏の仕事」、「目覚めた者のはたらき」ということです。そのはたらきを次のように言われています。

いかんが顛倒せざる。法性によりて二諦に順ずるがゆゑなり。いかんが虚偽ならざる。衆生を摂して畢竟浄に入らしむるがゆゑなり　（同頁）

難しい言葉ですが、なぜ「顛倒しない」かと言うと、「法性によりて二諦に順ずるがゆゑなり」、つまり智慧のはたらきだからだ、と言うのです。「法性による」とは、もののあるがままのありようにかなっているということです。私たちは、もののあるがままのありようを見ているのではなくて、自分の都合のいいように変形して、ものを見ているし、作り上げている訳です。

例えば線路を見ていたら、向こうがスーッと段々狭く、細くなっていきます。あれでは電車がひっくり返るかと思ったら電車も一緒に小さくなっていきます。あれは線路の幅が小さくなっている訳ではないのです。私の視野の中で小さくなっているのです。これは私が再構成した世界なのです。だから、もののあるがままの相というのは、本当は私にはわからないのです。私には再構成したもののしか見えないのです。

「法性により二諦に順ずるがゆゑに」とは、智慧のはたらきによって、私の見ている世界は私の世界でしかないということをハッキリと知ることによって、実は、私にはとらえられないところで本当のものの有りようがあるということに気づかされるということです。

そして、なぜ仏のはたらきが「虚偽でない」のかと言うと、「衆生を摂して畢竟浄に入らしむるがゆゑなり」、つまりあらゆる人々を真実の世界に引き入れていく慈悲のはたらきだからだと言います。この慈悲のはたらきは、私が見る世界ではなくて、相手の立場になってものを見るということです。

龍樹菩薩と天親菩薩は同じことを言っている

天親菩薩は一切は心の表象でしかないと言われます。私の見ている世界は私が作り出した世界でしかない、私は何らかの形で、ものの本当の相を歪めている。だから、「できるだけそれを軌道修正しながら生きよう」と言われるのです。軌道修正しながら生きることが菩薩の修行なのです。

菩薩は智慧の目を開くことによって、一切は空であり、私もまた空なのだということを知ります。「一切は空」とは、私の見ている世界は私の虚構した世界でしかないということです。唯識では「一切は識である。一切は私の表象としての世界でしかないのだ」と言います。それは「一切は空である」ということを、具体的な形で体得していこうとしているのです。だから龍樹菩薩が言われていることを、もっと具体的な形で、「一切は空であるとは、自分が虚構したものを実在と思っているのだから、その実在はただの幻だ」と言っているのです。虚構とは、私が私の心によって再構成している世界です。そして、このように人やものを歪めて見ていることの申し訳なさに気付きながら生きなさいと言われている。そこから少しでも相手の身になってものを見、相手の痛みを知り、相手の痛みを共に痛むような心で生きようとする慈悲が生れるのです。

このような智慧と慈悲に依っている世界が真実の世界であり、実は浄土・如来・菩薩は、そういう世界を言い表しているのだと言うのです。

真実に触れるとは？

『浄土論』には、先ほどのご文に続いて

観彼世界相　勝過三界道　究竟如虚空　広大無辺際
（かの世界の相を観ずるに、三界の道に勝過せり。究竟して虚空のごとく、広大にして辺際なし。『註釈版聖典（七祖篇）』二九頁）

と示されます。「かの世界」とは浄土です。仏陀の世界を観じたら、「三界の道に勝過」している、つまり私が見たり聞いたりわかったりしている世界を超えている、それが浄土の世界だと言うのです。そして、「究竟して虚空のごとく、広大にして辺際なし」とは、「ここまでは浄土、ここからは浄土ではない」という辺際を作ったら浄土ではない、浄土は時間とか空間という限定を超えている世界であると言われているのです。こうなったら、私たちにはもうわからない。ですからそれは、「お前の見ている世界はみんな嘘だよ」ということです。浄土を知るとは、私の考えていることはみんな嘘だと知ること、それが浄土を知る一番最初の入り口になるのです。

浄土の何が真実なのかと言えば、智慧と慈悲が真実なのです。その智慧と慈悲は、自分さえよかったら良いという虚構を思い知らせるから真実なのです。その真実を『浄土論』では、浄土・如来・菩薩という「三種荘厳」の形で説き表している。それによって私が、自分自身の不実さ、また私たちの見ている世界の不実さを見分けて、不実から真実へと転換していくことが仏道だと言うのです。実は『浄土論』はそういうことを説いているのです。真実に触れるということは、自分が否定されることとです。それ以外に真実に触れようはないのです。

昔、庄松同行という有り難いお同行がいました。あるお寺の住職が、庄松がお参りした時に、「うちの御堂のご本尊は生きてござろうか」と尋ねると、庄松は「生きておられるとも、生きておられるとも」と答える。住職が「生きてあらっしゃるにしては、ものを言われぬではないか」と言ったら、庄松が「ご本尊様が、ものを仰せられたら、お前らは、ひとときもここに生きておられぬぞ」と言ったので、その住職はふるえあがったそうです。だから、仏様に触れる、浄土の世界を聞くということは、自分の虚構が全部打ち破られていくという、震え上がる程の怖さを感じることなのです。

こうして仏様の智慧と慈悲が、もう一度人間を真実によみがえらせる、そういう世界を天親菩薩は開き表されたのだと親鸞聖人はここで仰ったのです。

第十三章　天親菩薩㈡　一心の功徳

五念門と五功徳門

広由本願力回向　為度群生彰一心
帰入功徳大宝海　必獲入大会衆数
得至蓮華蔵世界　即証真如法性身
遊煩悩林現神通　入生死園示応化

（広く本願力の回向によりて、群生を度せんがために一心を彰す。功徳大宝海に帰入すれば、かならず大会衆の数に入ることを獲。蓮華蔵世界に至ることを得れば、すなはち真如法性の身を証せしむと。煩悩の林に遊んで神通を現じ、生死の園に入りて応化を示すといへり。『註釈版聖典』二〇五頁）

「正信偈」のこの言葉を理解するためには、どうしても天親菩薩の五念門と五功徳門を知っておかなければなりませんので、そのことからお話しします。

五念門とは、「五つの念仏行」という意味です。「門」とはこの場合、「行」と一緒です。だから五念行と言ってよいのです。門は出たり入ったりする所です。悟りの世界に出たり入ったりする。その悟りの世界に入っていくのは行です。浄土に契った行い、あるいは仏に契った行い、それを五つの念仏門として明かすのです。その五つとは、第一は礼拝、第二は讃嘆、第三は作願、第四が観察、第五が回向です。

礼拝とは身業で礼拝するということです。身体の行です。讃嘆とは口業、口のはたらきです。「南無阿弥陀仏」「帰命尽十方無礙光如来」と仏様の御名を称えることです。作願とは意業、心のはたらきです。浄土に生まれようと願い、そして浄土に心を集中することです。心を集中することを「奢摩他（しゃまた）」といい「止（し）」と翻訳されます。心を浄土に集中して止めるのです。観察とは智業、智慧のはたらきです。如来とその浄土を智慧でもって観察していくことです。「観」とは「毘婆舎那（びばしゃな）」です。それは経典に説かれている内容を正確に理解して、浄土の本質を正確に理解していくことなのです。回向とは方便智業です。智慧が人々を救うはたらきをするのです。方便の原語「ウパーヤ」とは「近づいていく」ことです。悟りの智慧が、その悟りの世界を告げる言葉でもって迷える人々を呼び覚ましていくのです。それは慈悲のはたらきです。智慧が慈悲の心になってはたらきかける。そのような智慧のはたらきを方便回向といいます。

この五念門を完成して、智慧と慈悲と方便が自分の上に実現してくると、心の中に「無染清浄心」「安清浄心」「楽清浄心」が出てくるのです。「無染清浄心」とは煩悩の垢がない清らかな心、「安清浄心」とはすべての人々を安らかならしめていく清らかな心、そして真理を限りなく楽しみ喜ぶ「楽清浄心」というものが完成していく。それを一口で言うと「妙楽勝真心」という浄土に相応しい心です。それが浄土を感得する心、浄土に契った心です。これによって浄土が開けていくのです。浄土を感得する心がなかったら浄土は見えません。だからもし私がいる所が浄土であったとしても、私にとってここは浄土ではないのです。どこまでいったって人間の世界でしかないのです。憎いとか可愛いとか、惜しいとか欲しいとか、そんな思いに振り回されている、そういう世界でしかないわけです。

しかし、もし私たちに妙楽勝真心が完成したら、その人の前には浄土が開けるのです。そこにいらっしゃる方々は、一人一人が素晴らしい仏の徳を持った、絶対の尊厳性を持った、そういう人として輝いていくわけです。ただそれは私たちには見えないのです。

この妙楽勝真心によってどういう浄土が開かれるのかを、五念門に寄せて説かれたのが五功徳門です。礼拝・讃嘆・作願・観察・回向という行がどういう形で私たちに浄土をもたらすのかを説明していくわけです。

『浄土論』では、礼拝門によって浄土に往生すれば「近門（ごんもん）」の徳を得る、讃嘆門によって「大会衆門（だいえしゅもん）」の徳を得る、作願門によって「宅門（たくもん）」の徳を得る、観察門によって「屋門（おくもん）」の徳を得る、そして回向門によって「園林遊戯地門（おんりんゆげじもん）」を得ると示されています。

近門とは浄土に往生することです。そして浄土の聖衆（しょうじゅ）たちが一緒に集まって仏様の説法を聴聞するのが大会衆門です。曇鸞大師はこれを「正定聚」と言われます。浄土に往生すれば仏になることに決定している仲間が集まって仏様の説法を聴聞する。これが近門・大会衆門の状況なのです。次に宅門に入りまして、ここで正式の会見を行う。そのような場が蓮華蔵世界と言われるのです。宅門・屋門によって蓮華蔵世界という悟りの世界を感得するようになると言われているのです。蓮華蔵世界というのは仏様の悟りの境地です。「蓮華」は、泥沼の中に咲きながら泥に染まらないで、逆に泥沼を美しく荘厳していくような素晴らしい徳を持っているというので、仏様の悟りを蓮華に譬えるのです。「蔵」とはそれを内包していることで、蓮華のような徳を内に持っている悟りの領域ということです。この蓮華蔵世界は八地以上の菩薩の位なのです。そして悟りを完成したならば今度はゆっくりと庭を散歩するように一切の衆生を教化していくのです。そうなりますと、「ああしよう、こうしよう」と思わなくても自由自在に自利利他を行うことができます。これを園林遊戯地門と言います。「遊戯」とは執着がない、とらわれがないということをあらわすのです。何か目的があって、「これをやらなければ」というのではなく、本当に遊ぶような思いで一切衆生を済度するのです。

この五功徳門についての『浄土論』の説き方が大変おもしろいのです。浄土に往生したら礼拝門に応じて近門が、讃嘆門に応じて大会衆門が、作願門に応じて宅門が、観察門に応じて屋門が、回向門に応じて園林遊戯地門と言われる境地が開けていくのだというように一つ一つが対配してありますけれども、考えてみるとこれらを全部完成しなければ浄土へ往生できないのです。五念門が完成したら先ほど申し上げた妙楽勝真心を完成するのです。この妙楽勝真心が完成しなければ浄土に往生できないのだから、浄土に往生したら、順番に近門・大会衆門・宅門・屋門・園林遊戯地門という順序で開けていくように書いてあるけれども、あれは実は一気に開ける世界なのです。つまり、浄土に往生したら、こういう徳を持った仏陀としての悟りを完成するのだと言っているわけです。その浄土の世界に開けていく有様を、五念門に寄せて、五つの功徳で顕していくのです。そのような五つの徳を完成するようなはたらきを、五念門は持っているのだと言っているのです。

「ゆっくり」なのに「速やか」？

『浄土論』では、五功徳門について「漸次に五種の功徳を成就す」（『註釈版聖典（七祖篇）』四一頁）と示されています。ところが最後の所では、「速やかに阿耨多羅三藐三菩提を成就することを得」（『註釈版聖典（七祖篇）』四二頁）と言われます。「漸次」とは、「段々、ゆっくりと」ということです。漸次に五種の功徳を完成していくのだったら、速やかではありません。速やかだったら漸次ではありません。これは一体どういうことかと、曇鸞大師は躓いたわけです。しかし躓いたことによって、これは大変なことが言ってあるとわかったのです。あの「漸次に」というのは、実は速やかなることとの内容なのです。つまり、法蔵菩薩が漸次に修行して五種の功徳を完成したということです。私が一つ一つ完成していくのだったら少しも速やかではない。それが速やかであり得るのは、実は完成したものを頂戴するから、一瞬にして私のものになるということなのです。この五念門の功徳も五功徳門の功徳も、すべて阿弥陀仏の本願力によって頂戴したものだからなのです。曇鸞大師は『往生論註（論註）』の一番最後の所（『註釈版聖典（七祖篇）』一五五頁）に、「覈求其本釈」というものを設けまして、そこでは「他利利他」を釈し、さらに「三願的証」という註釈を設けて、実はこれら五念門は我々が修行していくように見えているけれども、すべて阿弥陀仏の本願力によって与えられたものであると解釈していかれるのです。

一心のいわれ

そうしますと、天親菩薩が「世尊、われ一心に尽十方無礙光如来に帰命したてまつりて、安楽国に生ぜんと願ず」と言われた言葉は、簡単に言ってあるけれども、実は大変な言葉だということがわかるわけです。そのように言い得たのは何故かと言ったら、この一心は実は妙楽勝真心という内容をもった一心なのだ、しかもその一心には法蔵菩薩が五念門の徳を完成したいわれがあるのだ、だからその一心の中に五念門の徳が全部具わっているのだ、私たちはただ「南無阿弥陀仏」を頂く一つで阿弥陀仏の完成されたお徳の全部を妙楽勝真心という一心として頂戴している、ということになるのです。「尽十方無礙光如来」というのは、「礙りなく救うぞ」という仏様の救いの名のりなのです。ですから「一心に尽十方無礙光如来に帰命する」というのは、「礙りなく救うぞ」と言われた、この一言を受け入れることで、それは仏様の力の全体を頂いているのと一緒なのです。だからこの妙楽勝真心という一心を得た者は必ず浄土に生まれて仏果を完成していくのです。こういうことを天親菩薩は説明していらっしゃるのだと、親鸞聖人は曇鸞大師の註釈を通して気が付いたわけです。

それを親鸞聖人は「正信偈」に、「広く本願力の回向によりて、群生を度せんがために一心を彰す」と表されているのです。また、この一心は広大無礙の徳を持つのだということを、「ここをもつて論主（天親）は広大無礙の一心を宣布して」（『註釈版聖典』二三五頁）とおっしゃったのです。この妙楽勝真心という一心は「広大無礙の一心」である。広大無礙とは広く大きな天地を包んで、一切の衆生を包んで礙りなく救う徳をもった一心であると言うのです。それが妙楽勝真心と言われる徳であって、それを保証しているのが法蔵菩薩が修行された五念門の功徳なのです。それで天親菩薩は、本願力の回向によって群生（生きとし生けるもの）を済度するために、「尽十方無礙光如来に二心なく帰依するこの一心によって悟りを開くことができるのだよ」、つまり「本願を信ずるだけで仏様の徳が私たちの身に宿るのだよ」ということを表してくださったことがわかると言うのです。

阿弥陀様の功徳に包まれてこの世を生きる

阿弥陀様の功徳の全体を頂いているということは、阿弥陀様の功徳の中に私が居ることなのです。「今日は美しい月だなあ」と眺めている時、その人は月の光に包まれているでしょう。月の光の中に包まれて、そして月を眺めているのです。つまり仏様のお徳、阿弥陀様のお徳を聞いて、「素晴らしいお徳の仏様だなあ」と思っているその私は、阿弥陀様の功徳の大宝海、仏様の功徳の海の中に包まれているということなのです。それを「功徳大宝海に帰入」すると言われたのです。私たちがこうして生きている、この全体が阿弥陀様のお徳に包まれているのだ。その証拠に私の口からお念仏が出てくる。そして私たちに、仏様のお徳を尊いこととして仰ぐ心が開かれている。仏様を尊いと思う心は仏様から頂いた心です。「ああ、いいお月さんだなあ」と言う時、その月は月が見せてくれるのです。「いや望遠鏡で見ているのだ」といっても、向こうからの光が来なければ私たちには見えません。月の光が私に届いているから、私は「ああ、きれいな月だな」と仰いでいるわけです。その時に私たちは月の光の中に包まれている、光に包まれて月を見ているのです。同じように、阿弥陀様の功徳大宝海の中に私たちは包まれて仏様の徳を讃えているわけです。それが「大会衆の数に入る」ということです。親鸞聖人は近門と大会衆門はこの世で私たちが法を聞いているすがただと言ってしまうのです。これは親鸞聖人の一つの特長でして、『論』・『論註』ではやはり浄土に往生して得る利益と言われていたのですが、親鸞聖人は、私たちがこうしてお念仏して、阿弥陀様のお徳を聞いて喜んでいる、それは阿弥陀様の説法を聞いていることだと受けとめておられます。

「南無阿弥陀仏」という言葉は阿弥陀様のお言葉ですから、これは人間の言葉ではないでしょう。

あれは仏様の言葉、仏様とご挨拶する言葉なのです。その仏様とご挨拶する言葉は仏様から頂いた言葉なのです。仏様の言葉を頂き、そのお徳を聞いて喜んでいるというのは、お浄土の菩薩たちが仏様の説法を聞いて喜んでいるのと同じことだと言うのです。場所は穢土と浄土の違いはある。また、お浄土のあの素晴らしい菩薩様と、毎日煩悩を起こしながら生きている私たちとでは月とスッポンほどの違いがある。違いはあるけれども本質は一つだと言うわけです。仏様の徳を聞いて喜んでいる、そのすがたは一つだというわけです。大会衆とは、仏様の広大なご法座に集まっている人々ということです。その大会衆の一人として私たちは在るのだとおっしゃる。何故こんなことを親鸞聖人はおっしゃったのかというと、曇鸞大師が『論註』の中で、「お浄土の眷属、阿弥陀様の眷属とは誰だ」ということを言った所があるのです。そこでは、「阿弥陀様の眷属は浄土の菩薩だけではない」とおっしゃるのです。「では誰ですか?」と聞いたら、十方世界の念仏者は「同一に念仏して別の道なきがゆゑなり。遠く通ずるにそれ四海のうちみな兄弟たり。〔浄土の〕眷属無量なり。いづくんぞ思議すべきや」(『註釈版聖典(七祖篇)』一二〇頁)とおっしゃっているのです。つまり、「念仏者は全部お浄土の眷属だ」とおっしゃっているのです。だから私たちは娑婆にいますが、阿弥陀様の説法を聞いて喜んでいることは、お浄土の菩薩と何も変わりはしない。その意味では、この世に在りながら実は浄土の法座に連なっているのです。それで「正信偈」に「功徳の大宝海に帰入して、阿弥陀様の説法を聞いて喜んでいるすがたは、それは大会衆の数に入ることを獲るのだ」と言われているのです。

本当にいのちの輝く世界

そしてこのいのちが終わって浄土に往生したら、そこでは蓮華蔵世界が開ける。浄土は蓮華のような世界だと言うのです。それが「蓮華蔵世界に至ることを得れば、すなはち真如法性の身を証せしむと」というご文です。この「真如法性の身」とは、「本当にあるがままの相」ということです。それは私たちが自己中心的な想念によって歪めた世界と違って、私によって歪められない本当の在り様は、お浄土に行かなければわからないというわけです。この世でどうしてもわかりたいと思って法を聞いても、「ああなるほど、青色青光、黄色黄光という輝きをもっているそうだ」としかわからないでしょう。本当は「いのち」が輝いているのですが、それがなかなか見えない。それで、「好きだ、嫌いだ」「あいつが、こいつが」ということしか見えない。これが虚仮不実の世界です。本当は真如法性の身なのですが、それがハッキリと確認できるのは煩悩の眼が閉じた時です。「死ぬ」というのはその意味では煩悩の眼が閉じることです。そして悟りの眼が開ける時なのです。だから死ぬことだって決して無駄ではないということです。大変素晴らしいことでもあるわけです。

ただしあまり行きたくはありません。それは仕方がないのです。新しい家がそこに建っていても、やはり古い家を引っ越そうと思ったら、やはり前の古い家が懐かしいのです。私も庫裡を建て替えたのですが、何十年も居た家を壊すのは寂しかったです。それで全部写真を撮りました。後から見ないけれども、一応写真を撮りました。壊すものは撮ったって仕方ないから放っておけというようなものですが、やはり懐かしい。そんなものです。だから死ぬまで娑婆に執着するのは当たり前なのですからゆっくりしましょう。そして、いざという時には煩悩の眼が閉じて悟りの眼が開けるのだと受け取らせて頂けばよいわけです。

最後の「煩悩の林に遊んで神通を現じ、生死の園に入りて応化を示すといへり」とは、自由自在に千変万化しながら一切の人々を教化していくことです。それが園林遊戯地門と言われる世界なのです。「神通」とは何ものにもとらわれることなく、思いのままに行動することを言うのです。これは悟りの眼を開いた人に初めて本当の意味での神通が現れるということです。悟りの智慧を開かずに獲得したと思う超能力は非常に危険です。ものすごい勢いで走れる神足通、どこでも見える天眼通、どんなことでも聞こえる天耳通、人の心がわかる他心通、前世がわかる宿命通、これが五神通ですが、これは外道の人も獲得することができるのです。だけど悟りを開いていない人がこんなものを獲得したって何の役にも立たないのです。仏教で一番重要なのは漏尽通です。「漏尽」とは煩悩が尽きることで、そういう煩悩が尽きて悟りの心が開けないと、神通力は何の役にも立たない、むしろ人を惑わすだけのものだと言われているのです。しかし人間はこういうものに憧れるのです。憧れるからテレビが発明され、電話が発明され、そしてロケットも開発されてきたわけです。けれども一番根本の煩悩が断ち切られていない限り、神通力は人間にあまり幸福はもたらさない。むしろ危ないと言われるのです。

ですから、「神通を現ずる」とは、そういう煩悩がなくなって、とらわれのない自利利他の行動ができるということです。そして「応化を示す」、つまり千変万化しながらすべてのものの上に生きていくのです。だからお浄土へ行くということは、「千変万化して、私の居ない所はなくなる」ということです。そうなりますと自分以外の人は、本当はお浄土から来られた菩薩様なのかも知れないのです。だから、絶対にどんな人であっても「あんな者は」ということだけは言わない方がよいのです。本当は菩薩様であるかも知れないのです。

第十四章　曇鸞大師㈠　大乗仏教の極致

曇鸞大師の学問的背景

親鸞聖人が龍樹菩薩と天親菩薩のお二人を真宗の祖師として選び取られたのは、曇鸞大師を通してお二人を見ていかれたからです。曇鸞大師の見方によって天親菩薩の『浄土論』の持つ意味が分かった時、親鸞聖人に大きな教学的視野、新たな思想的視野が開けたのです。ですから七高僧の中で非常に大事なのが曇鸞大師の所なのです。次のご文の内容をうかがっていきます。

本師曇鸞梁天子　常向鸞処菩薩礼
三蔵流支授浄教　焚焼仙経帰楽邦
天親菩薩論註解　報土因果顕誓願

（本師曇鸞は、梁の天子、つねに鸞（曇鸞）の処に向かひて菩薩と礼したてまつる。三蔵流支、浄教を授けしかば、仙経を焚焼して楽邦に帰したまひき。天親菩薩の『論』（浄土論）を註解して、報土の因果誓願に顕す。『註釈版聖典』二〇五頁）

曇鸞大師（四七六—五四二）は、中国の北方、山西省の辺りで活躍された方で、石壁の玄中寺というお寺を創建されたと言われています。このお寺を中心にして道綽禅師や善導大師といった方が出ますので、この系統を「玄中寺浄土教」と呼びます。

お生まれになったのは北魏（三八六—五三四）の時代で、場所は山西省の雁門と言われており、お亡くなりになったのは北魏が東西に分裂した頃です。若い頃に雁門に近い五台山に登り、山の霊気に触れて非常に感動し、出家したと言われています。五台山は中国きっての霊山で、仏教にとっても非常に大事な所です。それからどういう修学の経路を辿られたのかはよく分かっていませんが、四論宗を学ばれたと言われています。

タクラマカン砂漠のオアシス国家でクチャ（亀茲国）という国がありました。そこに四世紀中頃、鳩摩羅什（三四四—四一三）という天才翻訳家が出ます。『阿弥陀経』や『法華経』といったものはみんなこの人が翻訳したものです。その門下に僧肇（三八四—四一四）というこれまた凄い天才がいるのですが、その系統を受けたのが四論宗です。しかし、四論宗という一宗があったかどうかは少し問題なのです。四論宗は、実は三論宗の一派だと言われています。

三論宗とは、いずれも鳩摩羅什が翻訳した『中論』『百論』『十二門論』という三つの論書を研究する学問グループです。『中論』と『十二門論』は龍樹菩薩の著作で、『十二門論』は『中論』の入門書です。『百論』は龍樹菩薩の弟子の提婆のもので、『中論』をもう少し分かり易くしたものです。

四論宗はこの三つに、龍樹菩薩が書かれたということになっている『大智度論』を加えるのです。これは百巻の膨大なもので、「大」は「摩訶（マハー）」、「智」は「般若（プラジュニャー）」、「度」は「波羅蜜（パーラミター）」ですから、『摩訶般若波羅蜜多経』（『大品般若経』）の註釈なのです。

この『大智度論』は大乗仏教の要点を網羅した、百科事典みたいなものです。

『中論』は、「～でない」「～でない」という否定の論理が大部分を占めるのが一つの特徴です。

相手の主張を全部根底から突き崩して、その論理が成立しない所に追いつめ、概念的思考の虚構性を論証していくのです。そのように徹底的に人間の虚構性というものを否定していく。だから敢えて積極的な立論をしないのです。「一切は空である」という言い方はそこから出るのです。「空」とは何もないことではなく、概念によって考えられたものを、「その考えられたものが考えられた通りに実在すると考えるな」ということです。「何も実在しない」という意味ではないのです。「その実在を我々は知性でもって捉えることはできないのだ」と言おうとしているのです。

それに対して『大智度論』の方は、もっと積極的に「実在とは何か」ということを問題にするわけです。ものの本当の有り様は、人間の分別の知性では捉えられないけれども、捉えられないということと、ないこととはまた別なのです。だからむしろそういう分別的な知性ではない捉え方、智慧によって、もののあるがままの有り様を捉えることができるではないか。そういう智慧を般若波羅蜜というのだ。その般若波羅蜜によって確認される領域を、「諸法実相」や「法性」、あるいは「真如」「一如」という言葉で、非常に積極的に表現する。『大智度論』の場合はそういう積極性があるのです。ですから四論宗は、三論的な否定に否定を加えていくような消極的なものだけではなくて、もう少し実在を肯定的に捉えようとする思想をもっているものだったと言われているわけです。「だったと言われている」というのは、四論宗が本当にあったのかどうか分からないからです。恐らく三論宗だけでは飽き足らず、『大智度論』を加えて、実在というものを肯定的に捉えていこうとする三論宗の一派があって、それを四論宗と言っているのだろうと考えられています。

その形がもっと肯定的な形になって、一切の衆生は仏性を有している、如来蔵（如来の胎児）であるという如来蔵思想が、曇鸞大師が出られる少し前に、曇無讖（三八五―四三三）という人によって翻訳された四十巻の『大般涅槃経』などによって中国にドンドン入ってくるわけです。曇鸞大師は、四論宗と、この『涅槃経』の研究を一生懸命にやっておられたと言われ、『涅槃経』の研究では大変な学者だったらしいのです。「らしいのです」というのは、今の所は証拠が何も残っていないからです。戦後に曇鸞大師の名前が記された『涅槃経』の断片が出て、上海のどこかに保管されていたというのですが、文化大革命で行方不明になっているのです。とにかく曇鸞大師は「四論」と『涅槃経』の研究で学僧として大変有名だったわけです。

梁への遊学

曇鸞大師が三十代の頃から、『大集経（だいじっきょう）』というお経が中国で翻訳されます。これは随分大部なものですから、一度に翻訳されたわけではありません。最初は『大集経』というお経の一部分の「日（にち）蔵分（ぞうぶん）」だけが翻訳されますが、後に「日蔵分」と「月蔵分（がつぞうぶん）」が合冊されます。曇鸞大師の時代に翻訳されたのは半分ぐらいで、亡くなった頃から、残りの半分程が翻訳されたのです。『大集経』を読んだら中々面白いのですが、凄く難しく、普通の人が読んでもなかなか分からない。それで曇鸞大師は『大集経』の註釈書を作ろうとしました。しかしやり始めたら病気になってしまったのです。「気疾」と伝えられていますから、おそらく結核を患ったのでしょう。そこで「これではいけない、仕事をしようと思ったら丈夫な体を作って長生きをしなければならない」と思い、ちょうどこの頃に栄えてくる道教の神仙術（しんせんじゅつ）を学んで不老長生の秘法を得ようとするのです。道教とは、老荘（老子・荘子）の学説に仏教や中国の民間信仰を合わせて一つの宗教を作り上げたものです。そこに陶弘景（四五六―五三六）という大物が出ます。陶弘景は揚子江（長江）の下流の方、今の浙江省のあたりにいた人物で、陶隠居とも言います。この陶弘景が道教を大成して、不老長寿の神仙術をまとめ上げるのです。それを学びに行こうと曇鸞大師は陶弘景のもとへ向いました。

時は中国の南北朝時代で、黄河流域の北朝と揚子江流域の南朝とで勢力が二分されており、お互いに相手の虚をついてやっつけてやろう、あわよくば天下を統一してやろうと思っている時代ですから、南北の交通は遮断されているわけです。それで曇鸞大師は北魏を密出国して、当時の南朝の政権である梁（五〇二―五五七）へ密入国するのです。しかし捕まえられてスパイの嫌疑を受け、都の建康（現在の南京）に連れていかれます。当時の梁の皇帝は武帝（四六四―五四九）で、蕭王とも言います。この武帝は仏教に深い帰依を捧げていた人で、たくさんのお寺を造ったりお坊さんに供養したりしました。この武帝が曇鸞大師が入国していることを聞き、北魏きっての大学者に是非とも色んなことを教えてもらいたいと考えました。しかし本物か偽物か分からないので困ったのでしょう。これは面白い話なのですが、「曇鸞さんだったら迷路から出られる筈だ。出られないようだったら偽物だ」と、迷路の中に大師を放り込んだというのです。そうしたら実にたやすく出てきたので、「これはやはり曇鸞さんだ」と言って色々聞くのです。そうすると実に鮮やかな解答が返ってくる。それで大変感動して、「曇鸞菩薩」と大師を敬って、「ここでずっと私の師匠になってください」と、引き留めようとするのですが、大師は「実は私がここに来たのは身体の調子が悪いからで、陶弘景について神仙術を学ぼうと思っているのです」と言って武帝のもとを去って行ったのです。「正信偈」に「本師曇鸞は、梁の天子、つねに鸞のところに向かひて菩薩と礼したてまつる」とある、「梁の天子」がこの武帝のことで、曇鸞大師がお帰りになったものですから、武帝は曇鸞大師のいらっしゃる方向に向かって常に「曇鸞菩薩、曇鸞菩薩」と礼拝を捧げていたと言われているのです。

菩提流支三蔵との出遇い

こうして曇鸞大師が陶弘景のもとを訪ねたところ、「あなたがお出でになるのを私は待っておりました。この私が大成した神仙術を学んで本当に身につけてくださるのはあなた以外にないと思っていた」と言って、神仙術が記された十巻の仙経を全部伝授したというのです。それで曇鸞大師は意気揚々と引き上げてくるわけですが、その帰途、北魏の都の洛陽で菩提流支三蔵という人に出会うのです。

洛陽はその当時、仏教が大変盛んで、大きなお寺もあちらこちらにあり、高さ百メートルもあるような大塔があったというのです。そこへ菩提流支という、当時最新の仏教学を持ってインドから中国へやって来た方がいたのです。曇鸞大師は菩提流支と、インドや中国の仏教について色々と話し合いをしました。その時に、「実は中国にはこういう不老長寿の神仙術というものがあって、私はそれを学んできた」と自慢なさったらしいのです。そして「インドにこんな不老長寿の神仙術はあるか？」と尋ねましたら、「お前はなんということを考えているのだ。もう少し分かっている男かと思っていたが、案外だな」と菩提流支から言われたのです。「いくら不老長寿の神仙術だ何だと言っても、百年も二百年も生きられるわけはありはしない。また、たとえ長生きしたってそれがどうしたというのだ。仏教が問題にしているのは長生きすることではなかろう。むしろ生と死を超えていくことが一番問題ではないか。それが分からず長生きすればよいという様な考え方を持っていたら駄目だ」と、こっぴどくやられたらしいのです。そして菩提流支は、「本当に〝いのち〟の問題を解決しようと思ったらこのお聖教を読みなさい」と「浄教」を授けたというのです。

　この浄教が一体何なのかが問題で、蓮如上人の『正信偈大意』（『註釈版聖典』一〇三二頁）には、『観経』を伝授したとあります。しかし『観経』は、菩提流支ではなく、畺良耶舎という方が訳したものです。いっぽう菩提流支が翻訳したのは天親菩薩の『浄土論』ですから、そちらを伝授したと考える方が自然だとも考えられます。ただ、それでも案外『観経』を伝授したというのが正しいかもしれないのです。というのは、中国で『観経』を本格的に取り入れられるのは曇鸞大師が最初だからです。それまで、中国人で『観経』を取り上げて本格的に浄土教を研究した人はいないのです。

さて、菩提流支から浄土の教えを授けられた曇鸞大師は、「これは私が間違っていた」と、苦労して伝授された仙経の巻物を焼き捨ててしまったというのです。それが「三蔵流支、浄教を授けしかば、仙経を焚焼して楽邦に帰したまひき」という所です。「楽邦」とは安楽仏国、つまり極楽浄土のことで、阿弥陀仏の浄土の教えに帰依するようになったことを表しています。

破天荒な註釈書

「正信偈」には続いて、「天親菩薩の『論』を註解して」と言われます。つまり、天親菩薩の『浄土論』(『無量寿経優婆提舎願生偈』)の註釈書である『往生論註』(『無量寿経優婆提舎願生偈註』)を曇鸞大師がお造りになるわけです。いつ頃お造りになったのかはっきり分かりませんが、曇鸞大師が菩提流支と出会ったのは、大師の四十歳代の終わりから五十歳代の初め頃だったと考えられます。そして『浄土論』が翻訳されて、それを曇鸞大師が手に入れられたのは五十歳代には違いないと思うのです。それから『浄土論』の註釈をされるわけです。

この『往生論註』は破天荒な註釈書です。普通の文章を註釈したという、そんな簡単なものではないのです。『浄土論』を一つの梃子にして、飛躍するような形で展開しているのです。まず『浄土論』を註釈するにあたり、龍樹菩薩の「易行品」を一番最初に出しています。それは『教行証文類』の「行文類」に引用されています。

『論の註』(上 四七)にいはく、「つつしんで龍樹菩薩の『十住毘婆沙』を案ずるにいはく、〈菩薩、阿毘跋致を求むるに二種の道あり。一つには難行道、二つには易行道なり。難行道とは、いはく、五濁の世、無仏の時において、阿毘跋致を求むるを難とす。(中略)たとへば陸路の歩行はすなはち苦しきがごとし。易行道とは、いはく、ただ信仏の因縁をもつて浄土に生ぜんと願ず。仏願力に乗じてすなはちかの清浄の土に往生を得しむ。仏力住持してすなはち大乗正定の聚に入る。正定はすなはちこれ阿毘跋致なり。たとへば水路に船に乗じてすなはち楽しきがごとし〉と。この『無量寿経優婆提舎』は、けだし上衍の極致、不退の風航なるものなり。

(『註釈版聖典』一五四頁)

ここに出る「『十住毘婆沙』」とは、「易行品」のことです。『十住毘婆沙論』の中の一品が「易行品」なのです。「阿毘跋致」とは不退転地です。不退転地とは菩薩の悟りへの一つの関門です。そこを突破すると、後は自動的に悟りの完成に向かう。そこまでは上がったり下がったりしてなかなか到達できないのです。菩薩は阿毘跋致という後戻りしない不退転地に至るまでに随分苦労するのです。そして「その不退転地に至るのに難行道と易行道とがあるのだ」と言っています。「難行道」とは、「五濁の世」と言われるこの濁りきった世の中で、濁りきった心を抱いた者が仏道の完成を求めて修行をしていくことで、それは極めて困難であると言われています。世の中が濁っている、と言っても、その濁す根源は人間なのです。煩悩に汚れ果てた心で環境を破壊していく。それを「五濁」と言い、『阿弥陀経』の中に「劫濁（こうじょく）・見濁（けんじょく）・煩悩濁（ぼんのうじょく）・衆生濁（しゅじょうじょく）・命濁（みょうじょく）」（『註釈版聖典』一二八頁）という五つの汚れとして出されています。一番の中心は煩悩です。その煩悩と邪見によって、自他共に破壊していく。そして環境も主体もすべてが濁悪になっていく時代を五濁の世と言います。さらに「無仏の時」ですから、仏様がいない。お釈迦様のような勝れた指導者がいる時だったら、いくら五濁の世であっても修行は進んでいきますが、よい指導者がいないものだから、とてもでないけれどこの五濁の時代に悟りは完成できない。それはたとえば険しい陸路を歩いていくようなもので、その道のりは非常に困難なものである、と言われるのです。

易行道のこころ

それに対して「易行道」とは、仏を信じ、仏を憑んで、仏の教えに導かれながら生きていく。仏のはたらきがしっかりと私を受け持って、そして不退転地に至ることができる。それはたとえば船に乗って船の力で向こう岸に易く着くようなものである、と言うのです。「上衍の極致」の「衍」とは、インドの言葉で「ヤーナ」であり、「乗り物」のことです。仏教の教えは、私たちを、迷いの世界である此岸から、悟りの世界である彼岸へと渡すものですから、「乗り物」にたとえられるのです。したがって、「上衍」とは「一番上等の乗り物」、つまり「一番勝れた教え」ということで「大乗」を表します。「大乗」は「大きな乗り物」です。自分だけ乗って向こう岸に着く、一人乗りの教えの小乗（小さな乗り物）に対し、みんな一緒に乗って向こう岸に着こう、自他共に悟りを開こうとする教えです。

曇鸞大師はこの『浄土論』に説かれた教えが大乗仏教の極致をいく尊い教えなのだということで「上衍の極致」と言われるわけです。そしてその教えは「不退の風航」、すなわち、不退転の境地に順風に乗って航行していくようなものだ、大きな船に乗って順風に帆を揚げて向こう岸に着くように、速やかに不退転の境地に入らしめられる最高の仏教なのだ、と言われているのです。

だから曇鸞大師は天親菩薩の『浄土論』を、龍樹菩薩の「易行品」を持ってきて註釈するわけです。『浄土論』そのものは、どう見ても難行道が説いてあるのです（第九章参照）。五念門行の初めの礼拝や讃嘆ぐらいは凡夫でもできますが、作願・観察・回向になると、とても凡夫ができるような行ではありません。あれはどう見ても難行道であって易行道ではない。ところが、「易行品」には「浄土教は易行道である」と言ってあるから、『浄土論』に難行道を説いてあるはずはない。だったら易行道として理解しなければいけない。では、何故に『浄土論』が易行道の論書になるのかというと、「これは私の力で成就する行ではないのだ。阿弥陀仏の力によって成就する、完成する行を説いてあるのだ。だから易行道なのだ」と言おうとするのです。そういう展開を大師はなさるわけです。阿弥陀仏の本願力によって支えられて、五念門行と言われる行が成就していく、という形で説かれていくわけです。それが『論註』という非常に特徴のある書物になるわけです。

第十五章　曇鸞大師(二)　他力のこころ

曇鸞大師の往相回向・還相回向

天親菩薩論註解　報土因果顕誓願
往還回向由他力　正定之因唯信心
惑染凡夫信心発　証知生死即涅槃
必至無量光明土　諸有衆生皆普化

（天親菩薩の『論』（浄土論）を註解して、報土の因果誓願に顕す。往還の回向は他力による。正定の因はただ信心なり。惑染の凡夫、信心発すれば、生死すなはち涅槃なりと証知せしむ。かならず無量光明土に至れば、諸有の衆生みなあまねく化すといへり。『註釈版聖典』二〇六頁）

天親菩薩の『浄土論』では、五念門の行を行って五功徳門を成就し、阿耨多羅三藐三菩提（最高

のさとり）を完成して仏になる、と言われています。それが、

菩薩はかくのごとく五門の行を修して自利利他す。速やかに阿耨多羅三藐三菩提を成就することを得るゆゑなり。

（『註釈版聖典（七祖篇）』四二頁）

というご文です。曇鸞大師は『往生論註（論註）』においてそれを註釈していかれるわけです。五念門はこの世で行う行で、五功徳門は浄土においてあらわれてくる徳です。この世において礼拝・讃嘆・作願・観察という行を行って、真実の何たるかを知る。真実の何たるかを知るから、人々の虚構、嘘・偽りの生き方が分かる。そこで嘘・偽りの生き方をしている人々を呼び覚まし、そして自他共に阿弥陀仏の浄土に、真実の世界に生まれていくように導いていく。これを曇鸞大師は往相（往生浄土の相状）の回向と言います。この場合の往相回向とは、浄土に往生していく人が人々を教化していくことです。これは親鸞聖人のおっしゃる意味とは少し違います。

回向とは、自分が獲得した智慧や知識を人々に伝えることです。そうすると、自分の智慧が人々の智慧になるでしょう。「こういうふうにものを考えるのですよ、このように味わうのですよ」と教えることによって、「ああ、そうか。そういう世界があるのだ」と皆が納得する。これが回向な

のです。学校で先生が学生に講義をするのも、実は回向しているのです。回向はサンスクリットで「パリナーマナー（パリナーマ）」と言い、方向転換することを意味します。自分が獲得したものを自分だけのものにするのではなく、人に与えていく。この場合、浄土に往生しながら回向するので、往相回向と言うのです。

そして浄土に往生したら近門・大会衆門・宅門・屋門と完成していき、八地以上の菩薩になると、一切作為を持たない、つまり「ああしよう、こうしよう」と思わなくても自然と自利利他の行が出来るようになるのです。衆生を救済すると言っても遊び戯(たわむ)れるのです。だから「園林遊戯」と言うでしょう。悲壮感なんて何もない。楽しみにしているのです。しかも、菩薩はあっちに行ったりこっちに行ったりするのではなく、浄土を動かないで十方世界に身をあらわして救いのはたらきをしていくのです。ちょうど太陽が動かずしてしかも十方にその光を放っていくように、浄土の八地以上の菩薩は不動而至(ふどうにし)（不動にして至る）、つまり動かないで十方世界に身をあらわしている。これが菩薩の相なのだ。こういうことを曇鸞大師は還相(げんそう)回向と言うのです。行者がお浄土に行って、お浄土から穢土に向かって、迷っている人々を照らしていくことを還相（還来穢国(げんらいえこく)の相状）と言っているだけで、本当は行ったり来たりするなんてことはないのです。

なぜ、「速やか」なのか

『論註』では、この五念門の行を修して浄土に往生することについて、問答をもうけています。

問ひていはく、なんの因縁ありてか「速やかに阿耨多羅三藐三菩提を成就することを得」といへる。答へていはく、『論』（浄土論）に「五門の行を修して、自利利他成就するをもつてのゆゑなり」といへり。

（『註釈版聖典（七祖篇）』一五五頁）

ここで曇鸞大師は、「何故に『浄土論』では、〈速やか〉と言うのだ。五門の行を修するのだったら速やかではないではないか」という問いを出して、「五念門の行を修して自利利他成就するから、速やかに阿耨多羅三藐三菩提（最高のさとり）を得るのだ」と答えているのです。しかしこの五念門の行を完成していくのは大変なことなのです。つまり、それでは答えにならないのです。そこで曇鸞大師は続けて、

しかるに覈に其の本を求むるに、阿弥陀如来を増上縁となす。

（同頁）

とおっしゃっています。これは「覈求其本釈」と呼ばれる箇所で、「五念門行の本を求めれば、阿弥陀如来を増上縁とする」と言われています。「増上縁」とは勝れた因縁です。実は、五念門行は、私が行う行には違いないけれども、しかしそれは私の力で行う行ではない、ということを『浄土論』では言おうとしているのだ。阿弥陀如来が勝れた因縁となって私の上に五念門の行を成就してくださる。『浄土論』で「速やか」と言うのは、自分がやっていくんだったら兆載永劫の修行が要るけれども、阿弥陀仏を勝れた因縁として完成していくものだから、易行、つまり易く完成する道なのだということを表していると言われたのです。

他利利他の深義

しかし親鸞聖人は、この『論註』の文を読み替えていらっしゃいます。『教行証文類』「行文類」の他力釈という所に『論註』の問答が引かれています。

……答へていはく、『論』（浄土論）に〈五門の行を修してもつて自利利他成就したまへるがゆゑに〉といへり。

（『註釈版聖典』一九二頁）

普通は「自利利他成就する」と読むのですが、聖人は「自利利他成就したまへる」と読まれた。「法蔵菩薩が自利利他成就なさったからだ」、つまり、法蔵菩薩が兆載永劫という、きわめて長い時間にわたり五念門行を修行して、自利と利他とを完成してくださったから、それを頂くだけで私は速やかに阿耨多羅三藐三菩提を完成すると言われているのです。なぜ親鸞聖人はこういう読み方をされるのかと言うと、『論註』にはこの後に、他利利他の釈という謎の文章があって、そこから全部読み替えられたのです。『論註』の「覈求其本釈」では、「しかるに覈に……」のご文の後に、次のご文が続きます。

他利と利他と、談ずるに左右あり。もし仏よりしていはば、よろしく利他といふべし。衆生よりしていはば、よろしく他利といふべし。いままさに仏力を談ぜんとす、このゆゑに利他をもつてこれをいふ。まさに知るべし、この意なり。

（『註釈版聖典』一九二頁・『註釈版聖典（七祖篇）』一五五頁）

これはちょっとわけの分からない文章で、親鸞聖人が「他利利他の深義」（『註釈版聖典』三三五頁）と言われたものです。この謎が解けた時に聖人は「親鸞」と名乗られるわけなのです。そのように名前を変える程の大きな教学的な視野、思想的な視野が開けたのです（第九章参照）。

この他利利他の釈は先ほどの、「五念門の行を修して自利利他成就するから、速やかに阿耨多羅三藐三菩提を得る」という『浄土論』の「自利利他」という言葉をとらえたのです。普通の註釈だと、「自利利他」とは、礼拝・讃嘆・作願・観察が自利で、回向が利他に当たる、と言えばそれで済むわけです。

ところが曇鸞大師は、「〈利他〉と言われて、〈他利〉と言われていないではないか。ここが問題なのだ」と言うのです。これは何のことだか分からないのです。

普通は「利他」と言っても「他利」と言っても意味は同じです。インドの言葉から中国語に経典が翻訳された時に、「利他」と「他利」とは元々は同じことを言ったのです。「自利利他」と言うでしょう。「自利」とは「自らを利する」、「利他」とは「他を利する」ことです。これは「自利他利」と言ってもいいのです。自分を利益することを「自利」と言うのだから、他を利益することを「他利」と言っていい。それだったら「利自利他」「利自他利」と言ってもいいわけです。こういう訳語がたくさん使ってあるのです。

ところが曇鸞大師はここで「ちょっと待て。そう簡単に言ってくれるな。〈他利〉と〈利他〉とは違うのだ」と言うのです。どう違うのかと言うと、「他利」と言った時には「他が自を利す」という意味になる。「利」は動詞だから、目的語の「自」が省略されている。「利他」と言った時には「自が他を利す」というふうに、「他」が目的語になって主語の「自」が省略されているのだ、と言ったのです。ややこしいことをあえてやっておられるわけです。整理するとこういうことです。

・他利…「他利自（他が自を利す）」
・利他…「自利他（自が他を利す）」

「利他」と言った時には「自が他を利する」のですから、利益する人が「自」です。この場合の利益する人は阿弥陀仏なのです。救済者の阿弥陀仏が、他である私を利益するのが「利他」という言葉の意味です。そうすると阿弥陀仏から語ったことになる。それが「利他」であると言うのです。一方、「他利」の「利」は動詞ですから、動詞の前にある「他」が主語です。そうすると「他が自を利する」ということになる。この「他」は阿弥陀仏です。阿弥陀仏が私を利益するのです。

だから「利他」も「他利」も「阿弥陀仏が私を利益する」という同じことを言っているのですが、それを仏の方から言うか、私の方から言うかの違いで、阿弥陀様が衆生を利益することを「利他」と言い、阿弥陀様に衆生が利益されることを「他利」と言うべきである。だからこの「自利利他」

の「利他」とは私から言った言葉ではなく、仏様から言った言葉になるのです。

これで曇鸞大師が言われる「他力」という意味が変わるのです。私たちは「他力」と言ったら自分を中心にして阿弥陀様を「他」にしています。私が他者である阿弥陀様に救われることを他力と言うと考えるでしょう。それが間違いの元だと言うわけです。それだったら曇鸞大師の考え方では「他利」になるのです。だから他力とは「利他力」のことなのです。「利他力」の「他」は私なのです。仏様が中心であり、私は他者なのです。「自」は仏様なのだ。「他」は如来様から「汝」と喚びかけられる私なのだということです。だから「他力」とは私の方から言う言葉ではない。仏様が私を利益してくださる。「他力とは〈利他力〉の略なのだよ」というのが曇鸞大師の「他力」なのです。

主体は阿弥陀様

この他利利他の釈で、親鸞聖人は何を見られたのかと言うと、五念門行の主体は阿弥陀様であって、私ではないということです。五念門行を修行して、自利利他して、速やかにこの上ない悟りを成就すると言った、主体・主人公は、阿弥陀様だということなのです。「自利利他」の「利他」は、私が衆生を救済するということではない。「自」である阿弥陀様が、「他」である一切の衆生を済度することを利他と言ったのだ。「利他」と言ってある以上、五念門行は私が主体となってやる行とは違う、阿弥陀様がなさって私に与えてくださったものなのだ。私は阿弥陀様の救済の対象としてある。それが「阿弥陀仏を増上縁とする」の意味なのだということです。

だから仏様の前に私が立つのか、私の前に仏様が立っているのか、どちらなのだ、ということです。本堂へお参りした時に私の前に仏様が立っていらっしゃるという拝み方をするな、阿弥陀様の前に私が立たせて頂いているのだということなのです。そこで阿弥陀様が「我、よく汝をまもらん」、「私はお前を救うぞ」とおっしゃっているのです。私は阿弥陀様の汝である。つまり客体になるのです。主人公は阿弥陀様なのです。私の方は阿弥陀様によって救われる客体、お客さんなのです。

ですから、「私がやるのは何か」と言ったら、それはお念仏だけなのです。「南無阿弥陀仏、南無阿弥陀仏」とお念仏するところに五念門を修めたと同じ徳が入っているのです。法蔵菩薩が兆載永劫の修行をしたのは、五念門を完成させ、その行徳を全部私に与えるためだった。だから私はただそれを「南無阿弥陀仏」というお念仏の形で頂戴する。南無阿弥陀仏と頂いたら、法蔵菩薩がなさった修行の徳が全部私の身につく。だから『浄土論』に、「速やかにこの上ない悟りを成就するのだ」と言われているのだ。それを曇鸞大師がここで展開していると見抜いたのが親鸞聖人なのです。

阿弥陀様の三つの願のはたらき

「行文類」他力釈に引用された『論註』の文の続きには、

おほよそこれかの浄土に生ずると、およびかの菩薩・人・天の起すところの諸行は、みな阿弥陀如来の本願力によるがゆゑに。なにをもつてこれをいはば、もし仏力にあらずは、四十八願すなはちこれいたづらに設けたまへらん（『註釈版聖典』一九二頁）

とあります。これは他利利他の釈で示されたことを、もう一度理論的に証明しているのです。私たちが浄土に生まれることも、浄土に生まれて菩薩となった方がたが起こしていく様々な行も、全部、阿弥陀如来の本願力によって起こさしめられることなのだ。どうしてそう言えるのかというと、もし阿弥陀仏の力によって完成するのでなかったならば、阿弥陀様の本願なんて必要ないではないか。私が私の力で自利利他の行をやって、仏になれるのだったら阿弥陀様なんて必要ない。もし浄土に往生すること、あるいは浄土で悟りを完成することが阿弥陀仏の力によって成就される事柄でないとするならば、四十八願はいたずらに設けたことになってしまうではないか、と言うのです。さら

に、

いま的しく三願を取りて、もつて義の意を証せん。（同頁）

とあります。この「的」という字には「ひとしく」という訓は普通はありません。これは「的」ということですから、「はっきりと」「あきらかに」という意味です。はっきりと、あきらかに、四十八願の中から三つの願を取って、私が言わんとすることを証明してみせましょうというわけです（三願的証）。その三願は何かと言うと、第十八願・第十一願・第二十二願です。

すなわち、第十八願力によって、五念門の自利利他の徳が摂まっている「南無阿弥陀仏」を称えるだけで浄土に往生することができる。第十一願力によって、浄土に往生した者は正定聚に住して確実に悟りに到る。しかも第二十二願力によって、初地の菩薩が即時に、菩薩の最高位である一生補処の菩薩と同じ徳を実現していく。だから凡夫はただ念仏を申すだけで浄土に往生して、後は第十一願力と第二十二願力とによって即時に悟りを完成するから、「速やかに阿耨多羅三藐三菩提を成就する」と言われたのだ。こうして阿弥陀仏の三つの願のはたらきによって私たちが速やかに往生し、速やかに悟りを開くことが分かるではないか、というわけです。これが他力なのだと言うのです。

このように他力とは大変難しい言葉なのですが、しかしこれで浄土に往生する因も、往生して得る果もすべて阿弥陀仏の本願のはたらき、本願力によって完成することが分かりました。それを「正信偈」では「報土の因果誓願に顕す」という言葉で表されたわけです。「報土」とは阿弥陀仏が建立された真実の悟りの領域、浄土のことです。浄土に往生する因も果も阿弥陀仏の本願によって完成したことを私たちに教えてくださったのです。

そして「往還の回向は他力による」とは、浄土に往生する往相も、浄土に往生してから穢土に来たって一切衆生を救っていく活動をする還相も、すべて阿弥陀仏の他力（利他力）によって回向されたものだ、与えられたものだということです。往相も還相も如来から回向されるのです。こうなると回向の主体は阿弥陀仏になります。親鸞聖人はこのように見ていかれるのです。そして往相も還相もすべて阿弥陀仏の利他のはたらきとして我々の上に実現するのだから、私はただそれをはからいなく頂くばかりである。仏様の本願力を疑いなく受け入れる信心一つで、阿弥陀様の秩序の中に入っていく。それを「正信偈」では、「正定の因はただ信心なり」と言われるのです。

煩悩のまっただ中にはたらく仏様

次に「惑染の凡夫、信心発すれば」（煩悩具足の凡夫に一度信心が発れば）とあります。ここは「発信心」ではなく、「信心発」となっているでしょう。普通だったら「信心を発せば」になりますが、「信心が発れば」となっています。これは私が発すのではないということです。阿弥陀仏の力によって発させられるのだから、「信心が発れば」なのです。そして、阿弥陀仏の本願力によって信心が発これば、「生死すなはち涅槃なりと証知せしむ」、つまりこの生死の世界、煩悩のまっただ中に阿弥陀仏のはたらきが動いていることが分かる。もし阿弥陀様に戸籍を書いてもらったら、「娑婆」と書かれるかもしれません。阿弥陀様は煩悩を離れた所、生死を離れた所にいらっしゃるのではなくて、生死のまっただ中に、私が生まれたり死んだりしている、泣いたり笑ったりしている、ここに阿弥陀様がおられて、私たちを呼び覚ましていらっしゃるということが分かるのです。

最後の「かならず無量光明土に至れば、諸有の衆生みなあまねく化すといへり」のご文は、浄土に往生すれば阿弥陀仏と同じ徳を持った如来となりますから、十方を尽くして無礙の光を放って、十方の衆生を限りなく済度していく。そういうはたらきが表れてくるということなのです。

第十六章　道綽禅師㈠　末法を生きる

仏教弾圧に遭う

道綽決聖道難証　唯明浄土可通入
万善自力貶勤修　円満徳号勧専称
三不三信誨慇懃　像末法滅同悲引
一生造悪値弘誓　至安養界証妙果

（道綽、聖道の証しがたきことを決して、ただ浄土の通入すべきことを明かす。万善の自力、勤修を貶す。円満の徳号、専称を勧む。三不三信の誨慇懃にして、像末・法滅同じく悲引す。一生悪を造れども、弘誓に値ひぬれば、安養界に至りて妙果を証せしむといへり。『註釈版聖典』二〇六頁）

道綽禅師（五六二－六四五）は、中国の南北朝時代の終わりから、隋、そして唐の初めにかけて活躍された方です。誕生の年は、曇鸞大師が亡くなられて二十年目にあたります。ですから、道綽禅師は大師に大きな影響を受けていますが、生前中に大師に会われたのではありません。お生まれになったのは山西省の西河(汶水)だと言われています。曇鸞大師のいらっしゃった石壁の玄中寺からそんなに遠くない所です。

道綽禅師の出家は十四歳の時と言われています。ところが十六歳の時に仏教弾圧事件に遭遇します。北周(五五七―五八二)の第三代皇帝武帝(周武)が仏教を弾圧したのです。「周武の法難」です。中国には「三武一宗の法難」という四回の大きな仏教弾圧事件がありました。北魏の太武帝、北周の武帝、唐の武宗、後周の世宗です。「武」が付く人が三人、「宗」が付く人が一人で「三武一宗の法難」と呼んでいるのです。これらの仏教弾圧事件にはほとんど道教が絡んでいます。

南北朝時代には仏教が盛んになりました。インドや西域からやってきた目新しい宗教であり、新しい文物と一緒に入ってきますからとても魅力的なのです。ですから皆そちらの方へなびき、仏教が非常に栄えていきます。南北朝時代ですので、中国の南北は政治的には分断されていますが、仏教そのものは南北を通じて栄えます。そうすると道教は自分の縄張りを侵されますから、それを回復しようと、しばしば仏教に対して抵抗します。北周の武帝の時もやはりそうだったのです。道教教団が武帝に仏教弾圧を焚き付け、道教が優位を占めようと謀ったのです。武帝はそれを受けて弾圧を始めます。お寺の中の財産を召し上げ、お坊さんたちを全部還俗させ、彼らを労働力や戦力に変えてしまう。そういう仏教弾圧をやったのです。そうすると国家財政は潤い、武力は増します。そうして隣国を攻めてどんどん版図を広げていくことができる。ちょうど道綽禅師が十六歳になられた頃に、禅師たちがいらっしゃったあたりも北周の範囲内に置かれましたので、お住まいになっていた寺は潰されて、道綽禅師もこの十六歳の時点で還俗させられたはずです。

　ところがそれからわずか四年、道綽禅師が二十歳の時に武帝が死にます。武帝の息子は篤く仏教に帰依していましたから、お父さんのやりすぎを後戻りさせようと、一転して仏教復興令を出します。この時点で道綽禅師も再び出家されただろうと思います。そういう事件があったわけです。その後、隋が中国を統一しました。隋では、文帝という皇帝が南北を統合した新しい国家を建設するための精神的な支柱として仏教を取り入れます。仏教を国教にし、仏教の精神を取り入れた律令体制を作り上げていくわけです。ですから隋の時代になると仏教は復興して、大変盛んになってくるのです。しかし隋は二十年ほどで滅び、唐の時代がやってきます。唐の初期は少し仏教が停滞しますが、第二代皇帝の太宗（李世民）の時代から、仏教は再びどんどんと栄えていきます。

曇鸞大師の碑文

さて、道綽禅師は二十歳ぐらいで再び仏門に入られたと思われます。禅師は当時盛んだった三論宗も深く学んでいますが、殊に『涅槃経』の研究で有名だった方です。禅師は『涅槃経』の研究を続けられていましたが、なかなか悟りを開く目処が立たず随分悩んだようです。そのうちに郷土の大先輩で、石壁の玄中寺を開いた曇鸞大師の遺跡を訪ねます。そこには碑文があり、曇鸞大師の事績が書かれていました。現在碑文の内容は伝わっていませんが、それは『安楽集』（『註釈版聖典（七祖篇）』二四七頁）にもでる次のような事績なのではないかと思われます。

ある時、仏教に造詣の深かった東魏の孝静帝が玄中寺へお出でになり、曇鸞大師に尋ねました。「聞くところによると、大乗仏教では十方の世界に仏様がいらっしゃって、十方の世界に浄土があるという。ところがあなたは西方の阿弥陀仏を尊敬し、その浄土に生まれたいと願っておられる。それはなぜなのだ」と。

その時に曇鸞大師が答えた言葉が道綽禅師の心を打ったというのです。「その通りお経には十方に浄土があり、仏様がましますと言われております。ですが、私はいまだ実にお粗末な凡夫であって、十方の浄土をくまなく見通し、どれが善いか、どれが悪いかということを判定する能力が全くないのです。だから何を求めてよいのか、何を信じてよいのか、私としては何も分からないのです。そういう私に、〈これより西方十万億の仏土を過ぎて極楽という世界があり、阿弥陀様という仏様がいらっしゃる。その阿弥陀様が本願力をもって十方の衆生を救う〉とお釈迦様がお示しくださったのです。私はこのお経の言葉にまかせて、私が生まれていく先はこの阿弥陀仏の浄土であると信じている、ただそれだけです」。それを聞いて孝静帝は「有名な学僧であるあなたがそんなお答えをなさろうとは思いませんでした」と、非常に感動したというのです。

その碑文を見た道綽禅師は「ああ、これだ」と思い立った。私も長らくいろんな勉強をしてきた。特に『涅槃経』の大家と言われる程に『涅槃経』の研究、大乗仏教の研究に明け暮れてきた。しかし、それは茫洋（ぼうよう）としてとらえどころがなかった。ところがあの有名な曇鸞大師ですら、「私は何も分からない」と言われ、「阿弥陀仏が本願力をもって〈お前を助けるぞ〉とお説きになったお経の言葉を信じるほかはない」と言われた。「これだ」というので涅槃宗の教学を差し置き、曇鸞大師の教えにしたがって念仏を申す身になられたのです。その後はもうよそへは行かずに玄中寺に止まり、曇鸞大師のお書きになったもの、そして「浄土三部経」、殊に『観無量寿経（観経）』を徹底的に研究していくわけです。

自分にふさわしい教え

中国の諸師方の中で『観経』を取り上げ、信仰を規定するような経典として扱ったのは曇鸞大師が初めてです。それで道綽禅師は『観経』の註釈に精魂を傾けられ、『観経』を講ずること二百回とも言われています。何度も何度も『観経』を講釈され、『観経』の思想を一つの仏教の体系としてまとめたのが『安楽集』という書物です。

その『安楽集』の中で道綽禅師は、仏教の考え方、仏教領解の枠組みを定めていかれます。それは、教えとは、その時代と人（機）に相応しなければ実際の効力を発揮しない、今がどんな時代であるかということと、教えを受ける人間の能力とを勘案して自分にふさわしい教えを選ばなければ、その教えは自分を救う道にはならない、ということでした。ただ教えが立派だからと言って勉強していても、自分の身にふさわしくなければ、それは絵に描いた餅みたいなものだと言うのです。いくら教えが立派であっても私が救われなければ何にもならないということです。

お釈迦様の時代から長い時間が経って、お釈迦様の感化力が衰えてきた時代になると、昔は有効であった教えが必ずしも有効であるとは限らない。だから、「時代」と「理解力」の二つをよく考えて教えを選定しなければならないと言われるのです。これが一番元になります。これを「時機相(じきそう)

応」といいます。道綽禅師はその時機相応の教えを定めていこうとされました。そしてたまたま曇鸞大師の教えによって開眼されたのです。つまり、「末法」という時代における凡夫の救いを問題にする時は、浄土の教え以外に救いの道は開けないことを論証していったのが『安楽集』という書物なのです。

この中で道綽禅師は、仏教を「聖道門」と「浄土門」に分判し、時代と機根に合わない教えが「聖道門」だと言われます。ただ何も聖道門が悪いのではなく、それが非常に有効な時代もあったし、有効な人もある。けれども「末法」という時代に、凡夫というお粗末な理解能力しかない者には浄土の教え以外に救われる道はないと言われるのです。そのことを「正信偈」には、「道綽決聖道難証　唯明浄土可通入」と表されています。

仏教が滅びる

まず初めに、では、「末法」とはどんな時代なのでしょうか。『大集経』という経典の中の「月蔵分」に、お釈迦様が亡くなられてから今日までの時代を五百年ごとに五つに分けられていますこれを「五箇五百年説」と言います。

仏滅度の後の第一の五百年には、わがもろもろの弟子、慧を学ぶこと堅固なることを得ん。

（『註釈版聖典』四一六頁・『註釈版聖典（七祖篇）』一八三頁）

とあります。「堅固」とは「堅い」「不動」という意味ですから、悟りの智慧が鋭く研ぎ澄まされているような時代です。次の第二の五百年は、精神統一をして真理を瞑想する禅定の修行が鋭く研ぎ澄まされている時代、第三の五百年である千年から千五百年までの間は、いろいろな経典をよく読んで勉強し、それを自分の上に懸命に学んでいく時代です。それから第四の五百年には、大きな塔やお寺が建てられるようになる。塔や寺を造営して色々な善根を積み、その善根の報いによって果報を得ようとする人たちが多くなってくる時代です。

そして

第五の五百年には、白法隠滞して多く諍訟あらん。微しき善法ありて堅固なることを得ん

（同頁）

とあります。「白法」とは真理の法則、ここでは仏教のことです。「隠滞」とは「隠れ滞る」ことで

す。真理が隠れ、争い事が絶え間なく出てくる。道理が隠れていくと無道がはびこれば争い事しか出てこない。しかし「微しき善法ありて堅固なることを得ん」と言われています。しかしこの「僅かだけれども善き法があって……」という言葉は実は道綽禅師のお言葉です。お経にはこの様には書いてありません。お経には「白法隠滞闘諍堅固」、つまり仏弟子たちの言い争いが盛んな時代が来る、それが末法の時代だ、とだけ言われているのです。道綽禅師は、「末法に念仏の教えは残ってくださる」と言おうとされているわけです。

道綽禅師はこの五箇五百年説を承けながら、更に「正法五百年、像法一千年、末法一万年には……」（『註釈版聖典』四一七頁・『註釈版聖典（七祖篇）』二七一頁）と、「正像末の三時」を『安楽集』の中で説かれます。そこで五箇五百年説と「正像末の三時」を合わせて見ていくと、大変面白い考え方が出て来るのです。

道綽禅師は、お釈迦様が亡くなられてから五百年間は、教えが教えの通りに通用していくと言われます。この五百年を「正法」と言います。正法はお釈迦様の教え（教）が正確に伝わっており、教えに従って正確に修行（行）が行われている時代です。教と行とが揃っている。そしてきちんと修行が行われるから、悟り（証）を得ることができる。悟りは、修行のはっきりとした「あかし・証明」であるので、証といいます。つまり正法とは、仏教が完全に生きている時代、教えに従って正確に修行しているから、悟りを得る人が次々と出てくる時代です。

けれども五百年を過ぎると、教えをその通りに守っていくことが段々と難しくなってくる。お釈迦様の教えの中核は戒律です。生き方なのです。お釈迦様は目覚めたもの、仏陀として、目覚めを自分の上に実現するにはこういう生き方をするべきだということを決められたのです。その通りの生き方をするのなら、お釈迦様が到達されているのと同じ安らかな涅槃の境地に行くと言われているわけです。今の私たちは仏教を哲学的な真理の体系のように考えますが、お釈迦様の時代はそんな難しいことは言われずに、「そういう生き方はダメだよ、そういう考え方はダメだよ」と、一つ一つお釈迦様が目の前の弟子たちを指導していくわけです。その生活指導によって、お釈迦様と同じように真理の領域を歩む人間になるわけです。だから非常に実践的なのです。この戒律が仏道修行の中心であり、戒律が基盤となって、その上に精神統一をし、智慧を開発していく。これを「戒（かい）・定（じょう）・慧（え）」と言います。戒律が仏道の基盤ですから、出家者は戒律をきちっと守った生活をしなければなりませんが、時代が経つにつれて段々ゆるんでくるわけです。するとその上に確立する修行が鈍ってくる。修行が鈍ると悟りが開けなくなる。そういう時代が千年続くというのです。それが「像法（ぞうほう）」です。「像」とは「似ている」ということです。正法に似ているけれども本物でないものが像法の時代です。仏教はこういう時代に入っていく。

そして千五百一年から後は末法の時代になる。末法の時代は、教えはあるが、もはや本当の意味で修行する者はない時代です。まともに戒律を持てる者はいないから、悟りは実現しない時代です。「末」とは、ここから後は消えていく、消える直前の状態です。仏教が末の状態になって消えようとしている時代を末法というのです。この時代が一万年続く。そしてその後に仏法は完全に滅びてしまう。これが「法滅」です。つまり、一万一千五百年経つと仏法はこの世から消えて暗黒の時代が来る。これが正法・像法・末法ということです。

末法到来

道綽禅師は、ご自分の時代を末法の時代だと見ていらっしゃるわけです。末法である証拠に、悪王である武帝によって仏教が滅ぼされ、仏教徒はお釈迦様の教えを正確に受けず、気ままに勝手なことをやって仏法を破壊する原因を内側からつくっている。内側からと外側から仏教は危機に瀕しているので、もはや末法だというのです。道綽禅師の時代は西暦五六二年から六四五年です。この時代でもうすでに仏滅後千五百年経っている。もう末法が来ていると言われているのです。それはお釈迦様が亡くなられた年代の見方に問題があるのです。

道綽禅師が出られた南北朝の末期頃に法上大統（ほうじょうだいとう）という人が出られます。この人が立てた説を

「法上説」と言い、仏滅年代は、中国の年代に合わせると、周の第五の王であった穆王の五十三年壬申であったと言われるのです。西暦では紀元前九四九年になります。現在では「紀元前四八六年説」と「紀元前三八三年説」の二説が有力ですから、ずいぶんお釈迦様は早く亡くなられたことになっているのです。しかしこの説が中国では非常に強かったのです。

実を言うとこの末法思想は、ただのお釈迦様の年代決定というよりも、今がどんな時代かということ、そして私が一体何者かということを問題にする思想なのです。だから末法思想が出てくる時というのは、仏教が危機に瀕している時、そして世の中全体が乱世の状況なのです。

永久なる仏法

親鸞聖人の『正像末和讃』には、

釈迦(しゃか)の教法(きょうぼう)ましませど
修(しゅ)すべき有情(うじょう)のなきゆゑに
さとりうるもの末法(まっぽう)に
一人(いちにん)もあらじとときたまふ

(『註釈版聖典』六〇九頁)

と説かれています。教えは有るが、行と証が久しく廃れた今日は、もはやお釈迦様の仏法では救われない時代に来ていると言われるのです。ではどうしたらよいのか。実はお釈迦様は自分の力で救えない時代の者を救うために、阿弥陀仏の本願の法を説きのこしてくださっているのです。「私の言うことを聞け」ではなくて「阿弥陀仏のいうことを聞きなさい」とお釈迦様は教えられているのです。そのお釈迦様の教えが「浄土三部経」なのです。戒律を持てない者でも、一文不知の者であっても、ただ「南無阿弥陀仏」と称えるばかりで救われていく道を阿弥陀仏は成就されました。しかも阿弥陀仏は永久に亡くならない無量寿の仏様です。そうすると阿弥陀仏の仏法は永久になくならないということになります。そういう永遠な仏法が、今やこの末法を生きる我々の前に重要な意味をもって提起されているのです。

しかも親鸞聖人は、

正法の時機とおもへども
底下の凡愚となれる身は
清浄真実のこころなし
発菩提心いかがせん

（『註釈版聖典』六〇三頁）

と、たとえお釈迦様の時代に、お釈迦様の目の前で教えを聞いていたとしても、私のような愚かな凡夫はとても悟りを完成することはできなかったと説かれます。私たちは、さとりへ向かう心である菩提心を発すことができない存在だというのです。

さらに聖人は、

三恒河沙の諸仏の
出世のみもとにありしとき
大菩提心おこせども
自力かなはで流転せり

（同頁）

とも示されます。私はこれまで、ガンジス河の砂の数を三倍したほどの仏様に出遇って教えを聞いてきたが、結局自力では悟りを開くことができないから、今日までこうして迷い続けているのだ、というのです。格好はつけてみたけれども結局ダメで今まで流転してきたのが私なのだ、という和讃が『正像末和讃』には続いています。

それらの和讃を見ますと、親鸞聖人にとっては「永遠の末法」だったのでしょう。末法というのはある時期だけではない、私にとっては永遠に末法だ、だから私にとって唯一無二の救いの道が阿弥陀仏の本願なのだ、ということを顕わそうとされているのです。

第十七章　道綽禅師㈡　救われない理由

如来に呼び覚まされ続ける人生

万善自力貶勤修　円満徳号勧専称
三不三信誨慇懃　像末法滅同悲引
一生造悪値弘誓　至安養界証妙果

（万善の自力、勤修を貶す。円満の徳号、専称を勧む。三不三信の誨慇懃にして、像末・法滅同じく悲引す。一生悪を造れども、弘誓に値ひぬれば、安養界に至りて妙果を証せしむといへり。『註釈版聖典』二〇六頁）

一句目は、自力でもってあらゆる善根功徳（万善）を積み重ね、それによって悟りを完成していこうという修行について述べられています。その修行は、今の末法では、言うことはできるけれども、実践するのはもはや不可能な時代が来ているというので、「自力でもって万善を勤修する修行はもはや今日では通用しない道である」と言われています。この「貶す」は「けなす」という字で、親鸞聖人は「嫌貶（けんぺん）」（『註釈版聖典』三九七頁）という言葉を用いられます。嫌貶とは「退ける」という意味で、「万善自力の行はさとりへの道ではないぞ」ということです。

続く句の「円満の徳号」とは、「万徳円満」ということです。あらゆる功徳が円かにみちみちている。「円満」とは、実は円融です。こんなことを言ったら余計に分からなくなってしまうのですが、円満とは「円融満足」ということです。あらゆる仏陀の功徳が「南無阿弥陀仏」という言葉に、円かに完全に備わって私たちに与えられているのです。一行に一切の行が摂まっていることを「円融」と言うのです。「一が一切である、一切が一に摂まる」、これを仏教では円融という言葉で表すのです。

仏の功徳の全体が南無阿弥陀仏になっているとは、言い換えたら南無阿弥陀仏が仏陀であるということです。阿弥陀仏は南無阿弥陀仏という言葉となって私たちの上に届いているのです。その阿弥陀仏の徳を頂戴して、南無阿弥陀仏と称えながら人生を生きていく。それが如来を頂いて生きるということです。そして「専称」とは、その南無阿弥陀仏を専ら称え続けていくことです。お念仏を申すということは、絶えず阿弥陀仏に呼び覚まされ続けていく人生だということです。

悪を造り続けたとしても……

次に、「三不三信誨慇懃　像末法滅同悲引」の「像末法滅」とは、像法、末法及び法滅の時代です。「像法」の「像」とは、「似ている」ということです。「似ている」とは本物ではないということです。像法の時代はもはや仏道として本物でなくなってしまっている。その像法の時代、あるいは末法の時代、そして仏法が滅びてしまう法滅の時代も「同じく」と言うのですから、阿弥陀仏の救済のはたらきは、いついかなる時もまったく同じであるというのです。「悲引」の「引」は「引導」で、阿弥陀仏は、どんな時代も変わらず、大悲をもって人々を導き続けてくださるのです。

それで「一生造悪値弘誓　至安養界証妙果」といわれるのです。一生涯、悪を造り続けたとしても、阿弥陀仏の本願に遇わせていただいたならば、その願いのままに、「安養界」という安らかな悟りの領域に至って、妙なる証の結果である「妙果」、つまり最高の悟りを完成させていただくのだ、と言われているのです。

「ほめる」ことの意味

「三不三信誨慇懃」の「三不三信」について詳しくお話していきます。「三不三信」とは、「三不信」と「三信」です。「慇懃にして」（ねんごろに）と言われたのは何故かと言うと、三不信は実は曇鸞大師の『論註』下巻「讃嘆門釈」（『註釈版聖典（七祖篇）』一〇三頁、『註釈版聖典』二一四頁）に出て来るもので、その釈を道綽禅師が、「淳心・一心・相続心」の三信というかたちで詳しくお示しになりましたから（『註釈版聖典（七祖篇）』二三二頁）、そう言われたわけです。

曇鸞大師は「讃嘆門釈」において、「帰命尽十方無礙光如来」という阿弥陀仏の御名（名号）を称えるということは、阿弥陀仏を讃嘆していることだとおっしゃいます。御名を称えるという「称」には、称讃する・ほめ称（たた）えるという意味があります。称えるのは口に称えるのですから、その意味だけだったら「唱」でもよいのですが、親鸞聖人は「唱」はほとんどお使いにならず、「称」をお使いになります。「称名」という時には必ず「称」の字をお使いになる。これは非常に深い意味を込めてお使いになるのです。なぜなら、名を称えることには、阿弥陀仏の徳を称讃するという意味があるからです。「帰命尽十方無礙光如来」「南無阿弥陀仏」と御名を称えることは、実は阿弥陀様の徳を如実にほめたたえていることであると言われているわけです。

これはもともと天親菩薩の『浄土論』の中に、「称彼如来名」（彼の如来の名を称える）が如実の讃嘆であると言われたことによります（『註釈版聖典（七祖篇）』三三頁）。讃嘆とは、ほめることです。ただし、「ほめる」ことは大変に難しいことで、ほめ過ぎたらオベンチャラになり、ほめ足らなかったら馬鹿にしたことになる。正しく過不足なしにほめなくては、ほめたことにならないのです。だからまずほめるべき相手の徳が正確に分かっていなければなりません。そしてその徳にふさわしいほめ言葉というものがあるのです。そのふさわしいほめ言葉を言わないとほめたことにはならないのです。だから難しいのです。徳が分かっていることと、それにふさわしい表現を用いることがなかったらほめることはできません。

そうすると阿弥陀様をほめるということは、第一に阿弥陀様の徳が分かっていなくてはならないのです。それから阿弥陀様の徳にふさわしいほめ方をしなければなりません。この二つは我々にはできない。仏の徳を知るものは仏だけです。仏以外に仏の徳を知ることはできません。だから阿弥陀様は第十七願に「諸仏に名号をほめたたえさせる」(『註釈版聖典』一八頁)と言っておられるのです。凡夫や菩薩にほめさせようなんてことは言われておりません。阿弥陀様の徳をほめたたえることができるのは、阿弥陀様と同じ仏でないとダメなのです。仏以外にほめることはできないのです。

ただしかし、唯一つだけ私たちは如来様の徳をほめる言葉を与えられています。その言葉が「南無阿弥陀仏」であり、「帰命尽十方無礙光如来」だと天親菩薩はおっしゃっているのです。この言葉を言えば過不足なしに、そして実に正確に阿弥陀仏をほめたことになるのです。私たちは仏様をほめる言葉さえ持たないのです。ほめる言葉さえも如来様から頂いているのだから、私たちはよほど世話がかかるのです。

「ほめる」とはどういうことかというと、ほめる時には己を虚しくして、相手の徳を限りなく讃仰するわけです。己を虚しくして相手の徳に融け込むのです。だからほめることによって、相手の徳に融け込んで、その徳がこちらへ宿って来るのです。そこで仏教では本当にほめることには凄い徳があるのだと言うのです。それは「随喜功徳」です。「随喜」とは「随って喜ぶ」ことです。他の人が善いことをしたら、そのことをほめたたえる。「私は何も善いことはできませんが、あなたは素晴らしいことをなさった」と言ってほめたたえたら、ほめた人がその功徳の一分を頂戴できるというのです。だからほめなさい。しかし、なかなかそれができないのです。人がよいことをすると負けたような気がして腹が立つ。それで今度はあらを探して足を引っ張るというのが関の山です。それではいけないのです。讃嘆し随喜することは仏教では非常に大事なことなのです。

「南無阿弥陀仏」「帰命尽十方無礙光如来」という御名を称えることは仏様の徳を讃嘆していることになり、そしてその讃嘆されている徳が私に宿るのです。そうして宿ったその徳が私の心を明るく開いていくわけです。だから『教行証文類』に

しかれば、名を称するに、よく衆生の一切の無明を破し、よく衆生の一切の志願を満てたまふ
（『註釈版聖典』一四六頁）

と言われています。「無明」とは迷いの心です。迷いの心を打ち破って、真実の世界に至って悟りを完成する。その無明を破って志願を満たしてくださるのが名号のはたらきなのです。讃嘆する者に届いた名号が、その人の無明を破り志願を満たしてくださる。名号はそういうはたらきを持っているとおっしゃっているわけです。

なぜ、私たちは不安なのか

しかし曇鸞大師は、「現実に称名をしていても、一向に無明が破れず、志願を満たしていない者がいるのは一体どういうわけだ」という問いを出されています。確かに念仏している者はたくさんいる。しかし無明が破れている人は極めて少ないと言うのです。無明とは根源的な無智です。それは、自分の存在の根源に迷う、私が一体何物であるか分からないことです。つまり私が生きていることに、私が死ぬことに、私が存在していることにどんな意味があるのかという、自分の存在の意味が得られない、それが迷っているということです。

このように私たちは自分の存在の意味が分からず不安な状態にあるのです。有ってはならない有り方をしているから不安なのでしょう。有るべき有り方をすれば不安はなくなるのです。私たちの存在が不安定な状況にあるか、それとも安定しているか、その問題なのです。その私という存在に安定感を与えるものが実は浄土であり如来なのです。浄土や如来は、私の存在を包んで、私の存在に意味をあらしめるのです。しかし、「南無阿弥陀仏」と称名して阿弥陀仏を思っているのに、一向に無明が破れず、志願を満たすことができない。「それはどういうわけだ」と問うているのです。

それに対して「それは二つのことを知らない（二不知）からだ、そして信心が三不信（不淳・不一・不相続）と言われる様な状態にあるからだ」と答えるのです。これが曇鸞大師の「二不知三不信」の釈です。「二不知」について大師は、「如来はこれ実相身なり、これ為物身なりと知らざればなり」（『註釈版聖典（七祖篇）』一〇三頁、『註釈版聖典』二一五頁）といわれています。「如来」とは、「帰命尽十方無礙光如来」（南無阿弥陀仏）です。この如来が、実相身であり、為物身であることを知らないから、称名をしても心は安定しないと言うのです。そしてそれを知らない精神状況が「三不信」、つまりその人の信心は「不淳・不一・不相続」である。そんな形の信心であるから称名をしても心に安定がないと言われているのです。

では、「実相身・為物身」とは何か、「三不信」とは何か。三不信の反対が三信ですから、三不信が分かれば反対の三信はすぐに分かります。

これは結局、念仏とは、信心に裏付けられたものでなければダメだということを言おうとしているのです。その信心が、「如来は実相身であり、為物身であることを知る」ことです。実相身とは諸法実相を悟った、完全な真実を悟った方です。為物身とは、その悟り全体が物の為の身であるということなのですが、「物」とは「衆生」「人々」です。日本人は「物」と「者」を分けて、「物」は物質的なものに、人間の場合は「者」を使いますが、仏教では「物」という字は、衆生、生きとし生きるすべてのものという意味なのです。「為物身」とは、如来は真実を悟ったその全体が衆生（物）を救済する為の身であるということです。つまり如来は私を救うということにおいて存在意味を持っている仏様なのです。仏様は、私たちとは関係なく仏様であるのではありません。

のし紙つきの「南無阿弥陀仏」

第十八願の中に「若不生者　不取正覚」（もし生ぜずは、正覚を取らじ）（『註釈版聖典』一八頁）と誓ってあります。これは「衆生を浄土に生まれさせることができないようならば、私は正覚（さとり）をひらきません」といった正覚です。仏の正覚とは、衆生を往生させるための正覚なのです。それを「往生正覚一体」と昔から言い習わしています。衆生の往生を完成させる為に仏に成っているわけで、ただ自分の為に自分の正覚を完成したのではないのです。だから名号を称える時に、その名号を私と離れたものだと思ってはいけないのです。仏様は仏様、私は私と別々にしてしまって、それをもう一度阿弥陀様と自分とを統合しようと思って一生懸命に念仏を称え、念仏を称えたら心が静まる、という形の念仏をいくらしていても駄目だよ、と言っているのです。元々二つのものを一つにしようということではなく、一つのものであることに気付くのだ。だから「阿弥陀様は私を救うための仏様である」と、阿弥陀仏は私を救済することにおいて存在意味を持っているお方なのだということに気がついたなら、私は阿弥陀仏に救済されるということにおいて私の存在意味は確立する、ということになってきます。

昔の人は阿弥陀仏が為物身であることを、「南無阿弥陀仏には、のしが付いているぞ」という面白い喩えで言っております。のし紙がついているものは、人に送るものとしてあるわけです。自分のものにのし紙は付けません。デパートに行って自分が食べるために買うお菓子に、「のし紙を付けてちょうだい」なんて、そんな馬鹿なことは言わないでしょう。お金を出すのは自分だけれども、それは他人に与えるものだということです。つまり、「南無阿弥陀仏には、のし紙が付いている」とは、南無阿弥陀仏は私に与えるものとして成就されているということです。阿弥陀様は、私を仏に成らしめる仏様だということで、往生と正覚が一体に成就されている。それが、「阿弥陀様が実相身であり為物身であることを知る」ということなのです。そのことを知れば、阿弥陀様が私と関わらないものではなくて、その阿弥陀様によって私の存在の意味が与えられていることが分かってきます。

それを名号「南無阿弥陀仏」の中に聞き開いていくのが「二知」であり、その精神状態が「三信」なのです。反対に二不知の状態は三不信ということになるのです。

仏様の前では飾らない

まず、三不信の「淳(あつ)からず」(不淳)ですが、親鸞聖人は「淳」に「朴」という字で註釈されています(『註釈版聖典』二一五頁)。「朴」とは、山から切り出してきたばかりの木、飾りを付けてない生地のままの状態を言うのです。つまりこれは仏様の前でよい格好をしないということです。すべてを知り尽くした仏様の前でよい格好をしてみたって仕方がない。よい格好は人間の前ですることです。人と人との付き合いの中で私たちは、その時その時の面をかぶります。その時その時、我々はよい格好をしなければ生きていけません。けれども如来様の前だけはよい格好をしなくてもよいのです。とにかく「朴」というのは、仏様の前で飾らないことです。その飾り気があると、「若存若亡(にゃくぞんにゃくもう)」ということになります。『高僧和讃』(専修寺蔵国宝本)では、「若存若亡」に、

あるときには往生してんずとおもひ、あるときには往生はえせじとおもふを若存若亡といふなり

（『註釈版聖典』五八七頁、脚註）

という左訓が入れられています。自分の心が綺麗になった時には「仏様のお救いに預かる」ように思い、自分の心が汚くなった時には「これでは駄目だろう」と思う。それを「若存若亡」と言うのです。私の心が善くなったから救われるのではないのです。私の心が悪いから救われないのではないのです。「必ず救う」という仏様の誓願があるから救われるのです。仏様の誓願にお任せをするならば、「若存若亡」の心はなくなる。そして在るがままのすがたで仏様にお任せをする。そこで安定をするのです。

そして、信心が不淳ならば、「信心一ならず、決定なきがゆゑなり」（不一）という状態です。「一ならず」とはコロコロ変わることです。「決定」とは、こうと決まったことで、「必定」とも言います。これは人間の上にはないことです。「必ず」という決定的なものは人間の営みにはありません。何パーセントかの不確実さは必ずあります。決定という言葉は人間を超えたものから初めて言える言葉です。そういう人間のはからいを超えた所で、如来が私が救われることを決定してくださっている。「私が救われる」と思ったから救われるのではないのです。如来様が「お前を救う」

とおっしゃったから救われるのです。私たちの心の善し悪しによって動かされるような仏様だったらいい加減なものです。私たちの心が善かろうと悪かろうと、そんなことに関係なしに包んでくださるのが阿弥陀様なのです。それで「決定」と言うのです。そのことに気が付いたら信心は決定心になる。それを一心と言うのです。

最後の「相続せず」（不相続）については、「余念間つるがゆゑなり」と言われています。相続しないのは余念が雑わるからだと言うのです。余念とは、普通の雑念ではなくて自力のはからいです。それが雑わるから、わけが分からなくなるのです。人間のはからいを雑えたら分かるものが分からなくなってしまう。

これと反対のものを「淳心・一心・相続心」と言われたのです。如来が実相身であり、為物身であることを信知した心、はっきりと心にいただいた心です。これが信心です。だから、三信とは、信心が淳心であり、信心が一心であり、信心が相続心であるというように、信心の相を三通りの呼び名で言っているのです。それを「三不三信」という言葉で、私たちの信心の模様を詳しく教えてくださったので、「三不三信の誨、慇懃にして」と言われたわけです。

第十八章　善導大師㈠　浄土教を救った高僧

如来に呼び覚まされ続ける人生

善導独明仏正意　矜哀定散与逆悪
光明名号顕因縁　開入本願大智海
行者正受金剛心　慶喜一念相応後
与韋提等獲三忍　即証法性之常楽

（善導独り仏の正意をあきらかにせり。定散と逆悪とを矜哀して、光明・名号因縁を顕す。本願の大智海に開入すれば、行者まさしく金剛心を受けしめ、慶喜の一念相応して後、韋提と等しく三忍を獲、すなはち法性の常楽を証せしむといへり。『註釈版聖典』二〇六頁）

善導大師の業績を讃嘆された箇所に入ります。善導大師（六一三―六八一）は、隋の時代の末期に誕生され、唐の初めの時期に活躍された方です。お生まれになった所は、中国の山東半島の北の付け根の辺りであったと言われております。今の山東省です。ご誕生の頃は大隋帝国を完成した文帝が亡くなり、次の煬帝の時代になっています。彼は高句麗を討伐しようとした人です。高句麗は、今の中国の東北地方から朝鮮半島の真ん中くらいまでを支配していた強大な国でした。

隋は、海陸合わせて一五〇万ほどの大部隊を編成して攻めたのですが、頑強な抵抗にあい、あえなく敗れます。しかも一遍でやめておいたらよいのに、負けたとなると沽券にかかわるというので再び攻め、また負けたのです。この高句麗遠征の失敗もあって、隋は滅びてしまいます。この戦乱の際、山東半島の付け根のあたりに隋の海軍の部隊が集結して、食料や兵員を輸送しました。このあたりの若い男はすべてかり出され、食料を徴発されるものですから、山東半島はめちゃくちゃな被害を受けるわけです。そこにもってきて黄河が氾濫します。黄河は氾濫すると山東半島の付け根までダーッと海みたいになってしまうのだそうです。そんなことで、あの辺の人たちは本当に塗炭の苦しみを受けたのです。

善導大師も幼くして出家をしたと言われておりますが、恐らくそういう中で一家離散して、逃亡生活のような形で出家していかれたのだと思います。

出家した大師は各地を回りながら、名師を訪ねて仏法を学んで行かれます。いつ頃に得度して、どういう人を師匠にしたのかということは何も分かっていません。しかし書き残された文章からすると、浄土教はもちろんですが、『涅槃経』の研究を非常によくなさっていることが分かります。それから『中論』『百論』『十二門論』といった三論学、あるいは『大智度論』の研究を非常によくなさっていたと推定することができます。恐らくいろいろな人に付いて、あそこで一年、ここで二年、そこで三年という風な形でいろんな教えを勉強していかれたのだと思います。そういう修行の最中に、相当の年になっておられたと思いますが、あるお寺で「浄土変」をご覧になったのです。浄土変は浄土変相とも言い、お浄土を絵に描いたものです。奈良県の當麻寺の當麻曼荼羅を見ていただいたらよく分かります。あれが唐代の浄土変の典型的なものなのです。大師はこの浄土変を見て阿弥陀仏の浄土を願うようになられたと言われております。

そうして浄土を願生する身になって、「曇鸞大師の遺跡である石壁の玄中寺に道綽禅師という方がいらっしゃって、曇鸞大師の教えを慕って、『観経』の講釈を盛んになさっている」という情報をキャッチし、道綽禅師の弟子になり、『観経』を中心に浄土の教えを学ばれます。そして道綽禅師が亡くなられた、日本では大化の改新のあった六四五年頃から長安の都にやって来られたのです。

時あたかも、玄奘三蔵（六〇〇または六〇二―六六四）が十七年間の大旅行を終えて、インドからたくさんの経論を持って帰ってきた、そして国家事業として大翻訳事業をやると同時に、インドの最新の仏教学を長安の大慈恩寺を中心にして伝えていくという、玄奘三蔵を中心にした新しい仏教の流れが出来上がってくる時期だったわけです。玄奘という人は非常に大きな影響を及ぼした方です。中国仏教を一変させるほどの意味を持っていた方なのです。天下の秀才はこぞってこの玄奘の元に集まった。実は善導大師も最初はこの大慈恩寺へ入っていらっしゃいます。

浄土教の危機—念仏で浄土往生はできない

けれども玄奘三蔵の活躍は、浄土教にとってはあまり歓迎すべきものではありませんでした。彼は、阿弥陀仏の浄土教をまったく否定するわけではありませんが、大変に冷淡な立場を取っておれたからです。愚かな凡夫が念仏を称えたくらいで浄土へ生まれることはできない、という考えを持っていたのです。その伝統は『摂大乗論』を研究する瑜伽行派の系統である摂論宗から、玄奘三蔵やその高弟である慈恩大師が開く法相宗に、そのまま伝承されているのです。これを「念仏別時意説」と言います。

この説は、『摂大乗論』が必ずしもそう説いているわけではないのですが、『摂大乗論』の説を誤解した人たちが、『観経』に説かれている念仏往生は、「別時意」と言われる方便説である、と言ったわけです。別時意説とは、遠い未来、つまり「別時」に得る利益を、まるで即時に得られるかのように説いて、なまけ者を励まし導くために用いられる方便の教えです。遠い将来にしか利益を得ることができないとなると、なまけ者はそれだけで修行をやめてしまうから、即時に得られるかのように説いて、なまけ者に少しでも仏縁を結ばせ仏道に近づけようとする説き方だと考えたのです。この考えの前提には、阿弥陀仏の浄土が、凡夫が行けるような程度の低い浄土とは違って、大菩薩でないと行くことはできない浄土であると摂論宗の学僧たちが考えていたことがあります。だから、凡夫は凡夫らしく高望みをしないで、もっと程度の低い、弥勒菩薩のいらっしゃる兜率天を願うべきだというようなことを言ったわけです。兜率天は天上界ですから、いまだ迷いの境界です。今その兜率天で弥勒菩薩が説法をしていらっしゃる。その弥勒菩薩の所へ行って、そこでお育てを受けて、今度、弥勒菩薩が弥勒仏という仏様になられる時にこの世へ一緒にやって来て、弥勒仏の教えを聞き、広めていくようにすればよいと言うのです。そういう弥勒信仰を尊重する人々によって提唱された、阿弥陀仏信仰を否定する念仏別時意説というものが、この『摂大乗論』を研究するグループである摂論宗の中にズーッと伝わってきたのです。それと同じ瑜伽行派の系統に属する玄奘三蔵や、慈恩大師も基本的にはその考えを受け継いでいます。

『摂大乗論』は五三一年に仏陀扇多三蔵、五六一年に真諦三蔵が中国語に翻訳しました。それから百年間は中国の中心部では念仏の声が途絶えた、とまで言われています。山西省の山奥では、曇鸞大師・道綽禅師が念仏を説かれていたけれども、長安とか洛陽という中央の都市には、「阿弥陀仏の本願を信じて念仏して、浄土に生まれて行こう」という阿弥陀仏信仰を持つ人はいなくなってしまったと言われるほどに大打撃を受けたのです。

古今の過ちをただす

その他にも、道綽禅師よりも四十ほど年上の浄影寺（じょうようじ）の慧遠（えおん）（五二三―五九二）という大学者がいて、やはり『観経』の註釈をしています。彼は、「凡夫も阿弥陀仏の浄土に往生することができる」と言います。ただし、凡夫が往生できるのだから、阿弥陀仏の浄土は「応土（おうど）」という最も程度の低い浄土であると言います。

こういう状況の中で、善導大師がお出ましになって、「お前たちの『観経』の理解は間違っている、『観経』はこのように理解するのだ」と、『観経』領解の正しい枠組みを決めたのです。摂論学派の「凡夫は往生できない」というのも嘘だし、慧遠が「程度の低い浄土だが往生できる」という往生も、阿弥陀様が本願に誓われた往生ではないと主張されたのです。念仏は即時に往生する行法である。しかもそれを可能ならしめるのは阿弥陀仏の本願力である。本願力によるが故に、どんな愚かな凡夫であっても、本願を信じて念仏すれば、本願の誓約の通りに、確実に、阿弥陀仏が成就された真実の浄土である「報土」に生まれることができるのだ。凡夫が凡夫のままで、お念仏を申すことによって本願力に乗じて即時に、真実の浄土に往生する道が『観経』には説かれているのだ。これがお釈迦様のご本意である、ということを『観経』の註釈書である『観経疏』によって確立されたわけです。それによって念仏の教えが、再び長安や洛陽を中心にして広まっていくようになったのです。これを「古今楷定」と言います。「楷」とは楷式ということで、正しい枠組みです。古今の諸師の過ちをただして、『観経』理解の正しい枠組みを定めた。これが「善導独り仏の正意をあきらかにせり」というお言葉の内容です。

どうしようもない人間のために

次の「定散と逆悪とを矜哀して」とは、実は『観経』すべてを一言で表したものです。この「正信偈」の文は、善導大師の『観経』の註釈をもとにしながら書いてありますので、まずは『観経』のおおよその内容を知っていただく必要があります。

お釈迦様がいつもご説法されていた霊鷲山の山裾にマガダ国の首府であった王舎城という都市がありました。頻婆娑羅王という王様と韋提希夫人という王妃様の間に阿闍世という皇太子が生まれます。ところが、お釈迦様の従兄弟(いとこ)で、お釈迦様をズーッと敵視していた提婆達多(だいばだった)という男が、阿闍世をそそのかしてクーデターを起こさせるわけです。阿闍世は頻婆娑羅王を倒して王位を奪います。そして頻婆娑羅王を牢獄の中へ閉じこめ食事も与えず、水も一滴も飲まさないで飢え死にさせようとします。韋提希夫人は息子を諌(いさ)めるのですが言うことを聞かない。仕方なく彼女は頻婆娑羅王の所へひそかに食物を運ぶのですが、それがばれて、自身も阿闍世によって宮廷の奥に閉じ込められます。

幽閉された韋提希夫人はお釈迦様に救いを求めます。それに応じて宮廷に駆けつけられたお釈迦様が説法されたのが『観経』というお経なのです。だからこのお経はきれい事で始まっているのではないのです。人間の一番醜い姿がこのお経の発端になっているわけです。そのどうしようもない人間に光を与えようというのが『観経』というお経なのです。そういう切羽詰まった状態の人々の心に安らぎと豊かさを与えていくのが『観経』の目指すものだったわけです。

何も言わないお釈迦様

最初、韋提希夫人はお釈迦様に対してふてくされています。「私は何故にこんな息子を子どもに持ったのか。確かにうちの息子は悪い、しかしあなたの従兄弟であり弟子である、行い澄ましたあの提婆達多が、こともあろうに私の息子をそそのかして、こんな恐ろしいことをやらせてしまった。あなたはどう責任を取ってくれるのか」と言って食ってかかるわけです。わざわざ宮廷にやって来てくれたお釈迦様に向かって韋提希夫人が愚痴の限りを言うわけです。

これが愚痴というものなのです。昔から「愚痴はこぼれる」と言います。愚痴はこぼれるもので、こぼすものではないのです。こぼれて出てくるもので仕方ないのです。彼女は頭がカッカとなっていてお釈迦様に食ってかかる。人間は逆上するとこうなるのです。救いの手をさしのべてくれた者に対してなお逆上して向かっていくという癖があるのです。

しかしお釈迦様は何にも言いません。この『観経』の最初の場面ではお釈迦様は何にも言いませんん。ただ黙って聞いているのです。最近はカウンセリングというものがありますが、これはその典型的なものです。人の悩みを解決してやるなんてことはできません。けれども悩みを聞いてあげることはできます。そして聞いて共感することはできます。分かってくれる人がいるだけで苦しみは半減するのです。不思議なものです。私の寺でもそうですが、いろんな人がやって来て、いろんなことを言います。悪口から何からみな言うのです。私は、「そうでっかあ、大変でんなあ」と聞いているだけなのですが、みんな帰りがけに、「いい話を聞かしてもろうてありがとうございました」と言うのです。そんなものなのです。あの時に、「あなたこうしなさい、ああしなさい」と言っても耳に入りません。思いを吐き出す方がよいのです。

お釈迦様が黙って聞いていると、彼女はもう愚痴のありったけを泣きながら訴えて、そうしているうちに心がスーッと静まってくる。心が静まってくると自分がどうあるべきか、どう生きるべきかを考える心のゆとりが出てくるのです。浄土真宗というのは説教が大事なのですが、しかしいつでも喋ればよいというようなものではない。黙っている方がよい時もあるのです。お坊さんというのは自分からは何も言わず、お経を読んでいるのが一番よいのです。その後ろ姿が相手の心にスーッと落ち着きを与えるように読んだらよいのです。自分自身が本当に仏様の言葉を聞いている思いでお経を読むとよいのです。「お経を読んでいる後ろでワアワア騒いで」と文句を言うけれど、騒ぐのはお経を読んでいる人が真剣ではないからです。真剣に読んだら後ろの人はしーんとするものなのです。

お釈迦様の視覚伝道

次第に落ち着いてきた韋提希は、「二度と再び悪人を見ることがない、悪声を聞くことのない、そんな世界があったら私に説いてください」とお釈迦様に言うのです。ところがお釈迦様は、そんなものは説いて分かるものではないと分かっているのです。その時に何をなさったのかと言うと、視覚伝道をされた。お釈迦様は、眉間(みけん)の白毫(びゃくごう)からスーッと光を出して、十方の仏様がたの世界を照らします。そしてその光がスーッと帰ってきて、仏様の頭の上に光の台を作ったというのです。これを光台(こうだい)と言います。まさにテレビの画面みたいなものです。その光の台の中にあらゆる仏様がたの領域、世界を映し出して見せたわけです。視覚に訴えかけられるのです。その仏様の世界をズーッと見ているうちに、自分の、人間の愚かさというものがだんだんと見えてくるのです。「私は今、仏様のお力によって素晴らしい仏様がたの清らかな悟りの世界を見せていただきました。何か心が洗われたようになりました。どの世界も素晴らしいのですが、私は中でもあの阿弥陀仏の極楽世界に生まれたいと思います」と言ったのです。そして「私にその浄土に生まれていく道を知らせてください」と言うのです。その言葉が「われに思惟(しゆい)を教(おし)へたまへ、われに正受(しょうじゅ)を教(おし)へたまへ」（『註釈版聖典』九一頁）というものです。「思惟」とは、心を静めて真理を思い浮かべていく方法、「正受」とは、その仏様の世界と一体となっていくような修行法で、それらを私に教えていただきたいと言ったのです。その時お釈迦様は始めてニコッと笑われたのです。「分かってきたな」というところです。

お浄土とは、実はそういう世界なのです。浄土を知ることによって自分の愚かさが見えてくる。自分の愚かさが見えるということは、真実が見えてくるのです。すると、今度はその真実に向かって生きようとする新しい生き方が生まれてくる。それが「われに思惟を教へたまへ、われに正受を教へたまへ」という彼女の願いになるわけです。その願いに応じてお釈迦様は、「その仏様の世界を心に宿しながら生きていく、仏様の世界にいつも対面しながら生きていく道を説いていきましょう」ということで、浄土を心に思い浮かべる方法を説いていかれるのです。そういう形で『観経』の説法は始まるのです。

お釈迦様、観法を説く

韋提希夫人の要請に応えて、お釈迦様はまず浄土、仏様や、観音（かんのん）・勢至（せいし）などの相を心に思い描いていく十三種類の観念の方法を説いていかれます。これを「定善（じょうぜん）」と言います。「定」とは心を一つの所に集中して動かさない状態です。善導大師は定善を、「息慮凝心（そくりょぎょうしん）」（おもんぱかりをやめて心を凝らす）と言われています。

お釈迦様は彼女の要請に応じてこの観法をズーッと説いたのですが、この観法によって彼女が悟りを開けるとは思っておられません。何しろ置かれている状況が状況ですから、心を静めて仏様を観ずるなんてことができるはずはないのです。「もしかしたら夫は殺されているかもしれない」と思っただけで心は痛みます。実際に大変なことが次々と起きていくわけです。『観経』には直接説かれてはいませんが、頻婆娑羅王はこの後、手の皮と足の皮とをめくられ水一滴も飲めず、ご飯一つも食べられず、悶絶して果てていきます。非常に残酷な殺され方をするわけです。そんな状況ですから、韋提希がそんな風に、心静かに浄土を思い仏様と一緒に生きるなんてことができる状態ではないことをお釈迦様は知っておられるわけです。そしてまた定善に堪えられる、定善ができるような人はほんの一握りのエリートだけだということも、お釈迦様は知っていらっしゃるのです。

第十九章　善導大師㈡　無量寿仏の名をたもて

お釈迦様、「散善」を説く

善導独明仏正意　矜哀定散与逆悪
光明名号顕因縁　開入本願大智海
行者正受金剛心　慶喜一念相応後
与韋提等獲三忍　即証法性之常楽

（善導独り仏の正意をあきらかにせり。定散と逆悪とを矜哀して、光明・名号因縁を顕す。本願の大智海に開入すれば、行者まさしく金剛心を受けしめ、慶喜の一念相応して後、韋提と等しく三忍を獲、すなはち法性の常楽を証せしむといへり。『註釈版聖典』二〇六頁）

『観経』には、まず十三種類にわたる定善観が説かれました。これは非常に難しい行です。これをやろうと思うと在家ではできません。出家をして生活を整えて心身ともに正していかないとこういう行はできない。とてもこれでは多くの人々を救いきることはできません。そこでお釈迦様は、韋提希夫人が請うたわけではない散善の行をさらにお説きになるのです。散善は、散り乱れた心のままで悪をやめて善をなす「廃悪修善」の行です。この散善に行福・戒福・世福という三福の行があり、これを実践する人を上品上生から下品下生に至るまでの九品に分けて説かれます。九品とは、浄土に往生を願う人を上・中・下の三種類に分け、その上・中・下にまた上・中・下を分け、上の上から下の下までの九通りの等級に分けたものです。このなか、上品の人は行福を行ずる人、中品上生と中品中生は戒福を守る人、中品下生は世福を行っている人です。「福」とは善のことです。自分や他人に幸福をもたらす行いを善と言い、その善を行・戒・世という三種類に分けるのです。

まず、行福とは大乗仏教で説かれている自利利他の行です。自分だけではなく、一切の人々の幸せのために限りなく勤め励んでいく自利利他の修行です。戒福は、人のための行いはできなくても、少なくとも人に迷惑をかけないような人間になろうとすることです。普通は、人のためになるよりも人の不為になっていることの方が多いのです。人の邪魔にならないように、人に迷惑をかけないように、厳しく自分を戒める戒律を中心とした善を行っていくのが戒福です。そして世福とは、そんな清らかな生活はできなくても、世間で良いと言われていること、例えば親に孝行を尽くしたり、あるいは少しでも世間の人たちのお役に立つようにとボランティアなどをやっていくことを言います。このような世・戒・行という三つの行が上品上生から中品下生に至るまでずーっと説かれていくのです。これが散善です。心を静めて仏を念じ、浄土を念じて仏様と一体となろうとする定善の行はとてもできなくても、散り乱れた心のままで少しでもよいことをし、少しでも仏様に近づけるような行いをして浄土に生まれていこうとする行を散善と言うのです。

極悪人に念仏を

けれどもこの『観経』には、一番最後の所に、定善も散善もできない一生涯悪いことばかりをしてきた人間が説かれます。それは九品のなかの下品で、ずいぶんひどい相です。なかでも下品下生は、一生涯、五逆罪と十悪を作ってきて、とんでもない悪業を働いてきた罪人です。五逆罪は、父を殺し、母を殺し、聖者（しょうじゃ）を殺し、仏身より血を出（いだ）し、教団の平和を乱すという五つの逆罪であり、十悪とは、殺生（せっしょう）、偸盗（ちゅうとう）（ぬすみ）などの十種の悪業です。そんな極悪人が臨終にさしかかり、もう罪滅ぼしも何もできない状態に追い込まれるのですが、そんな人間にもなお救いが与えられるのです。そこに『観経』の一つの特徴が出てくるわけです。

下品下生の人間が臨終の床についていて苦しんでいるところへ善知識（ぜんぢしき）がやってきます。善知識とは先生です。その先生が、「あなたは一生涯とんでもない生活をしてきた。しかしどんな愚かな者であっても見捨てないで助けようとなさる阿弥陀仏という仏様がいらっしゃるから、その仏様の慈悲を念じなさい」と教えたのです。ところがこの人は臨終が差し迫っているものですから、「苦しくて、仏様のことを思っている暇はありません」と断ったのです。しかしさらに善知識は、「苦しくて念ずることができなければ、思えないままでよいから、ただ口に南無阿弥陀仏と称えなさい」と言ったのです。この人はそれを聞いて、「そうですか」と言って、「南無阿弥陀仏、南無阿弥陀仏……」と、半分うわの空で称えて、十返称えたところで命が終わったのです。

しかしその人は命終わってお浄土に生まれることができた。そして『観経』では、この下品下生の人はお浄土には生まれたが蓮華の華の中に包まれて、十二大劫という非常にながい間出ることができなかったと書いてあるのです。十二大劫のあいだ蓮華の華に包まれて、そのあいだ自分の造った罪を償うのです。そして罪の償いが終わると花が開けた。花が開けるとさすがにお浄土です。観音様がやって来まして、すべてのもののまことのすがたと、罪を除き去る教えを説いた。彼はお浄土に往き、十二大劫のあいだ蓮華に包まれて罪滅ぼしをしていますから、観音様の話を聞いてちゃんと理解できたのです。それでこの人はやっと菩提心（ぼだいしん）（さとりを求める心）を発し、仏道修行を始めていったと書いてあるのです。それがこの『観経』のあらわし方です。

とにかく『観経』にはこういう風に書いてあります。定善・散善が行える人と、散善三福さえもできなかった人、「三福無分の機」が説かれるのです。つまり『観経』は、定善・散善という善が行える人のための道を説くとともに、三福の善さえも行えないで悪いことばかりしていた、十悪・五逆を造るために生きてきたような悪人に念仏を与えて救いの道を開こうとしている。定善や散善ができる人にはその道を与え、何にもできない人にも念仏の道を与えて救おうとされている。善人も悪人も救おうという形を取っているのです。これが『観経』の基本的な理解であり、『観経』は普通に読むとこう読めるのです。

ところが善導大師は、普通に読んだらそうなのだが、『観経』の序分から見ると、そして韋提希夫人という人の状態から言うと、むしろ『観経』は下品の方に問題の焦点を絞っているということが分かる、と言うのです。善導大師のどんでん返しがこれから始まるわけです。『観経』というのはどんでん返しのあるお経なのだということです。それを善導大師は見事に見出していくのです。

論功行賞としての救い

下品下生の人は一生涯悪いことをしてきて、しかもギリギリ最後のところになって「念仏しなさい」と言われても、「心静めて念仏することができません」と言って断らねばならないような状況にある人です。そういう人が、「ただ口に南無阿弥陀仏と称えるだけでも、お浄土へ連れて行ってくださるのだよ」と言われて念仏しても、念仏したことになるのです。このような念仏を摂論宗の人たちは、「これは単なる方便だ、阿弥陀仏の浄土は悟りの境界だ。初地以上の菩薩である聖者でなければ到達できないような悟りの境地に、凡夫の、それもこんな愚かな極悪人で、しかも半分うわの空で称えたような念仏でお浄土へ往けるわけはない」と言ったわけです。そう言われれば確かにそういうところはあります。

『観経』を見ていますと、臨終に迎えに来た阿弥陀様は必ず、「お前はこういうことをやった、こういう素晴らしい生き方をしたから、それで私は迎えに来たのだ」と論功行賞（ろんこうこうしょう）をされます。お前は素晴らしい人生を生き、そして仏教の深い道理をよく学んだから、私は迎えに来てやったぞ、という風におっしゃるわけです。したがって上品上生の人は素晴らしい来迎（らいこう）を観じて、素晴らしい浄土を感得するのです。中の人は中の浄土、下の人は下の浄土です。上・中・下に応じてお浄土の果報が違います。だから下品下生の人は、蓮華の華の中で十二大劫のあいだ身動きが取れないと説かれているのです。

つまりここで説かれている浄土の教えは、悪を止めて善をなした、その善の度合いに応じて如来は救済の手を差し伸べていくものですから、論功行賞としての救いです。これが公平というものでしょう。功績がないのに賞を与えたら不公平です。だからこういう形で言ったのです。これが実は聖道門、自力の教えの論法なのです。この教えの論法から見れば『観経』はこういう風に読むしかないのです。

今、溺れている人のために

ところが善導大師は、そういう見方で浄土の教えを見るべきではない、浄土の教えとはそういう聖者のために説かれた教えではないのだ、と言われます。聖者には聖道門の教えがある、聖道門の教えで十分だ。しかし浄土の教えは、死ぬまで煩悩具足の凡夫でしかありえない者、死ぬまで煩悩を垂れ流している人間、それしか生き様がない人間、そういう人間のために救いの道を開こうとするものだということで、

ただこの『観経(かんぎょう)』は、仏(ぶつ)、凡(ぼん)のために説(と)きたまへり、聖(しょう)のためにせず。

(『註釈版聖典(七祖篇)』三一六頁)

とおっしゃる。それは何故か。例えば、岸の上で遊んでいる子どもに対して注意する時には、「水の方に近づいたらいけませんよ、落ちたら溺れますよ」と言っておけばよい。それは岸の上にいる者に言う言葉です。しかし今、水の中に落ち込んで溺れている人間に、「だから言わんことではない、落ちたではないか」と言っている暇があったら、飛び込んで救うてやるのが大事なのです。浄土の教えとは岸の上にいる、安全地帯にいる者に説かれたものではないのだ。この流れに落ちて、今溺れている者に差し出された救いの手が浄土の教えなのだということです。

だから、心を静め精神を統一する定善の法義も、悪を廃して善を修める散善の法義も、それはそれでよい。けれども浄土の教えはそういう論法で見るべきではないと言うのです。そうすると浄土の教えによってお釈迦様が一番説きたかったことは、死ぬまで煩悩を起こし続けている凡夫に救いの手を差し伸べるということなのです。

『観経』のどんでん返し

そこで、『観経』をよくよく読んで見ると、一番最後でとんでもない逆転がおこなわれていると善導大師は言うのです。

お経の一番最後には「流通分（るずうぶん）」があります。お経に説かれた内容を次の時代、後の時代まで受け

伝えていくようにと、お経の教えを委嘱するところです。『観経』の流通分には、

> 仏、阿難に告げたまはく、「なんぢよくこの語を持て。この語を持てといふは、すなはちこれ無量寿仏の名を持てとなり」
>
> （『註釈版聖典』一一七頁）

と書いてあるのです。つまりこのお経にはたくさんのことを説いてきたけれども、たった一つだけ絶対に後々までに伝えて欲しいものは、「無量寿仏の名を持つ」ことだと言うのです。「名を持つ」とは、名を称えることです。無量寿仏の名をたもち称えていく。定善の観法でも、散善の行でもなく、一番最後に、本当に添え物のように説かれた下品下生の称名念仏を、「何はさておいてもこれだけは後々まで伝えてくれ」とお釈迦様がおっしゃったのです。それで善導大師は、

> 上来定散両門の益を説くといへども、仏の本願に望むるに、意、衆生をして一向にもつぱら弥陀仏の名を称せしむるにあり。
>
> （『註釈版聖典（七祖篇）』五〇〇頁）

という言葉でこの『観経』の註釈を結んでいくわけです。

お釈迦様は、定善・散善を説いたけれども、実はお釈迦様の本意は、念仏一行を説くことにあったのだ、と言われるのです。何故かと言うと、阿弥陀様の本願がそうなっていたからです。阿弥陀様は、「我が名を称える者を浄土に迎え取ろう」と第十八願で誓われた。その本願のお心を受けて、この本願は一生涯悪業を造り、煩悩を燃やしながらしか生きることのできない者に救いの道として与えられたものなのだ、とお釈迦様は見抜かれた。ですから、お釈迦様は定善・散善を説いたけれども、実はその本意は、極悪最下の凡夫のために念仏一行を説くことであった、と善導大師は言うのです。

これが後に法然聖人が浄土宗を開いていく一番元となるお言葉になるわけです。『観経』というお経にはどんでん返しがある。そしてここからもう一度逆見すると、添え物のように見えていた念仏が、実は随所に説かれていることが分かる。それで親鸞聖人は、『観経』の中には、隠れた形で、チラッチラッと見える形で念仏が説かれている、定散二善という自力の道が表に説かれているけれども、阿弥陀仏の本願の念仏が隠された形で説かれている、と言われます。では何故そんな形で説いたのかと言うと、自力の行に迷っている者に自分の身の程を知らせるためには、自力の行をやらせるのが一番だからです。自分には体力があると思っている者に、体力があるかないかを知らせようと思ったら、マラソンをやらせたらよいのです。実は自力の行とは、自力の行に堪えられないことを知らせるためのものであったのです。そこで自力の行をもって自力を捨てさせるのが『観経』の実に素晴らしい方便の功績なのだ、と善導大師や親鸞聖人はおっしゃるわけなのです。

人間が秘めているもの

親鸞聖人は「正信偈」で「定散と逆悪とを矜哀して」と書かれています。「矜哀」の「矜」も「哀」も、どちらも「深く哀れむ」という言葉です。ただ、「逆悪」を矜哀するのはよいけれども、「定散」は、定善・散善の善人ですから、善人を矜哀するわけです。悪人を矜哀し、善人も矜哀する。善と悪を矜哀するというのはどういうことかと言うと、仏様を見失って結局は不安な状況にあるということでは、善人も悪人も一緒だということです。善人は自らの善に誇って、私たちを救おうとする仏様を見失ってしまっている。悪人は悪にひがんで、これまた仏様を見失ってしまう。その善人に、善に誇る心を捨てしめ、悪人に、悪にひがむ心を捨てしめて、善人・悪人ともに如来様を仰ぐ道を知らせようとするのがこのお経だというので、親鸞聖人は「矜哀定散与逆悪」とおっしゃっているのです。

さらに言えば、善人・悪人と言うけれども、本当は善人・悪人という者がいるわけではなく、良い時と悪い時とがあるだけなのです。良い時の私と悪い時の私がいるだけなのです。いくら悪い人でも素晴らしいことを言うし、良いこともします。けれども、全部帳消しにしてしまうようなことを言ったりするのでしょう。だから良い人と言ったって、善が善で通るわけではないし、悪いと言ったって、悪いだけで憎みきってしまえるわけではないし、本当を言えば、そのあたりに人間の手のつけようのないものが出てくるのでしょう。

だから『観経』の序分のところで説かれる頻婆娑羅王(びんばしゃらおう)も、一生涯マガダ国の領地を広げ、王舎城(おうしゃじょう)を建てて二千五百年経った今日でもなおその城壁の跡が残るようなものを造った人で、本来なら、めでたしめでたしで終わるはずの人だったのです。しかし、息子にクーデターを起こされて殺されていかねばならない。またその息子の阿闍世だって、大変な実力者であり、マガダ国の領地をガンジス川の南までずーっと広げた人なのです。今はパトナと言っておりますが、当時のパータリプトラの町を最初に作った人は阿闍世なのです。阿闍世は国王としては超一流の人物だったのです。それが悪縁にあったがために国王に成る時に父親を殺してしまっているわけです。韋提希夫人だって、あんな形で悪縁にさえ会わなければ、教養のある王妃として、愚痴などこぼすことなく、実に清らかに生きることができただろうと思うのです。

縁に応じて、縁に触れれば、何をしでかすか分からない、みんなそういう弱さ、危うさを持っているのです。毒蛇は噛んだから毒蛇ではないのです。噛もうと噛むまいと毒を持っているのが毒蛇です。私たちは、表に出ているか出ていないか、作るか作らないかの違いはあるけれども、皆同じ凡夫だということを『観経』はあらわしている。どんな教養のある者でも一つ間違えばどんなことをしでかすか分からない。そういう恐ろしさを人間は皆秘めている。ですから『観経』の序分は、実は下品下生の相をあらわしているのです。したがって、あの下品下生で説かれた念仏こそ、この経が説こうとしていた一番大事なところだということです。

人間は、自分の力ではどうしようもないところが出てくるのです。そうすると、自分というものに頼っている限り、善であれ悪であれ、落ち着きの道を与えてくれるものはないのです。そういう中で、悪にひがみ、善にすがって、どちらも不安な状態にある者を矜哀して、本当の救いの道は阿弥陀仏の光明名号にあることを『観経』はあらわしてくださっている、と善導大師はおっしゃるわけです。

第二十章　善導大師㈢　仏さまに認められて生きる

他力―念仏する者に育て上げるはたらき

善導独明仏正意　矜哀定散与逆悪
光明名号顕因縁　開入本願大智海
行者正受金剛心　慶喜一念相応後
与韋提等獲三忍　即証法性之常楽

（善導独り仏の正意をあきらかにせり。定散と逆悪とを矜哀して、光明・名号因縁を顕す。本願の大智海に開入すれば、行者まさしく金剛心を受けしめ、慶喜の一念相応して後、韋提と等しく三忍を獲、すなはち法性の常楽を証せしむといへり。『註釈版聖典』二〇六頁）

まず、「光明と名号が因縁である」という文をうかがっていきます。前に述べましたように、『観経』には、浄土や阿弥陀仏や観音菩薩などの相を思い描いていく十三種類の観念の方法が説かれています。その一番中心が、阿弥陀仏のおすがたを心に思いうかべていく「真身観」（『註釈版聖典』一〇二頁）です。そこには観念の対象である阿弥陀仏について、「仏身の高さ六十万億那由他恒河沙由旬なり」と説かれ、私たちが考えられないほどの、無限ともいえる大きさと広がりを持った仏様であることが示されています。そしてその仏様が全身から無数の光を放ち、十方の世界を照らして、念仏の衆生を摂取して捨てない、と書かれている。それが、「一々光明遍照十方世界念仏衆生摂取不捨（一々の光明は、あまねく十方世界を照らし、念仏の衆生を摂取して捨てたまはず）」（『註釈版聖典』一〇二頁）という文です。ここに光明と念仏が出てきます。光明とは仏様のはたらきであり、そのはたらきが十方の世界を照らし、念仏する者をその光の中に摂め取って捨てたもうことがない、と言うのです。

そして念仏とは、「南無阿弥陀仏」と仏様のみ名をいただいて称えていることです。実はそれが、仏様が南無阿弥陀仏という名号を与えて、私を念仏の衆生に仕上げてくださることなのです。これは、私たちの仕事ではなく、仏様の仕事なのです。親鸞聖人の言われる「他力」という言葉は、人々を、仏を念ずる者に育て上げることです。阿弥陀仏は光明を放って人々を導き育て、念仏する者に育て上げる。「一々の光明は、あまねく十方世界を照らし」とは、ちょうど太陽が地上をあまねく照らして、草や木を、そして生物を育て上げていくようなものです。この地球上のすべてのエネルギーの源泉は太陽なのでしょう。石油だって石炭だって、あれは昔に太陽によって育てられた植物や動物の遺骸なのです。だから蓄積された太陽エネルギーです。だから太陽のエネルギーによってこの地上のすべての命の営みは行われている。ちょうどそのように、仏様の智慧と慈悲のはたらきによって私たちは、仏様を念ずる者に育てられていく。そして私たちに南無阿弥陀仏というみ名を与えて、そのみ名を称える者に育て、念仏する者をその光明の中に摂め取ってくださるのです。

新しい精神の秩序、仏様に相談する生き方

「光明の中に摂め取る」とは、仏様の智慧と慈悲の秩序の中に摂めてくださるということです。もっと言い換えたら、私たちの心の中に新しい精神の秩序ができるということです。仏様の智慧と慈悲をものの考え方の原点に据える、そういう秩序が心の中に形成されるのです。

光は闇を破るものです。どんな闇を破るのかと言うと、心の闇を破るわけです。ものの道理が分からない、何が真実であるか分からない、その闇を破って、如来の教えが真実であり、それに従って生きるべきだという新しい秩序が生まれてくるのです。その秩序を形成するのが実は、「摂取して捨てない」ということの意味なのです。「仏様に包まれている」ということは、仏様を中心にし

た精神の秩序が生まれるということです。それが「救われた」ということなのです。

その一番元になるのが、「仏様のおっしゃることには嘘がない」と仏様の教えを受け入れる信心なのです。「仏の教えなんていい加減なものだ」と思っていたら、いつまで経っても仏様を中心とした新しい秩序は生まれてこない。「仏様のおっしゃる言葉に嘘はない」と受け入れる信心があってはじめて、教えが私の身につく。教えが私の身につくということは、教えが私の心に新しい秩序を与える、ものの考え方の筋道がつくわけです。いつでも迷った時は仏様の教えに帰る。そして仏様と相談しながら生きていくという生き方が生まれるのです。

「困った時は親様に相談しなされや」と昔の妙好人は言っておられますが、その仏様と相談することができるようになるのは、仏様の教えが誠であると受け入れるからです。そして仏様の教えが誠であると受け入れるということは、私の考えは嘘ばかりだということが知らされることです。それで自分を相手にしないで、仏様を相手にして生きる。そういうふうな新しい秩序が生まれてくる。

「光明・名号因縁を顕す」とは、阿弥陀仏から賜った南無阿弥陀仏という名号をいただいて称える者を、阿弥陀仏は光明の中に摂め取って捨てたもうことなく、一生涯守り続けて浄土に迎え取ってくださる、という阿弥陀仏の救済の有様を表してくださった言葉です。阿弥陀仏は、名号を与えて浄土への因とし、光明をもって外から護って念仏の行者を浄土に迎え取って行く。言い換えれば、光明が縁となり名号が因となって、私に新しい精神の秩序を与え、仏の世界へと導いてくださるということなのです。

慈悲の本願と智慧の本願

続いて、「本願の大智海に開入すれば、行者まさしく金剛心を受けしめ、慶喜の一念相応して後、韋提と等しく三忍を獲、すなはち法性の常楽を証せしむといへり」と、ずいぶん難しい言葉がでてきます。「本願の大智海」とは、阿弥陀仏の智慧の表現であり、本願は、海のごとく偉大な智慧であるということです。海というものは無限の広がりと無限の深さをもったものです。親鸞聖人はしばしば、「海」によって、仏様の徳や、あるいは、私たちの迷いの領域の果てしなさを表わされます。親鸞聖人はよく海の譬えを出されるのです。「親鸞聖人は海の思想家だ」と言った人がおられますけれども、確かにそういうところがあります。「本願の大智海」、すなわち海のごとく広大無辺な智慧が本願となって私たちを導き救って行くのだ、とのお示しです。

阿弥陀様の本願は、お慈悲の顕われと捉えるのが一般的です。すべての人を救おうとする仏様の慈悲の心が、本願の言葉となって私たちに届いている、というように一般的には言われていました。

親鸞聖人もそういう風におっしゃっている箇所がいくつもあるのですが、晩年になるにつれて、本願を智慧として捉えていく傾向が非常に強くなるのです。この「正信偈」にもそういう傾向がすでに表われているわけです。本願とは、阿弥陀様の智慧の表現だ、阿弥陀様の智慧が私たちを導いている。それが本願のお言葉なのだと言うのです。

その本願という仏様の智慧の表現・言葉が、私たちに生と死を超えた領域を開くのです。そのためには、その言葉を、その言葉の通りにスッと受け入れるのです。言葉を受け入れますと、その言葉が開く世界に自分が入っていく。言葉が開いていく世界があるのです。つまりこの世界が、生まれて死ぬ世界ではなくて、限りない「いのち」の領域になるのです。無量寿如来の世界がそこに開けてくるのです。「お前は無量寿如来の領域に生まれていくのだ」という本願の言葉を受け入れると、その本願の言葉が構築する一つの世界に入る。その世界は法蔵菩薩が兆載永劫の修行によって建立された真如法性の顕現した、悟りの領域に連なっているのです。この「いのち」は何十年かで終わるいのちではなくて、仏様の限りない「いのち」に直結している、そんな「いのち」を生きている。だから私は、「生まれて死んで」という風にしか考えないけれども、本当はこの「いのち」は限りない「いのち」に直結しており、もう「生まれて死んで」ということがない領域がある。これが本願の大智海です。そういう本願が開かれた智慧の領域に私たちが入る。それが信心です。信心とは、仏様のおっしゃることをおっしゃる通りにそのままスッと受け入れることを言うのです。

これは考えて受け入れるのではないのです。そうすると仏様の世界、仏様の言葉が開く領域の中に自分が位置づけられていることが分かる。仏様の世界の中に私は位置づけられているのです。そうすると、「お前はどこに生きているのだ」と問われたら、「私は阿弥陀様の本願の中に生きております。阿弥陀様から私の存在は認められております。〈お前は仏の子だよ〉と、仏様から仏様の子として位置づけられ、人生を生きています」と答えられるようになる。だから「お前みたいな奴は死んでしまえ」と言われても、「大きなお世話だ。私が生きていることは仏様に承認されているのだから、いらないことを言うな」と言えばよいのです。別に喧嘩をしなくても、言いたい人には言わせておけばよいのです。

仏様の世界を生きる

そういうことで私は仏様から承認された「いのち」を生きている。そういう世界に入ることを「本願の大智海に開入すれば」と言います。この「開入」という言葉は大変大事な言葉なのです。これは天台大師の著述に出てくる言葉で、「開示悟入仏之知見」（仏の知見に開示悟入する）（『法華文句』）と言って、『法華経』を理解する際の一番大事な言葉です。『法華経』の説法によってお釈迦様は何を我々に知らせようとしたかというと、仏様の知ろしめす世界に自分が入っていく、その仏様の知ろしめす世界の中で自分が位置づけられていく、ということです。仏様の見そなわす世界を開き示すのがお経です。お経というのは、「仏様はこういう風に見ているよ」と、仏様のお考えを私たちに開き示したものです。これが「開示」です。その言葉を素直に受けると、仏様の世界に悟り入るわけです。仏様が開示されたことによって私がその世界に入っていくのです。仏様が「こういう世界があるよ」と言って扉を開けてくださった。その扉の中に入っていきますと、私は今までは人間の考えた世界を生きていたけれども、これからは仏様の見そなわす世界を生きるようになる。だいぶん変わります。こういう転換というものは何も『法華経』だけではないのです。いろんなお経にこれが書いてあるのです。しかもいろんな説話で、象徴的な表現で書いてあります。天台大師はこれを「開示悟入仏之知見」と言われたのです。天台大師はこの「開示悟入仏之知見」という言葉を解説するのに、本一冊書かれるくらいに、『法華経』の精神はここにあるとおっしゃるのです。それはそうでしょう。仏様が教えを説くことによって、仏様はこう考えていらっしゃるのだ、こう見ていらっしゃるのだ、ということを知らせてもらうのですから。

そうすると、私は自分の考える世界に今は生きていますけれども、仏様の見そなわす世界に生きる人間になるわけです。これが「悟入」です。悟りとは、頷くことです。「そうでしたか」と頷くことです。これが「開示悟入仏之知見」ということです。この言葉を後の時代に、『法華経』の心でもって、『観経』の「光明遍照十方世界　念仏衆生摂取不捨」という言葉と併せてピタッと味わったのが、「正信偈」では次に出てくる源信僧都です。

我亦在彼摂取中　煩悩障眼雖不見　大悲無倦常照我

（われまたかの摂取のなかにあれども、煩悩、眼を障へて見たてまつらずといへども、大悲、倦きことなくしてつねにわれを照らしたまふといへり。『註釈版聖典』二〇七頁）

という世界が、この「開示悟入仏之知見」の世界、本願の大智海に「開入」した世界なのです。仏様が開いてくださって、その中に入ることです。

死にたじろぐことはない

「開入本願大智海」の、「開」は開示、「入」は悟入です。だから「開入」と書いてあるのです。我々は普通は自分と他人とだけで生きています。仏様が見そなわすことを知らない。仏様が私を見守っていてくださる、そして仏様が一切の衆生を見守っていてくださっているという領域に全く気が付かないわけです。そういう時にフッと心が開けますと、この生きている世界の意味がコロッと変わるわけです。スルッと変わるのです。それが宗教的な回心（えしん）というものなのです。

回心したからといって、世の中の有様はそのままです。私たちは朝から晩まで、ご飯は食べなければならないし、愚痴をこぼしたり、ガヤガヤやります。そうやっているのだけれども、それがそのままで全く違った意味を持っているのです。こういう領域が開けてくる。これを「正信偈」では「開入本願大智海」と言い、あるいは天台大師だったら「開示悟入仏之知見」、源信僧都だったら「我亦在彼摂取中　煩悩障眼雖不見　大悲無倦常照我」と言う。そういう風に、私は知らないけれども向こうが見守っていてくださる。だから私は何も心配せずに、全く未知の世界に恐れなく進んでいける。私には未知だけれども仏様には全部分かっている。だから未知の世界をスーッと歩いていける。死の前に立っても別にたじろぐことはない。死すべき時には死んだらよいではないか。それでよいではないか。「私には分からない」と言うが、別にお前に分からなくても仏様には分かっている。心配しなくてもよい。というわけで、スーッと死ねる世界が出てくるのです。仏様の智慧の言葉が、こういう世界を開くのです。これが宗教の世界なのです。

別に「スーッと死ねる」と言っても、「死ぬことが何でもない」というわけではないのです。結構しんどいのです。私は三カ月か四カ月に一回ずつ血液検査をしてもらいます。「少し糖が多い」と言われたら嫌ですし、「赤血球がちょっと少ないですよ」とか、「白血球がちょっと多すぎます」

と言われたら、「どこか悪いのと違うか」と思います。でもそれは仕方がない。それは人間の常です。起伏があって、変化があってよろしい。しかし全体として仏様に見そなわされて、仏様に見守られながら生きている、という新しい世界が開かれる。これが本願の大智海に開入するということです。

仏様とつうつうの喜び

続く、「行者まさしく金剛心を受けしめ」の「金剛心」とは、悟りの智慧、仏様の世界を感応する智慧です。仏様の言葉を信じ、仏様の言葉を受け入れる、いわば仏様と話ができるような心を持つことです。仏様というのは話ができるお方なのです。だから時には仏様に愚痴をこぼしたりするのです。人の前では知らん顔していたらいい。嫌なことがあったり、辛いことがあったり、腹立つことがあったらみんな仏様にぶちまけたらいいのです。ちょうど小さい子どもが親に何でも言うように、仏様に何でも言ったらいい。それをスーッと受け入れてくださる。言うだけ言ったらスーッとそこで心を浄化してくださる。そういうはたらきがあるのです。そういう風に仏様と感応する心が金剛心です。これを信心と言います。親鸞聖人は、「金剛堅固の信心」（『高僧和讃』、『註釈版聖典』五九一頁）とおっしゃいますが、これは無明を破る智慧です。「無明を破る智慧」というと難しいようですが、それは仏様と感応する心です。そういう心が恵まれてくるのです。
「慶喜の一念相応して後」の「慶喜の一念」とは、これも信心のことです。「慶喜」とは、得べきことを得て喜ぶ心です。聞くべきものを聞いた、遇うべきものに遇った、そしてお念仏申す身にしていただいたことを喜ぶのを、「慶喜」と言うのです。そういう慶喜の心が私に開けることを「信心」と言うわけです。

そして、「慶喜の一念」の「一念」も、やはり信心のことです。親鸞聖人はいつも、「念仏してそれから喜ぶ」とか、「信じてそれから喜ぶ」というより、仏様の言葉を真に受けることができるようになったことを喜んでいらっしゃいます。信じて喜ぶというよりも、信ずる身になったことを喜んでいらっしゃるのです。如来様の言葉を半信半疑に聞き、あんなものはいい加減なものだ、と思っていたのが、その言葉を有り難くいただけるような心が開かれたことを喜んでいらっしゃる。念仏していくらになるというものではなくて、それが仏様のお救いに預かっているという相（すがた）ですから、お念仏する身にしていただいたということを喜んでいらっしゃるわけです。

「相応」とは、仏様と私とがピタッと一つになることです。これは曇鸞大師が「函蓋相称（函と蓋とあひ称へる）」（『註釈版聖典（七祖篇）』五七頁）という言葉でおっしゃっています。お茶の函の本体と蓋がガタガタだったら湿気が入ります。本体と蓋とがピタッと寸分の狂いもなく一致している状態を「相応」と言います。

実は、ヨーガという言葉で表わされるのはこの相応のことなのです。ヨーガとは、仏様の心と私の心、仏心（ぶっしん）と凡心（ぼんしん）がピタッと一つになることなのです。それはどういうことかと言うと、仏様のおっしゃることをおっしゃる通りに私が受け入れることです。私の思いを仏様がちゃんと知ろしめす。仏様から私がいつもつうつうの状態にあるということが「相応」なのです。だから「慶喜の一念相応して後」とは、お念仏をすることを喜べる人間、仏様の教えを聞けるようになったことを喜ぶ人間です。そういう人は仏様の心とつうつうになっている、ということです。

第二十一章　善導大師㈣　阿弥陀仏に遇う

「囚われ」からの解放

善導独明仏正意　矜哀定散与逆悪
光明名号顕因縁　開入本願大智海
行者正受金剛心　慶喜一念相応後
与韋提等獲三忍　即証法性之常楽

（善導独り仏の正意をあきらかにせり。定散と逆悪とを矜哀して、光明・名号因縁を顕す。本願の大智海に開入すれば、行者まさしく金剛心を受けしめ、慶喜の一念相応して後、韋提と等しく三忍を獲、すなはち法性の常楽を証せしむといへり。『註釈版聖典』二〇六頁）

「韋提と等しく三忍を獲」はちょっと難しい言葉です。難しい言葉ですけれども、親鸞聖人はこうしか言い様がなかったのだと思うのです。善導大師の書かれた五部九巻にわたる膨大なお聖教をたったこれだけの文章にまとめ上げていかれたのです。それも理屈をまとめたのではない。善導大師が言おうとしていらっしゃるのはこれなのだ、ということをピシッとまとめられたのです。だから研ぎ澄ましたような言葉を使われるのです。

「韋提」とは、『観経』のヒロインの韋提希夫人のことです。彼女は、我が子阿闍世によって王宮の奥に閉じ込められた際、お釈迦様に救いを要請します。お釈迦様は韋提希を王宮に見舞われ、そこで『観経』が説かれるのです（『註釈版聖典』九〇頁）。

ただし、お釈迦様は救いに来られても王宮から出してあげたわけではない。お釈迦様が来ても彼女はそこに囚われ続けているのです。たとえお釈迦様が彼女を外へ連れ出しても、自分の息子が自分の夫を殺し、しかも自分も逃げ惑っていかねばならない状況に変わりはありません。そんな中で心の落ち着きなんてどこに行ってもありはしないのです。しかし彼女は囚われの身でありながら、お釈迦様の『観経』の説法を聞いて、実に豊かな悟りの境地に到達します。彼女の心は完全に囚われから解放されたのです。

阿弥陀仏の出現

韋提希がこの境地に達したのは、定善十三観の第七番目の「華座観」が説かれる直前です（『註釈版聖典』九七頁）。「華座」とは仏様がお座りになっている蓮華の台座です。蓮華は泥沼の中に咲きながら泥に染まらない悟りの智慧の徳を表すものです。その蓮華の上に座っていらっしゃるということは、仏様の智慧が、泥沼にあって泥に染まらず、逆に泥沼を美しく荘厳していくような強力な力に満ちた智慧であることを表しているのです。その蓮華の座を心にイメージとして描いていく修行方法をお説きになろうとした直前に、お釈迦様が、韋提希と、お釈迦様に付いてきていた阿難尊者に向かって、「これから私が説くことをよく聞きなさい。これから苦悩を除く法を詳しく説いてあげましょう」と仰ったのです。

「お釈迦様は何をお説きになるのか」と二人が待っておりますと、パッと説法を止められ黙ってしまうのです。すると突如、阿弥陀様が観音菩薩と勢至菩薩を伴って空中にスーと来現されるわけです。お経には「光明は熾盛にしてつぶさに見るべからず」（『註釈版聖典』九八頁）と書いてありますから、目を開けて見ることができないほど光り輝く阿弥陀様が、観音・勢至と共に空中にスーと現れてきたのです。この仏様を空中に住立された尊いお方ということで「住立空中尊」と申します。浄土真宗ではお寺でもお家でも、ご本尊の阿弥陀様はお立ちになっております。あの阿弥陀様は、この住立空中尊を象っているのです。

その光り輝く阿弥陀様のおすがたを見た時、韋提希は身体全体を大地にひれ伏して仏様を拝みます。この時、韋提希夫人は完全に生と死を超越し、心の囚われから脱却していくわけです。

立ちすがたの意味

この住立空中尊とは一体何なのかというと、善導大師はまず、「往生を得ることを証したまふ（証得往生）ことを明かす」（『註釈版聖典（七祖篇）』四二三頁）と解釈されました。つまり、空中に住立することによって、韋提希夫人が必ず往生を得ることを証明したと言うのです。「お前は一人だと思っている。お前は自分だけの自分だと思っているけれども、実はお前には、限りない〈いのち〉の親がいるのだ」ということを彼女に目の当たりに知らせ、限りない「いのち」の領域に生まれていくことを証明したのです。お経にはただ阿弥陀仏がスーと現れて来られたと説かれるだけですが、ただ現れて来ただけではなくて、その阿弥陀様は絶えず韋提希夫人に向かって、「お前を救う私だよ」と呼びかけ、彼女に安心を与え、往生を証明していく。そういう仏様なのです。

さらに善導大師は、この阿弥陀様が立っていることについて、「立即得生（立ちどころにすなはち生ずることを得ること）」（同頁）を表すためと言われます。大師は、「立」に「たちどころに」という意味があることから、お立ち姿に、「自力をひるがえせば、たちどころに浄土に往生すべき身に定まる」といういわれを読み取られたのです。

ここで善導大師は自ら問いを出します。仏様というのはまことに尊厳なお方であって、軽率な振る舞いはなされない。座しているということは、不動の信念を表している。だから座ったままで人々に対応するべきではないか、なぜ軽々しく立って現れて来られるのだ、と。

それに答えて、阿弥陀様には特別の深い思し召しがあると善導大師は仰います。たとえば火山の噴火口の前で小さい子どもがうろちょろしたら、親には、「危ないから、こちらへおいで」と、じっと座って呼んでいるような心のゆとりはない。思わず立ち上がって、何を置いても危ない瀬戸際に立っている子どもを危険な場所から安全な場所に救いとっていく。まさに火の中に落ち込もうとしている状態の子どもは、足を上げて救わなければ救うことができない。

韋提希も—そして私たちも、煩悩に振り回され、今にも三悪道に堕ちてしまいそうな危ない危ない瀬戸際にいる。阿弥陀様がじーっと座って、「危ないからこちらへおいで」と言っているような生易しい状態にはないのです。だから阿弥陀様は自ら立ち上がって韋提希の所へやって来て、彼女を抱きとって浄土に連れて行こうとしてくださる。それがお立ちすがたに表れている。善導大師はこれを「立撮即行（立ちながら撮りてすなはち行く）」（『註釈版聖典（七祖篇）』四二四頁）と言われています。「撮」は撮影の撮です。撮影は影を撮るから撮影と言うのです。また撮は「つまむ」とも読みますので、「立ってつまんで連れて行く」と、うまいこと読んだ人もあります。

韋提希夫人はこの仏のすがたを見た時に、「こういう仏様がいらっしゃるのだ」ということに気がついて、自分の危なさと同時に、私を救い取ってくださる仏様の救いの確かさに安心する身になったのだと善導大師は解釈されているのです。

無生法忍―真理を確認する

韋提希夫人は、『観経』の終盤で、

> 仏身および二菩薩を見たてまつることを得て、心に歓喜を生じて未曾有なりと歎ず。廓然として大悟して無生忍を得たり。
> （『註釈版聖典』一一六頁）

と言われています。私のためにわざわざ出向いてくださった阿弥陀様のすがたを拝んで「無生法忍を得た」と。「無生」とは不生不滅、「法」は真理、そして「忍」は「確認」の認、はっきりと心に認めたことです。だから「忍」は「認」と意味は同じです。はっきりと真理を確認して、その真理と一つになることを忍と言います。したがって無生法忍とは、生死を超えた不生不滅の真理に心が安住した、生と死を超えた領域に心が開けたことを言うのです。

善導大師はこの無生法忍の内容を開いて、喜忍・悟忍・信忍という三つの言葉でその内容を知らされます。これが「三忍」です。ただこれは三つあるのではなくて、一つの無生法忍を、喜・悟・信という三忍でもって表されたのです（『註釈版聖典（七祖篇）』三九〇頁）。

まず、「信忍」の信は、仏様の真実を疑いなく受け入れることを言います。ですから信忍とは、仏のおすがたを見て私が救われることに疑いが晴れたということです。これが無生法忍の状態なのです。

「悟忍」の悟は「悟る」です。はっきりと確認したということです。悟という字は忄（りっしんべん）に吾という字が書いてありますが、自分の本当のすがたに気づき、そして自分の在り所をはっきりと知ることです。例えば、道に迷うというのは、本当は、行く先が分からないというよりも、自分が居る所が分からないのです。これが迷っている証拠なのです。だから町の入り口や辻に設置してある地図には必ず現在地が書いてあります。あれで見当がつくのです。それなしに地図をいくら見ていても分かりません。自分がどこに居るのか分からずに地図を見ていても分からないのです。

自分の在りどころに気がつくと全体が見通せるようになります。

つまり、自分の本当のすがたに気がつくことが悟りなのです。悟るとは自分が何者であるか、自分の居る所はどういう場所であるかということを知ることです。私はどこにいても仏様の御手の中にいるのだ、ということに韋提希は気がついたのです。それまで阿弥陀様はいつも居てくださった、いつも居てくださったけれども、それが分からなかった。悟忍とはそれに気がついたことです。いつも阿弥陀様の暖かい眼差しの中に居ることに気がついたのが悟忍なのです。

「喜忍」、これは喜びです。喜びというのは安心することです。「わあ、うれしい」というよりも、「ホッ」と安心することです。これが「喜」の一番中心なのです。それを安堵心と言う。安堵というのは安らぎです。「やれやれ」とホッと落ち着いたところで安らぎが出てくる。一番基本的な喜びというのは安らぎなのです。

このように、仏様のおすがたを見て疑いが晴れ、真実に気づいてホッと安堵する。こういう状態を無生法忍と言うのです。そう善導大師が仰っているわけです。

「なんまんだぶ」の仏

それを親鸞聖人は、私たちが「南無阿弥陀仏」とお念仏を申すことは、実は私の前に阿弥陀仏が立っていらっしゃることと同じとみられました。住立空中尊と、私が今念仏しているのとは同じである。住立空中尊は、『観経』にすがたかたちで説かれているけれども、実はこれは南無阿弥陀仏という言葉だというのです。『観経』は極めて視覚的に説かれるお経ですので、住立空中尊という形で私の前に仏様が届いてくださるすがたを示していますが、実は南無阿弥陀仏という名号が阿弥陀仏そのものなのです。名号は阿弥陀仏の名前であるけれども、名前が仏様そのものなのです。それがこの阿弥陀仏の名前の特徴なのです。私たちの名前とはだいぶ違うのです。人間の名前はそんなわけにはいきません。私は今ここに居ますから、ここ以外の所に居るわけにはいきません。ここ以外でいくら私の名前を呼んでも私は返事しません。私はここにしか居ない。こういう風に私と私の名前とは別物です。「梯、梯」と呼ばれたらそこに居るというわけにはいかないのです。ところが阿弥陀様の場合は、名号が阿弥陀仏そのものなのです。ですから住立空中尊と南無阿弥陀仏は一つのものです。韋提希夫人は南無阿弥陀仏というすがたを住立空中尊として仰いだけれども、私たちは南無阿弥陀仏という言葉を阿弥陀仏そのものとして聞き入れていく。そこに私の往生を、私の救いを証してくださるすがたを見る。だから南無阿弥陀仏という言葉が私の助かる証拠であることになります。

『蓮如上人御一代記聞書』に、「証拠は南無阿弥陀仏なり」（『註釈版聖典』一二五八頁）とあります。私が救われる証拠はどこにあるかと言ったら、「証拠は南無阿弥陀仏だ」と。その他に証拠はない。南無阿弥陀仏そのものが仏様であり、この南無阿弥陀仏そのものが浄土が顕現しているすがたなのだ。だから南無阿弥陀仏が私の救われるしるしであり、証である。救われる証拠は南無阿弥陀仏だと言うのです。

これは気をつけなくてはならないのですが、我々は、「心がきれいになった」とか「有り難くなった」とか、自分の心に救いの証拠を見ようとするのです。お説教を聞いていたら涙が出てくるほどうれしかった。それで自分は仏様にだいぶ近づいたように思うのです。しかしそんなものはどれだけ続くものか。一時間もすればケロッとなってしまう。いや、一時間も持たないでしょう。そんな風に心は変わるものです。有り難い心が悪いわけではありませんが、しかしそれはそのまま流してしまえばよい。

やかんでお湯を沸かす時にガスの上にかけておったら沸いてきます。けれどもガスを切ってしばらくおいていたら冷めてしまって元の水になります。あれが地金なのです。だからお話を聞いていればだいぶ沸く。沸くけれどもしばらくしたらまた冷える。だから沸いたからといって、これでよいと思うことはない。冷えたからといってこれでいけないというわけでもない。冷えることも沸くこともそれは私の行動の変化であるから、救いの証、証拠をそんな所に見てはいけない。南無阿弥陀仏が救いの証なのです。だから私が覚えていようと忘れていようと、有り難かろうと有り難かるまいと、私を救ってくださることに間違いはないのだということでしょう。

讃岐に庄松というお同行がおりました。ある時、友達と一緒にお寺にお参りする途中で、庄松さんが「ほい、忘れた」と言った。「何を忘れた?」と友達が尋ねたら、「信心忘れた」と答えるのです。「信心忘れたって、お前どうするのだ」と言いましたら、庄松さんが、「なんまんだぶ。なんまんだぶ。ああ、あったあった」と言ったそうです。そうなのでしょう。「証拠は南無阿弥陀仏」、あったあったというわけです。

自分の心の上に信心を見つけようというのは、ちょうど渡し船の船端に印を付けるようなものだと昔の人はよく言っております。渡し船に乗って川を渡っていて、川を覗き込んでいるうちに、何かの拍子に首にかけていた巾着（きんちゃく）が川の中にポトンと落ちて沈んでしまった。「えらいこっちゃ、お金を落とした」と言っているうちに船は進みます。しかも流れはきついから船を止めるわけにはいきません。そうするとその男はこんなことを言った。「いいことに気がついた。ここから落としたのだから、ここの船端に印をつけて、向こう岸に着いてから探そう」。そんなものはダメです。私たちが自分の心に救われる証拠を見ようとするのは、ちょうど渡し船の船端に、落とした場所の印をいれるようなものだ。流れはどんどん変わっていくから、そんなものは印にならない。

阿弥陀仏は、「立撮即行（りっさつそくぎょう）」の仏様ですから、「なまんだぶ、なまんだぶ」と言った時に、「私を救いにここまで来てくださったのでございますか」と言ってお念仏すればよいのです。それが阿弥陀様に遇ったということなのです。それは韋提希夫人が住立空中尊を拝んだのと同じことですから、親鸞聖人は、「韋提と等しく三忍を獲」と言われたわけです。

真実の楽しみ

最後の「即証法性之常楽」に入ります。「法性の常楽」は真如法性、阿弥陀仏と同じ悟りの境地です。悟りの領域を常楽、あるいは極楽という言葉で表したのです。常楽というのは涅槃の徳を表しているのです。「涅槃」という偉大なる悟りの境地、その涅槃の徳を『涅槃経』には「常・楽・我・浄」という四つの徳で表しています。これを「涅槃の四徳」と呼んでいます。「法性の常楽」とはその常楽なのです。「極楽」というのも常楽の楽の意味です。「常」は常住、永遠に変わらないということです。人間の世界はコロコロ変わりますが、真理の領域は永遠に変わらない。その永遠に変わらない真実が「常」です。

「楽」とは人間の相対的な苦楽を超えた法楽楽です。最初の「楽」は音楽の楽、後の「楽」は楽しむ、ちょうどよい音楽を聴くように真理を聞いて楽しむ世界が法楽楽です。浄土は無苦無楽で、我々の言うような苦とか楽を超えた真実の楽しみが「楽」と言われるものです。人間の場合の楽は、「楽は苦の種、苦は楽の種」と昔から言います。楽と苦は常に翻っているわけです。苦の裏には必ず楽が、楽の裏には必ず苦があるのです。どちらかだけというわけにはいかないのです。

『涅槃経』の中におもしろい譬えがあります。ある時、ものすごい長者の家に、実に綺麗に着飾った天女のような美しい女性が現れ、しばらく滞在したいと言う。女性は福の神と名乗ったので、番頭は、「それは有り難い」と女性を中に入れたのです。しかしその後、みすぼらしい姿で世の中の不景気を全部引き受けたような女性が現れ、「私も家に入ります」と言う。この女性は、福の神の妹で貧乏神でした。番頭は貧乏神を入れるわけにはいかないので当然断ります。すると貧乏神は、「私は姉の居る所の裏に必ずおります。私は姉と離れるわけにはいきません。姉が入ったので私も入ります」と言うのです。これは大変だと、困った番頭は両方とも出てもらった。こんな話がお経の中にあります。ここに、楽と苦がセットであることが出ております。

三つ目の「我」は自在です。自在は何ものにもとらわれない状態ですから、生にも死にも、自にも他にも、何ものにもとらわれない境地を言うのです。

最後の「浄」は清浄、煩悩の汚れが全くない、欲望、我欲というものが全くなくなった領域が悟りの世界であるということです。

このように常住・安楽・自在・清浄が涅槃の徳です。「すなはち法性の常楽を証せしむといへり」と言われたのは、そういう完全な悟りの領域に生まれしめられることを仰せられたわけでございます。

第二十二章　源信和尚㈠　日本浄土教の黎明

當麻の里にて

源信広開一代教　偏帰安養勧一切
専雑執心判浅深　報化二土正弁立
極重悪人唯称仏　我亦在彼摂取中
煩悩障眼雖不見　大悲無倦常照我

（源信広く一代の教を開きて、ひとへに安養に帰して一切を勧む。専雑の執心、浅深を判じて、報化二土まさしく弁立せり。極重の悪人はただ仏を称すべし。われまたかの摂取のなかにあれども、煩悩、眼を障へて見たてまつらずといへども、大悲、倦きことなくしてつねにわれを照らしたまふといへり。『註釈版聖典』二〇六頁）

源信僧都（源信和尚）の徳を讃えられた一節に入ります。まず源信僧都と『往生要集』という書物についてお話をしたいと思います。初めに「源信広く一代の教を開きて、ひとへに安養に帰して一切を勧む」と言われたのは、その辺りのことを述べられたものです。源信僧都は西暦で言いますと、九四二年にお生まれになりまして、一〇一七年に、数え年七十六歳で亡くなられています。

この源信僧都がお生まれになった九四二年は、関東で平将門が反乱を起こし、四国で藤原純友が反乱を起こした「承平・天慶の乱」が終息した頃です。そして律令体制が崩壊し、藤原氏によるいわゆる摂関政治が完成していきます。これから平安の中期に入るわけです。お生まれになったのが、大和国當麻と言われており、當麻寺の近くであったと見られています。源信僧都はその辺りに住んでいた卜部正親という方の息子としてお生まれになりました。母は清原氏の出身であったと言われています。卜部正親は、貴族ではなく、その土地の比較的有力な村長であったと思いますが、それほど大きな権力があった人ではありません。その卜部正親が早く亡くなり、お母さんに育てられます。

當麻寺の金堂（本堂）のご本尊は弥勒仏（弥勒菩薩）です。弥勒菩薩は、やがて五十六億七千万年経ちますと、お釈迦様の跡を継いでこの世に出てきて、弥勒仏となられるお方です。それを弥勒信仰と言いますが、その弥勒仏がお奉りしてあるわけです。この弥勒仏は奈良時代の塑像で、非常に素晴らしいものです。そしてこの當麻寺はなんと言っても當麻曼荼羅で有名なお寺です。當麻曼荼羅は『観無量寿経』を図像化（絵画化）した観経曼荼羅です。ですから阿弥陀仏の浄土教についても大変に縁の深いお寺なのです。この當麻寺には、弥勒信仰と阿弥陀信仰が共存していたのだと思います。少なくとも源信僧都がお生まれになった當麻の里に、阿弥陀仏信仰が伝わっていたことは確実です。

これは伝説なのですが、源信僧都が九歳でご出家される時に、お母さんが「これはお父さんが大事にしていたお経だ」と言って、『称讃浄土仏摂受経（しょうさんじょうどぶっしょうじゅきょう）』を源信僧都にお渡しになったというのです。これは『称讃浄土経』と略して呼んでおりますが、実は玄奘三蔵（六〇〇または六〇二―六六四）が訳した『阿弥陀経』です。『阿弥陀経』というのは鳩摩羅什（三四四―四一三、一説に三五〇―四〇九）が『仏説阿弥陀経』として翻訳したのですが、唐の初期に有名な玄奘三蔵が再び翻訳されたのが『称讃浄土仏摂受経』なのです。それをお父さんがよく読んでいらっしゃったというのです。この一巻のお経を錦の袋に入れて、源信僧都に「お父さんの形見だ」と言ってお渡しになって、「このお経のこころを私たちのような愚かな者でも分かるように説いてくれるお坊さんになっておくれ」と言って源信僧都を送り出されたという様な伝説があるのです。ということはやはり、この辺りにそういう浄土信仰、阿弥陀仏信仰があったということでしょう。

天才少年伝説

源信僧都がどういう理由で出家されたのか、その辺りの事情は分かりません。平安時代から鎌倉の初頭にかけて、様々な源信僧都の伝記が著されています。その内容は少しずつ変化していますがわりあい正確です。江戸時代になると非常に大部な源信僧都の伝記ができます。これはいわば絵説きです。源信僧都の生涯を解説する絵説きのようなものが出てきたのです。おもしろいのはこちらです。最初の方の伝記ではどういう事情でご出家なさったのか、そんなことは一向に分かりません。しかし後のものになると伝説が加わります。だから歴史的にどれだけの信憑性（しんぴょうせい）があるか分からないのですが、いろいろな話が伝わっています。

源信僧都は九歳で出家をなさったと言われています。その頃、當麻寺に何かの用事があったのでしょう、比叡山からお坊さんが来ました。ちょうど當麻寺の近くでお昼ご飯に弁当を食べ、食事を終えたお坊さんが鉢を道端の溝で洗っていた。ところが雨上がりで大変水が濁っていたのです。それを見ていた村の子どもたちが、「そんな汚い水で洗ったって仕方がないではないか」「洗うんだったら、もっときれいな水で洗ったらよいのに」と言いました。そうしたら、そのお坊さんが「お坊さんは、浄穢不二（じょうえふに）、きれいとか汚いとかいうことを問題にしないのだ」と答えたのです。するとその中の一人の子が、「問題にしないのだったら、なぜ洗うのだ」と言って、そのお坊さんがたいそう困ったというのです。

見たらその子がえらい賢そうな顔をしている。それでそのお坊さんは、「これはおもしろい子だな」と思ったのでしょう、「なぞなぞ」を出したのです。「お前たちは数を数えられるな。一つ、二つ、三つ、四つ…と、一つずつ一番最後に〈つ〉が付いているのに、十だけは〈つ〉が付いていないのはなぜか」と尋ねたのです。みんな分からない。するとまた先の子どもが、「元はあったのだけれども、よそに移転したのだ。五つの所に二つ〈つ〉が付いている」と答えたというのです。「これは賢い子だ」と、お坊さんはお母さんの所に行って、「この子はとても賢い子だ。田舎で朽ち果てさせるのはもったいない才能を持っている。今、比叡山には良源という方がいらっしゃり、天下の学僧が集まって大変盛んに学問修行が行われている。ぜひとも叡山に送って、良源の元で磨きをかけてもらったら、おそらく天下に、いや後世に名を残すほどの素晴らしいお坊さんになるだろう」と比叡山に誘ったのです。一人息子を送り出すことにしばらくお母さんは迷いますが、ついに決心をして、源信僧都をお坊さんにすることを承認した、という話があるのです。

天台中興の祖・良源

ただし源信僧都が叡山に最初から登ったのかどうか、それはよく分からない。おそらく當麻寺の近くの山中の高雄寺というお寺で子どもの時分は修行されていて、それから叡山に登ったのだと思います。だから最初から叡山に来たわけではないでしょう。話としてはおもしろいのですが、それはちょっと無理だろうと思います。

おそらく十五歳頃になって、いわゆる得度ができるくらいの年になって叡山に登ったのだと思います。当時の叡山には、天台宗を再興し中興の祖と言われる良源（九一二―九八五）が活躍をしていました。後に慈慧大僧正良源と呼ばれます。その良源を中心にして叡山は大変な勢いで発展をしているという状況だったのです。それまでは天台宗よりもむしろ、興福寺であるとか法隆寺であるとか元興寺であるといった、いわゆる南都系の、中でも法相宗が大変大きな勢力を持っていたのです。その法相宗と天台宗の間で、伝教大師最澄以来ずっと「三一権実の論争」というものが続いていました。「我こそ仏教の正統派である」という論争です。それにケリを付けたのが、九六三（応和三）年、宮中清涼殿で行われた「応和の宗論」での良源の活躍でした。

良源には、学問的才能だけでなく、大変な政治的才能もありました。藤原一門（摂関家）に近付き、祈祷師（きとうし）として摂関家に隆盛をもたらしたと言われる働きをした人なのです。その為に比叡山にはずいぶん多くの荘園ができたのです。それまでの比叡山は本当に貧しかったのですが、それが天下の叡山として確立されたのは、この良源の手腕があったからなのです。

良源の学力と政治力がミックスし、叡山は大変魅力のあるお寺に成長し続けていました。ですから天下の秀才がぞくぞくと叡山に集まってきていたのです。そういう所へ源信僧都も入っていかれたわけです。

母の手紙

源信僧都は天才的な才能を持った方ですので、良源門下でも最も有力な学僧に成長していかれます。平安時代からあった、わりと古い伝説には、まだ源信僧都が若い頃、叡山から抜擢（ばってき）され、「法華八講」という宮中で行われた講会（こうえ）に出席したと言われています。これは『法華経』八巻を代表的な学僧が一巻ずつ講釈をするものです。講師は、天台宗の各寺々の秀才から選抜され、その者たちがそれぞれに天皇の前で貴族たちを相手に講義をするわけです。貴族だって結構勉強しています。後の法然聖人の所で出てきますが、月輪兼実（つきのわかねざね）（九条兼実）は摂政関白まで昇った人で、彼等は仏教も道教も儒教も老荘も、当時の学問を実によく知っています。仏教のことなんか下手なお坊さんが太刀打ちできない程よく知っているのです。そういう貴族たちの前で宮廷で講義をするのです。その中でも源信僧都の講義が非常に素晴らしかった。それはいつ頃だったのかよく分かりません。横川（よかわ）へ籠もるのが四十歳になる少し前だったと思いますから、その頃だったと思います。とにかくそれは非常な名講義で名声が上がったわけです。そして天皇あるいは摂関家からご褒美をいただいたというのです。それはもう天台宗にとっても大変名誉なことなので、師匠からも褒められるし、半分は羨（うらや）ましいのだけれどもみんなからも尊敬される。そんなことで彼は学僧としての地位をここで築いたわけです。

そこで、国で待っているお母さんに報告して、「こんな素晴らしいご褒美をもらったので、お母さんに差しあげたい」とお母さんにプレゼントしたのです。ところがそのお母さんがプレゼントを送り返してきた。そして、「私はあなたに、田舎にいて何も分からない私たちのような愚かな者に後世の道を知らせてくれるお坊さんになって欲しいと思って、お坊さんになることを許したのです。貴族たちから褒めはやされて、それで有頂天になるようなお坊さんにはなって欲しくなかった」という、ずいぶんきつい手紙が添えられていたのです。その手紙の一番後ろには、「後の世を渡す橋とぞ思いしに　世渡る僧となるぞ悲しき」と書いてあったというのです。後の世を渡す橋になって欲しいと思っていたのに、世渡り坊主になってしまいどうしようもないと、お母さんは贈り物を全部送り返してきた。それで源信僧都は懺悔をして、横川に籠もったと伝えられているのです。

比叡山は「叡山三塔」と言って、東塔と西塔と横川から成ります。横川は延暦寺第三代の慈覚大師円仁（七九四―八六四）によって開かれたところで、一番山奥にあります。その中心道場が首楞厳院で、後に源信僧都は「首楞厳院沙門源信」と言われています。記録で確かめることはできないのですが、源信僧都はその横川の首楞厳院から少し離れた恵心院という所にお籠もりになったようで、それで「恵心院の和尚」「恵心僧都」などと言われているわけなのです。そしてやがて『往生要集』を著すのですが、実は『往生要集』を書く少し前、四十を過ぎた頃にお母さんが亡くなっているようです。

日本初の本格的浄土教文献

『往生要集』は、永観二（九八四）年からその翌年、源信僧都の四十三歳から四十四歳にかけて書かれました。源信僧都の殊に浄土教関係の主著といわれるもので、三巻本です。しかし現在は、上巻・中巻・下巻をそれぞれ本・末に分けて、全部で六巻に分冊されています。いずれにしても、ずいぶん大部な書物なのです。

『往生要集』は、（一）厭離穢土門、（二）欣求浄土門、（三）極楽証拠門、（四）正修念仏門、（五）

助念方法門、（六）別時念仏門、（七）念仏利益門、（八）念仏証拠門、（九）往生諸行門、（十）問答料簡門の十門から成り、非常に組織的に書かれてあります。後に「厭離穢土欣求浄土」という言葉が有名になるのは、実はこの『往生要集』によります。こういう内容の書物を源信僧都はお書きになった。これで源信僧都は今日まで不朽の名を残すわけです。

『往生要集』は源信僧都四十三歳の十一月頃から書き始めて四十四歳の四月頃に書き上げたというのですが、わずか半年の間にこれだけのものを書くということは、写すだけでも半年くらいはかかる本なのですから、それまでの準備期間がとても長かったと思うのです。ここには孫引きしたものまで入れると、百部余りの経・論・釈から約千の要文が引用されています。当時比叡山で読める限りのものは全部読んでしまっていると考えられます。それ位に膨大な文献を駆使しながら浄土教を教義的に組織した、日本最初の本格的な浄土教文献だと言ってよいでしょう。そういうものをわずか四十代前半という若さで書き上げられたわけです。

当時の王朝文化の精神的な支柱となったのがこの『往生要集』だったと言ってもよいと思います。藤原道長を中心にして、その娘の家庭教師であった『源氏物語』の紫式部、そのライバルであった『枕草子』を書いた清少納言、あるいは道長の生涯を描いた『栄花物語』を書いたと言われる赤染衛門、歌人としては和泉式部など、錚々たる閨秀作家が続出するあの王朝文化です。この書物は僧侶たちだけではなくて、当時の貴族たちにも大変よく読まれたのです。それから百年後、一一三三年に法然聖人がお生まれになり、十二世紀の終わりから十三世紀にかけて鎌倉仏教が花開きますが、法然聖人の『選択集』が書かれるまで、日本の浄土教をリードしたのは、この『往生要集』だったわけです。さらにそれから後の千年間、日本人の精神史をリードする大変大きな遺産として受け伝えられてきているのです。

地獄──怨念が作る世界

『往生要集』の第一章は、穢土の厭(いと)い離れるべきことを明かす「厭離穢土門」です。煩悩に汚れた人々が、その煩悩の心によって描き出し作り上げていく世界を穢土と呼び、それを地獄・餓鬼・畜生・阿修羅・人間・天上という六道という形で示していくわけです。殊にその中でも地獄が非常に精密に描写されているので有名なのです。もうずいぶん前になりますが、梅原猛(たけし)さんが『地獄の思想──日本精神の一系譜』という書物を書いてベストセラーになったことがあります。日本人の心の中に本格的な地獄思想をもたらしたのは、やはりこの『往生要集』です。

『往生要集』を読むと、地獄は大変興味深いものとして説かれています。人間の心の奥底、それは自分でも分かりはしません。人間が何者であるのか、自分が何者であるのか、誰も分かりはしません。そういう暗黒の心の深みに触れたのがこの「厭離穢土門」です。これは実際に読むしかないのです。解説なんてしてみたって余り大したことはないのです。

例えば叫喚地獄というのは朝から晩まで、あらゆるものが自分を罵り、責め苛む言葉が響き続けるわけです。その罪人は、「私は誰よりも憐れみを必要とする存在なのだ。それなのになぜ私をそんなにまで責め苛むのか」と、その声の主に向かって言うわけです。その声の主は誰であるかは分かりません。誰であるか分からないけれども、四方八方から聞こえてくるわけです。それに対して、「これはお前が言った言葉がお前に聞こえているのだ、だから誰が言っているのでもないのだ、お前が言った言葉がお前の心に響いているだけなのだ、恨むのだったら自分を恨め」という声が響いてくる。そうすると彼は悶絶するのです。けれども気絶したからといって許してもらえるわけではない。またすぐに甦って自分を苛む声が聞こえてくるのです。

あるいは地獄で一番浅い地獄を等活地獄と言います。ここは死なせてもらえない地獄です。「お前みたいな奴は死んでしまえ」というのはまだよい。死なせてくれるのはまだよい。「お前みたいな奴は死なせてやるか」というのが実は地獄なのです。

そして、これはもう誰だってそうだと思いますが、自分の行く地獄があってもらっては困るのです。しかし他人の行く地獄はあってもらわないと困るでしょう。「あいつだけはどうしても許せない、あいつだけはどうしても地獄へ行ってほしい、もしもなかったら作ってでも叩き込んでやる」という怨念が地獄を作るわけです。だから地獄というのは怨念が作る世界としてあるのです。そのことが、これでもかこれでもかとずいぶん激しい形で説き明かされています。地獄の思想というのは、もう一遍復権しなければならないのではないでしょうか。ヨーロッパの人たちだって、ダンテの『神曲』あたりによってずいぶん心が深くなってきた。もう一度『往生要集』あたりが地獄の思想を復権させなければならない。そのようなことが必要になってくる時代が来るのではないのでしょうか。

第二十三章　源信和尚㈡　仏さまに背きながら

自力の人は懈慢界に生まれる

源信広開一代教　偏帰安養勧一切
専雑執心判浅深　報化二土正弁立
極重悪人唯称仏　我亦在彼摂取中
煩悩障眼雖不見　大悲無倦常照我

（源信広く一代の教を開きて、ひとへに安養に帰して一切を勧む。専雑の執心、浅深を判じて、報化二土まさしく弁立せり。極重の悪人はただ仏を称すべし。われまたかの摂取のなかにあれども、煩悩、眼を障へて見たてまつらずといへども、大悲、倦きことなくしてつねにわれを照らしたまふといへり。『註釈版聖典』二〇六頁）

先に、『往生要集』を著して阿弥陀様のお浄土への往生を勧められた源信僧都の功績をお話ししました。ここからは、「専雑執心判浅深　報化二土正弁立」の二句から見てまいりましょう。『往生要集』の第十章に「問答料簡」というものがあります。これは第一章から第九章までの間ずーっと述べてきて論じ足りなかったことを問答を通して論議していくところで、その中に、どんな人が浄土に往生するかを述べた「往生階位」という箇所があります。そこでは、『観経』において下品下生のような罪深きものであっても念仏を申せば必ず往生ができる、つまり阿弥陀様は善人から悪人まで全部ひっくるめて面倒を見ると説かれていると言うのだが、でもそれは少しおかしいのではないか、という問いが出されています。

『菩薩処胎経』には、億千万もの人びとが浄土に往生したいと思って修行するけれども、浄土にいく途中の懈慢界という所で、「これが極楽だ」と思って大概の者はとどまってしまう。その中でほんのわずかな者だけが阿弥陀仏の極楽世界へ生まれる。とすると、善人であろうと悪人であろうと皆往生できると言うのはおかしいではないか、お経にそう書いてないではないか、と言っているのです。懈慢界とは快楽にみちあふれた、非常に楽しい世界です。懈慢界の「懈」は怠け心、「慢」は慢心です。怠け者で、慢心の者がそこで引っかかってしまうから懈慢界と言うのです。

それに対して源信僧都は、「いやそれは実は訳があるのだ」と、善導大師のお弟子にあたる懐感禅師の『釈浄土群疑論』という書物の文によって答えられます（『註釈版聖典（七祖篇）』一一二六頁、『教行証文類』引用、『註釈版聖典』三八〇頁）。

懈慢界にとどまるのは、実は、自力の雑行雑修の人である。反対に本願を信じて念仏を専修するものは必ず真実の報土（浄土）に生まれる。けれども自力のはからいを捨てて他力に帰するものは極めて少ない、だから大部分は懈慢界へとどまってしまうとお経に言われているのだ。

自力雑修のものがとどまる懈慢界とは、方便化土のことです。方便化土とは、自力雑修のものが自分の自力の心で描き出した浄土であって、本当の浄土ではありません。しかし、その浄土が本物だと思っているのです。これが方便化土であり、それを『菩薩処胎経』では懈慢界と説いているのだと言うのです。つまり、『菩薩処胎経』は、自力のはからいを捨てて他力に帰するならば真実報土に生まれることができることを勧められていると言われている訳です。

このお示しをうけて、親鸞聖人は「専雑執心判浅深　報化二土正弁立」と言われているのです。「専雑」とは、専修と雑修です。「執心」とは信心です。『群疑論』には「執心牢固」とあります。「執」は執持で、名号を執持する心、持つ心です。名号を執持する心とは信心です。その信心が、専修のものは深く、自力の雑行雑修のものは浅いと言われているのです。なぜかと言うと、他力専修の者の信心は、如来様から与えられた他力の信心だからです。仏様の心が深いから深いのです。

本願を信じて念仏するものは深い心、深心を持っている。一方、自力によって発した信心は自分で作りあげた信心であり、すぐこわれてしまうから浅い心、浅心であると言うのです。

ですから、「専雑の執心、浅深を判じて、報化二土まさしく弁立せり」とは、浅い信心をもって雑行雑修を行ずる者は方便化土にとどまり、深い信心をもって如来から与えられた名号を専修する者は本願の真実報土に生まれる、源信僧都はそのことをはっきりと決着をした、判定なさったと讃えられているのです。「弁立」の「弁」は弁別、分けることです。そして確立することです。真実と方便とをはっきりと分けて、自力の心、自力の精神を持っているものは方便化土に往生し、他力の深心を持って念仏一行を専修するものは真実報土に往生することをはっきりと区別し確立して、自力を捨てて他力に帰すべきことをお勧めになった、と言われているのです。

極重悪人の救い

次は、「極重悪人唯称仏」です。『往生要集』の第八章は、念仏が浄土に生まれる行であることを、経論の文によって証拠立てた「念仏証拠」です。そこに十の文があげられる中の四番目に、「四には、『観経』（意）に〈極重の悪人は、他の方便なし。ただ仏を称念して、極楽に生ずることを得〉」（『註釈版聖典（七祖篇）』一〇九八頁、『教行証文類』引用、『註釈版聖典』一八四頁）と、『観経』

の下品下生の取意の文が出されます。『観経』下品下生には、一生涯罪業を造り続けた人間が臨終になってようやく仏縁が開いて善知識に遇い、「南無阿弥陀仏、南無阿弥陀仏」と十遍念仏をして、そこで命が終わったが、お浄土へ生まれることができたと説かれています。この「他の方便なし」の「方便」とは、手だて・手段・方法です。ですから、念仏以外に浄土に往生する手だてはない、ということです。極重の悪人にあるのは悪業だけです。だからこれはもう地獄へ行くしかない悪人だけれども、そういう者であっても、自分の罪業の深さを慚愧して阿弥陀仏をたのみ、阿弥陀仏のみ名を称えるならば、極楽に往生すると『観経』には書いてある、と源信僧都は言われたのです。

親鸞聖人はこの「極重悪人無他方便。唯称念仏得生極楽」という言葉を一つにして、「極重悪人唯称仏」とされたのです。「唯称念仏」では八字になり字が余るのです。それで「極重悪人唯称仏」と言われた。そして「我亦在彼摂取中」という文章につなげていくわけです。それによって、この後の文に出る、如来の光に包まれる人間というものが、キラキラピカピカ光るような人間ではなく、自分で自分をコントロールできないような極重悪人を指していることを説明されているのです。

実は、この「念仏証拠」の文章は懐感禅師の『群疑論』から引用されているのですが、『群疑論』には、「極重悪人無他方便」という言葉は出てきません。その出ていない言葉を、源信僧都はここへあえて入れられた。それを親鸞聖人はちゃんと見ていらっしゃるのです。さすがです。聖人は『群疑論』はちゃんと読んでしまって、そこに出ていない言葉を源信僧都が仰っているということで、源信僧都を評価していくわけです。だから『往生要集』という書物の本質をここに見出して、そして源信僧都のお徳を讃えていかれるということになるわけです。

背いたまま包まれる

最後の「我亦在彼摂取中　煩悩障眼雖不見　大悲無倦常照我」に入ります。この文の元になるのは、『往生要集』の第四章「正修念仏」の文です。ここは正しく念仏を実践する方法を述べたところで、その中の「雑略観」では、仏様の眉間の白毫を観ずる白毫観が明かされます。そこに、仏様の眉間の白毫から出てきた智慧の光のありさまを表す、「光明遍照十方世界、念仏衆生摂取不捨（光明、あまねく十方世界の念仏の衆生を照らして、摂取して捨てたまはず）」（『註釈版聖典』一〇二頁）という『観経』の文を挙げ、その次にご自身の領解を述べておられます（『註釈版聖典（七祖篇）』九五六頁）。それが、「我亦在彼摂取之中、煩悩障眼雖不能見、大悲無惓常照我身（われまたかの摂取のなかにあれども、煩悩、眼を障へて、見たてまつることあたはずといへども、大悲倦むことなくして、つねにわが身を照らしたまふ）」というものです。この言葉は大変おもしろい言葉なのです。

なぜかと言うと、源信僧都は『観経』の「光明遍照十方世界、念仏衆生摂取不捨」という文章について、次のように考えられたからです。

「煩悩があるために、私は自分を中心にしてしかものを考えられない。自分に都合のよいものに欲を起こし、自分に都合の悪いものには憎しみを起こして悩み、心を乱している。この煩悩があるために私は仏様のおすがたを見ることができないし、仏様の光明に照らされていることを私は確認することができない、誠に恥ずかしい存在だ。けれども『観経』では、〈念仏の衆生を摂取して捨てない〉と言われている。とすれば、仏様のみ名を称え、仏様の功徳を想い浮かべている私は念仏の衆生だ。このお経のお言葉に嘘がないならば、私から見ることはできないけれども、私は仏様の光に包まれ摂め取られている筈だ」。源信僧都はこのように考えられた。だから「大悲無倦常照我身」と仰ったわけです。

ですからこの言葉は大変おもしろい言葉なのです。経典の言葉を自分の上に味わっていくのですが、自分はその経典に説かれている通りを確認するだけの能力がない。確認することはできないが、このお経の言葉に嘘がないならば、自分は常に如来に見護られている筈だと言うのです。仏を見ることができないということは、仏様に背いているということです。でも『観経』の言葉からは、仏様に背いている者を仏様は摂取し、護り続けていることが味わえてくると言うのです。

ここではっきりすることは、自分は仏様を見ることのできないものであり、如来様に反逆している存在であるという捉え方です。如来様を見ることもできず如来様に反逆しているような私を、如来様はいつも照らし護り続けていてくださる。そして確実に浄土へと連れていこうとしてくださる。それをどこで確認するかというと、念仏です。今、私が念仏しているということにおいて、経典に「念仏衆生」と言われた言葉を私は確信する。

そうするとこの念仏は何かというと、仏様に向かっていないのです。仏様に背中を向けているのです。背中を向けたまま、仏様に背いているまま、「南無阿弥陀仏、南無阿弥陀仏」と仏様を念じている。仏様に向かっているようだけれども、「向かっている」と思っているのは、実は背いているのだ、向かっていながら背いている。しかし向かっていながら背いているものを、そのままで如来は包み取るのだ、こういうことを言われた文章なのです。

親鸞聖人の信心の構造

私は仏を知るものではない。私に知れる世界は煩悩の世界以外にはない。仏様の世界を一切知らないし、分かりようのない私である。しかし仏様が、「光明遍照十方世界、念仏衆生摂取不捨」と言われた時に、私は分かるものではなくて如来様に分かられているものだ、見るものではなくて見られているものだ、ということが出てきたわけです。「私は、仏様を知るものだ、見るものだ、分かるものだ」というように、自分が主体となって仏様を客体とすると、分からないことが苦になる。そうすると絶望的なことになります。けれども、「私は知ることも、見ることも、分かることもできないものだ。そういう私を如来様が知り、わかり、見ていてくださる、それでよいのだ、それだけで私はかたじけないのだ」という形で自分を捉えたわけです。この捉え方は非常におもしろいです。主客が逆転しているのです。自分が主人公ではないということです。私は主人公ではない、主人公は仏様だ、私はその仏様に背いているが、仏様は私を責任持って包んでいるのだ、という形で自分の在り場所を確認しているわけです。安住の場というものがそこで開かれているのです。

親鸞聖人は、「仏様を確認し、仏様から承認を得て仏になるという従来の仏教と違う」ということで源信僧都を非常に高く評価されるのです。それで「正信偈」にこの言葉を出されているのです。また、聖人はこの文章をいたる所に引用されています。例えば『尊号真像銘文』でも、この文章を源信僧都の御真影の銘として挙げる（『註釈版聖典』六六二頁）。『高僧和讃』でも、

煩悩にまなこさへられて
摂取の光明みざれども

大悲ものうきことなくて
つねにわが身をてらすなり
（『註釈版聖典』五九五頁）

と仰ってあります。そして「正信偈」では今拝読している通りです。それから『教行証文類』の「信文類」を読んでいきますと、引用文がずーっと出てくるのですが、その引用文の一番最後がこの言葉です（『註釈版聖典』二二九頁）。この言葉で経・論・釈の引用文を結んであるわけです。ですから親鸞聖人の信心というのはこういう構造を持った、この言葉で表現されるような信心だったということなのです。つまり、自分は少しも偉くない、賢くない、何も分かっていない、ただの落第生であるが、その自分を如来は大悲を込めて見護り育て続けていてくださる。そのことを聞いて、その言葉の尊さに感動するのが信心だということです。

その内容が『浄土和讃』の「摂取して捨てざれば」の左訓に出ている。「摂取」とは「摂めとる」ということで、それはどういうことかというと、「ものの逃ぐるを追はへとるなり」（『註釈版聖典』五七二頁、脚註）、つまり逃げていくものを追わえ取ることだと言われています。だから「仏様に向かっているものを仏様は摂取する」のではなくて、「仏様に背いているものを仏様は摂取する」という言い方なのです。しかし、如来に背いているものとして自己を捉えた所に、限りない慚愧があって、そこで限りなく真実に触れているということの印が出てくるわけです。真実に触れたということは、自分の愚かさ・虚偽性が徹底的に知らされていることなのです。人を誤魔化すどころではなく、自分を誤魔化すどころでもなく、仏様だって誤魔化そうとしている自分。そんな自分を仏様は抱き取っていてくださっている。そんな自分がそのままで自分の在り場所を得しめられることになるのです。これで「自分は何でも分かった」ということではないのです。自分が何者か分からないまま仏様の手に抱かれることによって安心を得る、これが救われたという状況なのです。

私は「如来の私」

自分で自分を分かろうとしても、そんなものは分かりません。それは眼が眼を見ようとしているようなものなのです。眼は見るものでしょう。眼は見られるものではないのです。眼が見られたら、それはもう眼ではないのです。それは見られるものとしての眼です。つまり鏡に映った眼です。鏡に映った眼は眼ではないのです。あれはもう見られるものであって見るものではない。それを見ているものが眼なのです。だから眼は自身をまったく見ることができない。実は私は何者であるかまったく分からない、けれども如来様は分かっていてくださる。それでよい、それで生きていけるし死んでいける、ということになるのです。

だってそうでしょう、私たちは生まれてきたことも知らない。知らないものには責任を持てません。自己決定権というものがあります。それがあるから自己責任が成り立つのです。自己決定権がなかったら自己責任は持てない。私は生まれてきたことに対して責任を持てない。なぜかというと私は知らない間に生まれてきたからです。死ぬということも自己決定権で死ぬわけではないのです。だから生も死も私は本当は責任を持てないのです。この頃は何でもかんでも自己責任と言っているけれども、本当を言ったら自分が何であるかは全然わからないまま生きているのです。その分からないということはもの凄く不安なのです。私は何なのだろうかと分からなくなった時は大変なのです。

そうすると、分からないままで安心できる世界がないと困るのです。分からないままで、つまり責任を持てないままで、それでも安心ができるような世界がないと困るのです。それをここのご文は見事に言い当てているのです。「お前は分からなくても私が分かっているのだからそれでよい」と仰ってくださる。「そうか、私には分からないけれどもあなたが分かっていてくださるのならばそれでよい」。その時にはもう、私は「私の私」でなくなるわけです。私が「私の私」であろうと思うから私が責任持てないことが非常に苦になるのです。だけど私を如来様が分かっていてくださる。つまり、「如来様の私である、私は〈私の私〉ではなくて〈如来の私〉である」と、如来の大悲の中で自分の在り場所というようなものが定められる。そうすると、「私の存在は如来様によって認められているのだから、私は何であるか知らないけれども如来様が認めてくださっている〝いのち〟だから私は大事に生きる」ということが言える。死ぬことだって、生きることだって仏様がちゃんと認めてくださっているのだから、生きるだけは生きさせてもらうし、死ぬ時は死なせてもらう。「分からないでどうするのだ」と言われても、「私は私を分かるものではない、仏様が分かっていてくださるのだからそれでよいのだ」と言える。それが仏様にお任せすることの意味なのです。それをこういう言葉で表してあるのです。

第二十四章　法然聖人(一)　父の遺言を胸に

父の遺言

本師源空明仏教　憐愍善悪凡夫人
真宗教証興片州　選択本願弘悪世
還来生死輪転家　決以疑情為所止
速入寂静無為楽　必以信心為能入

（本師源空は、仏教にあきらかにして、善悪の凡夫人を憐愍せしむ。真宗の教証、片州に興す。選択本願、悪世に弘む。生死輪転の家に還来ることは、決するに疑情をもつて所止とす。すみやかに寂静無為の楽に入ることは、かならず信心をもつて能入とすといへり。『註釈版聖典』二〇七頁）

「正信偈」の一番最後の部分、法然聖人（一一三三―一二一二）のお徳を讃えられる箇所に入っていきます。法然聖人のフルネームは法然房源空です。法然は房号で、源空が実名です。法然房源空聖人がお生まれになった一一三三年は、平安時代の終わり頃にあたり、いわゆる院政期といわれる時期で、鳥羽上皇の院政が行われていました。お生まれになったのは美作国久米南条稲岡荘（現在の岡山県久米郡久米南町里方）です。ここは「稲岡荘」というように荘園です。この荘園は元々は明石家が持っていた領地でしたが、この時期になると、荘園の土地・財産が横領される可能性が非常に強くなっていますので、天皇家や有力な貴族などに献上して、その代わりに土地の管理を自分と自分の子孫がさせてもらうという慣習がありました。この稲岡荘も明石貞国という人が鳥羽天皇に土地を献上して、明石家がその荘園の管理をしていたのです。その当時は明石源内定明という人が土地の管理者でした。法然聖人の父漆間時国はこの稲岡荘に住んでいた小さな土豪で、押領使という官職についていました。押領使とは荘園の治安維持を司る警察の署長のような役職です。

お母さんは美作国の秦氏という一族の出身だと言われておりますが、名前は分かりません。その秦氏の出身だったということが後に法然聖人には大変重要な意味を持つわけです。

二人には子どもがなく、近くの観音様のお寺に「子どもが欲しい」と祈願すると、二流の白旗がなびくのを見て懐妊した、という伝説があります。なぜ白旗なのか分かりませんが、後に浄土宗で白旗流という一派ができます。これが浄土宗で一番有力な学派でして、今日の浄土教学は白旗流がリードしています。とにかく、そういうことでお母さんは懐妊されたといわれております。この時お母さんはずいぶんお年だったようです。

　そうして法然聖人がお生まれになる。幼名は分かりません。後に、「法然聖人は勢至菩薩の化身だ」ということから、幼名は勢至丸であったと言われますが、本当は分かりません。そんなことで、地方の小さな土豪、漆間家の一人息子として順調に成長されるわけです。

　伝記によると九歳の時に父親が殺されたと言われています。父親を殺害したのが明石定明です。伝記では、時国と定明との間に感情のもつれがあって、それを遺恨に思った定明が自分の手兵を引き連れて時国の館に夜襲をかけたと言われています。法然聖人はお母さんと一緒に裏の竹藪に避難をして難を逃れましたが、時国は重傷を負います。そして明くる朝に亡くなってしまいます。その亡くなる時に、幼い法然聖人に遺言をしたというのです。「お前は武士の子だから、おそらく父親の敵をとろうとするだろうが、それは止めなさい。私は仏様の教えを聞いたことがあるが、〈怨みに報いるに怨みをもってすれば、怨みはついに絶えない。ただ怨みなきのみ、よく怨みを超える〉とお釈迦様がおっしゃったそうだ。お前が定明を倒しても、また定明の子どもがお前を敵として狙うだろう。すると怨みは怨みを呼んで果てしがない。こんな殺したり殺されたりするような武士の家業はもう私一代で結構だ。お前は仏門に入りなさい。そしてこういう怨みを乗り超えていく道を究めておくれ」。これがお父さんの遺言だった言われています。これはすべての伝記に共通していますので、おそらくそういうことだったのでしょう。

比叡山で学僧に

九歳で父を失った法然聖人は、母親の兄弟で天台宗の観覚得業という方のところに預けられます。得業というのは天台宗の学階の名前で、天台宗では相当上の学階です。観覚という方は比叡山で相当に勉強した方なのです。この人が叡山での修行を終えて、今の岡山県津山市の少し北の山の中に菩提寺（岡山県勝田郡奈義町高円）という寺を持っていたのです。法然聖人は九歳から十三歳までこの叔父さんの元で育てられたと言われていますが、非常によくできたのです。それこそ一を聞いたら十を悟るというぐらいにものすごくできる。大変な読書家でもあったようで、後に一切経を五遍も読まれたと言われています。インドから中国・日本に伝わる、手に入る限りの典籍はすべて目を通しておられたそうですから、ものすごい読解力を持っておられたようです。

ですから、叔父さんが教えるのですが、教えているうちに自分の手に合わなくなってしまうのです。もちろん比叡山で何十年も勉強した人と学び始めたばかりの者とでは学力は違います。しかし天才には独特の閃きがあるのです。だから予想外のことを質問するわけです。それを説明しようと思ったら、かなりのものを持っていないと説明できません。そういうことをポーンポーンと訊(き)くわけです。本人は何も叔父さんを困らしてやろうと思って尋ねるのではありません。読んでいるうちに分からなくなるから尋ねるのです。それで叔父さんは、「とてつもない才能を持った子どもだ」と感じ、比叡山に送ろうとするわけです。それが十三歳の時だったと言われています。それで自分の兄弟弟子であった北谷(きただに)の源光(げんこう)の所に法然聖人を預けたわけです。

しかし比叡山は当時はすでに門閥が支配しておりますので、地方の豪族の出身ではとても学僧にはなれません。せいぜいなることができて堂衆(どうしゅう)という学僧の小間使いです。しかしあまりにも勝れた才能をもっているので、ぜひとも学僧にしたいということで、観覚そしてお母さんが秦氏の出身というところから、どうも京都の秦氏にバックアップしてもらうことになったようです。後々嵯峨門徒という有力な門徒集団ができますが、嵯峨の方には法然聖人の有力な後ろ盾があったことがわかります。

秦氏の本籍地は京都太秦(うずまさ)です。太秦の広隆寺(こうりゅうじ)は秦氏の氏寺です。秦氏というのは渡来系の氏族で、桓武天皇(かんむてんのう)が平安京に都を移す時に秦氏はものすごい財力を投入して支援したわけです。桓武天皇のお母さんが渡来系の方でしたから、渡来系の人たちが非常に桓武天皇をバックアップしたわけです。そういうことがあって秦氏は嵯峨(さが)の地に隠然たる勢力を持っているわけです。それが後ろ盾になってくれるということで法然聖人は一応学僧としての道を歩むことができるようになったようです。それでなかったら田舎の小さな豪族の出身で、しかも父親が亡くなっているという様な状況では学僧には採用してもらえませんから。

「怨みを超える道」を求めて

このようなことで法然聖人は比叡山の源光の元へ送られます。この時に源光が、「私ではダメだ」というのです。得度の師匠というのはその人の面倒を一生涯見ますから、「私のような無力の者ではこの子の後ろ盾になってやることができない」と、源光は皇圓（こうえん）阿闍梨（あじゃり）という人に法然聖人を預けるわけです。これは十三歳の時点の話で、まだ法然聖人は得度をしていません。法然聖人の得度は十五歳です。

皇圓阿闍梨という人は「肥後の阿闍梨」と言われるように、この人のお兄さんは肥後守（ひごのかみ）です。藤原一門の流れを汲む貴族であり、大変な学僧でした。この皇圓の住まいは横川にありました。この人は『扶桑略記（ふそうりゃっき）』という書物を書いています。これは比叡山の歴史を中心にした日本の仏教史のようなもので、平安時代の叡山の歴史を研究する人はぜひとも読まなければならない大事なものです。そういうものを書いた、当時の叡山きっての学僧だったわけです。法然聖人はこの人の所に預けられ、皇圓が得度の師となるのです。いわゆる戒師です。阿闍梨とは「教授」ということです。皇圓が聖人に戒律を授け、得度の師匠となってくれたわけです。この皇圓阿闍梨の甥に、後に親鸞聖人が大変尊敬された隆寛律師（一一四八―一二二七）がいます。

比叡山には恵心流と檀那流という二つの学系（恵檀二流）があります。そのうち恵心流とは、源信僧都の系統で、皇圓はその恵心流の系統を継承した学僧です。法然聖人は横川でこの皇圓に付いて天台学を学ぶようになるわけですが、それは十五歳から十八歳までの丸三年ほどでした。その間に天台三大部の伝授を受けたと言われています。天台の三大部とは天台宗の根本聖典です。六世紀後半に中国で活躍なさった天台大師智顗という方が著した『法華玄義』『法華文句』『摩訶止観』を天台三大部と言い、この三大部を学問的に、そして実践的に学んでいくのが天台の学問です。

『法華玄義』とは、『法華経』の玄義、つまりその幽玄な法義を述べていくものです。『法華文句』は『法華経』の文々句々の解釈です。しかも非常に特異な解釈をします。それから『摩訶止観』は天台独自の実践体系、修行の体系を記したものです。この三大部を、中国の唐の時代の荊渓湛然という人が書いた、三大部それぞれの註釈書『法華玄義釋籤』『法華文句記』『摩訶止観輔行伝弘決』を中心にしながら研究を行っていくのが三大部の勉強なのです。これをわずか十五歳から十八歳の間の三年間でマスターしてしまったのですから、やはり恐るべき才能と言うべきでしょう。

皇圓は法然聖人にそのまま学僧としての道を歩んでもらいたかったようです。ただしかし法然聖人は学者として身を立てていくために叡山にやって来たのではない。本当は父親が最期に、「怨みを超えていく道、愛と憎しみを超えていく道、それを見極めるように」と言った、その本来の仏道を歩むために比叡山にやってきたのです。だから、学者の道よりも、仏道を極めようと決心をし、法然聖人は十八歳で比叡山の黒谷別所という所に隠遁するのです。

聖（ひじり）の道へ

なぜ黒谷かと言うと、実はここには叡空上人という念仏の聖がおり、この人を中心にした一つの別所聖の集団があったからです。法然聖人はその別所聖の仲間に入っていくのです。実はこの時点で法然聖人は大きく方向転換しているのです。これから鎌倉仏教というものが開けますが、あの鎌倉仏教を開く方々はみな聖です。いわゆる国家仏教の枠組みから外れたアウトサイダーです。それが聖と言われる集団です。その聖の中に身を投じていくわけです。親鸞聖人は「源空ひじり」（『註釈版聖典』五九七頁）と和讃で示されていますが、法然聖人はこれから国家仏教の枠組みをはみ出した聖となるわけです。

「別所」とは、本所に対する言葉で、本所の出張所みたいなものです。比叡山なら比叡山の別所、東大寺なら東大寺の別所というものがあります。別の所に建つから別所と言うのです。例えば比叡山の別所としては大原の三千院があります。あれは大原の全体が別所なのです。別所ができるようになるのは平安時代の中頃からです。以前（第二十二章）に申しましたように、源信僧都のお師匠さんの慈慧大僧正良源（九一二―九八五）という人は大変なやり手でした。大変学問もあるし、大変な力を持った人だったのですが、摂関家と深く交わり、世俗に密着し過ぎる面があったわけです。それを嫌って、良源の兄弟弟子や弟子などから叡山を飛び出す人たちが出てくるのです。その代表的な人が多武峯に籠った増賀上人です。あるいは姫路の北の書写山に籠った性空上人です。こういった人たちが本所を離れて、山の中に修行の道場を開いて修行し、そこで世俗と離れて天台の本流を守っていこうとするわけです。これが別所聖です。別所に籠って、戒律を持ち厳しい修行をしながら、仏法を守っていこうとする人たちです。別所聖とはそういう徳の高い人ですから、多くの修行者がやって来て弟子入りをします。

その中には別所聖に帰依して、その方によって頭を剃りお坊さんになる人が出てきます。しかしこれは国家から公認された僧侶ではありません。元々僧侶というものは祈祷によって国家の安穏を祈る役割を担っていました。天皇の安穏を祈り、そして国土の安泰を祈ることを国家事業として行う、いわば祈祷官僚だったのです。この国家から祈祷の資格を認められた僧侶を官僧とか官度僧と言います。一方、別所聖たちによって得度したものを私度僧と言います。

だから聖にはピンからキリまでいるわけです。別所聖として、ものすごい学徳兼備の名僧もいれば、僧ともつかず俗ともつかない者もたくさんいるわけです。こういう別所聖、私度僧、それから官度僧からはみ出た人たち、こういう風な人を全部ひっくるめて聖と呼ぶわけです。その中で念仏を中心にしている聖を念仏聖、『法華経』を中心にしている者を持経聖、その持経聖の中で写経を中心にして募財をするものを如法経聖と言い、それ以外にも様々な聖がおりました。

聖の代表的な人物が平安時代中期の空也上人（九〇三―九七二）です。あの方も上人と呼ばれるように聖です。「しょうにん」というのは、「上人」と書いても「聖人」と書いても元々聖の尊称なのです。あるいは奈良の大仏様を再建するという大事業を成し遂げた俊乗房重源（一一二一―一二〇六）も法然聖人と並んで当時の代表的な聖でした。重源の弟子たちは大変な土木工事の知識を持っており、例えば長良川などに立派な橋を造ります。しかし莫大なお金がかかっていますから、有料にして、橋は絶えず集まったお金で修理をしながら維持していくという、なかなかうまいことを考えているわけです。こういう風に民衆と密着して、民衆の福利を増していく聖もいるわけです。

聖たちは全国に組織を持ち、お金を集める能力もものすごいものがあり、大きな社会的影響力を持っていました。けれども社会的な地位はない。そういう聖たちが自分たちを組織してくれる組織者を探し、あるいは自分たちをリードしてくれる精神的なリーダーを求めていました。実は法然聖人はそういう求めに応じて生まれてくる聖の指導者なのです。その聖の宗教というものを親鸞聖人は大成していくわけです。念仏聖を純化していくのが法然聖人と親鸞聖人です。それから持経聖の集団を再編成して純化していくのが日蓮聖人（にちれんしょうにん）、遊行聖のリーダーになるのが一遍上人です。鎌倉仏教というのは聖の宗教です。だから聖とは、国家仏教とは全然違った所から出てくるのです。疎外されたアウトサイダーとして社会的な地位はない、けれども大変大きな社会的影響力を持っている彼らのエネルギーというものがずーっと高まっていく、その中で鎌倉仏教の祖師方が生まれてくるのです。その一番の先駆けが法然聖人になるわけです。

伝統的浄土教学を学ぶも……

法然聖人が隠遁した比叡山の黒谷別所は二十五三昧会（にじゅうござんまいえ）を行う所であったと言われています。源頼朝（みなもとのよりとも）の祖父の源為義（みなもとのためよし）は、保元の乱（一一五六年）で敗れ、京都で斬首されますが、都から逃れて一時、黒谷別所に逃げているのです。『保元物語』には「黒谷別所は二十五三昧会を行う所であった」とあります。法然聖人が黒谷別所に入るのはちょうどその保元の乱が終わって少し経った頃ですから、法然聖人も二十五三昧会のメンバーだったことが分かります。

二十五三昧会は元は源信僧都の時代に始められたもので、『往生要集』を指南として組織された念仏結社でした。『往生要集』という浄土教の指導書が、実際に一つのグループを作って実践されているものが二十五三昧会です。

具体的には、相互に助け合いながら念仏の人生を送るというグループ活動をやるわけです。平生から亡くなるまでお互いに支え合い、亡くなるとお葬式から年忌の法要まで行うのです。これを行っていた場所が黒谷別所です。そしてそのリーダーが念仏聖の叡空上人なのです。

この叡空上人は大原の良忍上人（一〇七二―一一三二）の弟子です。良忍上人は後に融通念仏宗の宗祖と仰がれる人です。その弟子であった叡空上人の元で法然聖人は念仏の修行に入ります。もちろんここでは二十五三昧会という実習を行いますが、その一番元になっているのが源信僧都の『往生要集』ですから、みっちり『往生要集』の講義を聞き、比叡山の伝統的な浄土教学というものをしっかりと身につけていくわけです。けれども、法然聖人はその教えでは救われることができなかったのです。

第二十五章　法然聖人㈡　四十三歳の回心

師・叡空上人との衝突

法然聖人は、十八歳の時に学僧（学者）としてのコースを捨てて黒谷別所に隠遁をし、念仏の聖となっていかれます。黒谷別所には当時念仏の聖として非常に有名だった叡空上人がいらっしゃいました。この人は大原の良忍上人の弟子です。法然聖人はその叡空の門下に入り、比叡山に伝わる源信僧都の流れを汲む浄土教を学んでいくのですが、良忍・叡空というのは阿弥陀仏を心に想い浮かべ、浄土の相を心に想い浮かべていくという観想念仏を『往生要集』の一番大切な教義として教えていたのです。しかしどうも法然聖人はそれに飽き足らないものを感じておられたようです。

法然聖人が何歳の頃かはっきりしないのですが、聖人が叡空の元で『往生要集』の講義を聴いていた時のエピソードが残っています（『拾遺古徳伝』、『聖典全書㈣』一二九頁）、（『四十八巻伝』、『昭和新修法然上人全集』七二六頁）。師匠の叡空は、「『往生要集』は観想念仏を説くのが第一義であり、称名念仏は従属的なものとして説かれている」というふうに言ったのです。観想念仏とは、『往生要集』第四の「正修念仏門」（『註釈版聖典（七祖篇）』八九七頁）に説かれます。「正しく念仏を修する」というこの「正修念仏門」には、念仏の行が、礼拝・讃嘆・作願・観察・廻向という五念門行（五つの念仏門）として開かれています。その五念門行の中心は第四番目の観察門、つまり仏様や浄土を心に想い描いていく観念の行であると叡空は言うのです。一方、称名念仏はと言うと、『往生要集』には、「この観念仏をする能力がない者は、阿弥陀様が来迎して、その浄土に往生させてくださると思って称名念仏しなさい」（『註釈版聖典（七祖篇）』九五七頁、取意）と書いてある。従って本当は観念仏をするのが筋なのだが、それに堪えられない者のために称名念仏が勧められている。このように『往生要集』は観念仏を説くのが第一義であって、称名念仏は従属的なものだというふうに叡空が言ったわけです。

それに対して法然聖人は、末席の方から、「その説はお師匠様の説ですが、私は納得がいきません」と反発したというのです。「どこが納得がいかないのだ」と問われると、「この『往生要集』は称名念仏を説くのが第一義であり、むしろ観念仏が従属的なものとして説かれています」と答えたのです。師匠と真反対の説を法然聖人は主張したのです。そして、「どんな書物でも、序文に著者がこの書物を書かずにおれなかった思いが出ている。本文の方には非常に広博な内容が述べてあっても、著者が一番言いたいことが序文に出ているから、序分のこころにしたがって読んでいくべきだ。それが書物の読み方だと私は思います」と言ったのです。

『往生要集』の序文には、

それ往生極楽の教行は、濁世末代の目足なり。道俗貴賤、たれか帰せざるものあらん。ただし顕密の教法、その文、一にあらず。事理の業因、その行これ多し。利智精進の人は、いまだ難しとなさず。予がごとき頑魯のもの、あにあへてせんや。（『註釈版聖典（七祖篇）』七九七頁）

と言われています。ここで源信僧都は、極楽に往生する教えとその実践には、顕教・密教にわたって様々な教えがあり、修行も非常に多い。しかし私のような「頑魯の者」はどうしてもそういう顕教・密教の様々な行に堪えられない、と言っておられます。「頑」というのは頑迷ということですから、頭が硬くて執着が強い、「魯」とは「魯鈍」で「にぶい」ということです。だから「頑魯」と言ったら、頭が悪くて、しかも頑なで鈍間で、一向にどうしようもない者ということです。

『往生要集』では続いて、

このゆゑに、念仏の一の門によりて、いささか経論の要文を集む。これを披きこれを修するに、覚りやすく行じやすし。　（同頁）

と言われます。ここに「修行しやすく、分かりやすい」と書いてある。でも観念仏なんて少しも分かりやすくない。そうするとこの「念仏」は、顕密の行ができる利智精進の人のためのものではなくて、「頑魯の者」にも堪えられるものでなくてはならないのはではないか、と法然聖人はとらえられたのです。

実際、仏様のお徳を一つ一つその相の上に味わい、それを形象化して、しかもそれをイメージとして描き出していく観念仏は誰にでもできることではない。よほどの練達の士で、しかも先天的な造形能力がなければとてもできるものではない。パッと目を閉じた途端に今まで見ていた相が目の中にすーっと現れてくるような造形力がなかったら、そんなものができるわけがない。第一『観経』を実際に読んでいって、『観経』に説かれている浄土の相をイメージとして一度描いてみろといわれたら、どれほど上手に描いたとしてもせいぜい當麻曼荼羅ほどの浄土を描けばよい方です。ところがお経に書いてあるのはそんなものではない。そんなものをどうやって想い描くのか。やはりそんなことができないから、頑魯の者にとってふさわしい道は称名念仏でなければならない。そうすると『往生要集』の著者は称名念仏を第一義的に見ておられるのだ、と法然聖人は言ったわけです。

そうしたら叡空が、「小僧が何を生意気なことを言うか、この説は比叡山の伝統なのだ。私の師匠の良忍上人だってそういうふうに仰っているのだ。私はハッキリとそれを聞いたのだ」と言ったのです。当時は良忍上人といったら、浄土を願う人たちから仏様の次くらいに思われていた滅茶苦茶に偉い人なのです。亡くなられて間がありませんけれども、もうすでに『往生伝』に取り上げられている方です。すると法然聖人が、「良忍上人といえども、先に生まれただけです」と答えたというのです。よくもそんなことを言うなあと思いますが、そうしたらさすがに叡空は怒って、そこにあった木枕を法然聖人に投げつけたそうです。この当時の人たちの講義はそういう激しいところがあったんでしょう。師匠も弟子も必死になってやっていたわけです。

ここで叡空が「小僧」と言っているのですから、四十を越した人に対してはそんなことは言いません。やはり二十歳代か、せいぜい行って三十になるかならないか位の若さでしょう。その時点で法然聖人は、『往生要集』は観念仏ではなくて称名念仏を明かす書物だとすでに見込んでいるわけです。そこまで読んでいるわけです。もう師匠も手を付けられないほどの境地まで行っているのです。けれども法然聖人には、称名念仏によって救われるという確証が持てなかったのです。

仏道の落第生

法然聖人は二十四歳で一度比叡山を出て、南都の方に遊学しています。奈良から京都の醍醐（だいご）のあたりを回ってこられたようです。比叡山の外の世界を見てきたのです。そして当時のいろんな学僧たちに会って生死を超える道を尋ねました。ところが誰もそれを教えてくれる者がいなかったというのです。

法然聖人の門弟の聖光房弁長（しょうこうぼうべんちょう）が、聖人が亡くなられてからですが、『徹選択集（てっせんちゃくしゅう）』という書物を書いています。そこに、「ある時に法然聖人から聞いた」といって、こんな話が出ているのです（『浄土宗全書』七巻九五頁、『和語灯録』に同文〈『昭和新修法然上人全集』四五九頁〉）。

「私は若い頃から出家して、私なりに一生懸命勉強をした。そうして分かったのは、仏道とは戒・定・慧の三学につきる。仏道にはそれこそ恐ろしく難解で広博多義にわたる教義論が展開されている。けれども実践ということになったら、小乗だろうと大乗だろうと、顕教だろうと密教だろうと、やらねばならないと教えていることは、戒・定・慧の三つしかない」。

「戒」とは戒律、「定」は禅定（ぜんじょう）・精神統一、「慧」は一切は空であると悟る智慧・無分別智（むふんべっち）です。まずは、戒律を持って生活を浄化する。煩悩臭い仏様なんていやしませんから、やはり戒律をきちっと持って心身を浄化していく。次に精神統一をして心を静める。どんな時にも心を平静にして、心の動揺を防いで真理を直観していく。そして智慧を磨いて一切は空であると悟る智慧を開き、生死一如、怨親平等という悟りの境地に到達するのが仏道だというのです。

しかし、法然聖人は、「しかし私は、戒を持ちえず、禅定もできず、智慧も得ることができなかった。私は戒・定・慧の三学の器ではない」と言われているのです。法然聖人は一生涯肉食妻帯をしない清僧として生きていかれた方なのです。ところが自分自身を見つめてみると、心では戒律を破り続けており、本当の意味で戒律は持てていない。形としては戒律は持っているけれども、内側に煩悩が燃えて、常に戒律の枠を破ろう破ろうと衝動が起きている。だから私は本当の意味で持戒堅固の清僧とは言えない人間なのだという。

また、禅定は心を静めて、真理を直観するというのだが、心は常に散り乱れている。いろんなことに心は常に揺れ動き、一瞬として静かな時はない。散乱麁動の心、これが私の地金だというのです。そして生死一如なんてことは理屈では分かったとしてもそうはなりきれない。「これで結構でございます」と言ってニコニコしながら死ねるかといったら、そうはいかない。虎がやって来て、「お前を食うぞ」と言ったら、「どうぞお召し上がり」と、自分の身を差し出すというわけにはいかないのです。やはり嫌だ、命が惜しい。それに、怨親平等と言っても、やはり敵は敵、憎い奴は憎い。おそらく法然聖人には、お父さんが死にぎわに「愛と憎しみを超えていく道を極めよ」と言われたことが念頭にあったのでしょう。傷を負わされて血みどろになって死んでいった父親。その敵が許せるか、敵を本当に温かく包んでいく心境になれるかといったら、そんなものになれるわけはないのです。思い出しただけで虫唾（むしず）が走ると思うのです。そうすると般若とも言われる空慧（くうえ）は自分には少しも身についていない。やはり、自分は仏道からはみ出している人間ということになる。それが三学の器ではないということです。つまり落第生だ。「戒・定・慧の三学を学べ」というお釈迦様の教えからはみ出してしまった落第生だというのです。

仏教ではない仏教を求めて

そこで法然聖人は、「戒・定・慧の器（うつわ）ものに非（あら）ざる私のような者が、生死を超える道がどこかにありませんか」と、あらゆる智者や学者に聞いてまわったのです。しかし、誰も答えてくれる者がいなかったというのです。それは考えてみたらそうなのです。法然聖人自身がその矛盾を知っておられるわけです。これは、「仏教ではない仏教はありますか」と聞いているわけですから、そんなことを答えられる人はありません。しかしこの問題意識が、法然聖人を法然聖人たらしめるものなのです。だからこれから後に、「法然の説いているのは仏教ではない。あんなものは外道だ」と他の人たちが非難するのは当然なのです。仏道でない仏道を法然聖人は見極めたわけです。

ではなぜに法然聖人は、仏道の器でないと思いながらも、なおかつ仏道にこだわり続けたのか。聖人がそれでもどこかに三学以外の道があるはずだと思い続けたのは、理由があるのです。それはお釈迦様が、「一切衆生（いっさいしゅじょう）、悉有仏性（しつうぶっしょう）」、つまり、「すべてのものは仏の子である」と仰っているからです。すべてのものが仏の子ならば、すべてのものを仏にする道がどこかにあるはずだ。「すべてのもの」とは及第生だけではないはずです。戒・定・慧の三学ができるような特別の器を持ったものでなければ救われないというのだったら、あの言葉は嘘になります。そしてまた実際に自分たちが仏門に入る時に何を誓うかといったら、まず、「衆生無辺誓願度（衆生は無辺なり。誓って度せんと願ず）」と誓うのです。生きとし生けるすべてのものを救おうという誓いです。しかし現実にはどこを見ても仏道の器でない人ばかりいる。そういう人に向かっても自分は、「救う」と誓った。それだったら、そういう者を救う道がどこかにあるはずだ。それは私たちが今まで知らないだけで、お釈迦様はどこかできっとそれを説いていらっしゃるはずだ。

そこでもう誰に聞いても分からないのならば、直接仏様に聞こう、また祖師方に聞いてみようということで、比叡山・黒谷の報恩蔵（ほうおんぞう）という経蔵に籠もり、宋版（そうはん）の一切経を始め、集められる限りの仏教学の文献を必死になって読んでいかれたのです。

法然聖人が一切経を五遍読まれたという伝説がありますが、本当に五遍も読まれたかどうかは分かりません。五遍読んでも大した意味はないと思います。おそらく一切経の全部に目は通したと思います。目を通せばどこに中心があるか、どこに救いの道らしきものがあるかの目途がつきます。それをさらにぎゅーっと押し詰めていく、その道を極めていくわけです。本当の意味の求道者というのは法然聖人でしょう。ただ有る物を学んだのではないのです。だれも知らないものを見出そうとしたのです。これが法然聖人の求道だったのです。だからあの天才が四十三歳まで迷って迷って迷い抜いたというのは、それだけ問題意識が深かったということです。

「必得往生」の道

法然聖人は、すでに二十代の後半か、三十代の初め頃までに、「称名念仏が万人の救われる道としてある」ということは薄々とは気がついているはずです。称名念仏以外に私の救われる道はないという根っ子は見えていた。しかしそれがどうしても納得がいかなかったのです。

三学の器ではない、仏教から完全にはみ出してしまった存在というのは、その意味では何も学んでいないのと一緒です。生まれてきたまんまということです。その生まれてきたまんま、何も頭の中に入っていない、こんな私の救われる道が称名念仏だと言い切れるかという問題に、法然聖人は突き当たっているわけです。法然聖人はこのように仰っています（『昭和新修法然上人全集』四三七頁）。

「源信僧都の『往生要集』を読んでおりますと、必ず往生できるという道（「百即百生の行相」）を語る時には、道綽・善導の言葉を引いていらっしゃる。つまり〈必得往生〉の道は道綽・善導の聖教にあるのだと源信僧都は言っている。そこでその道を知るために、道綽禅師の『安楽集』、そして善導大師のお聖教を読んでいった。けれども善導大師のお聖教を読んだ時に、ここに書かれている道はとても私のような者が歩めるものではないと思った。しかし何か惹かれるものがあってもう一遍読んだ。まだ判らないのでもう一遍読んだ。そして善導大師のお聖教の中に私の救われる道が見つかった」。

ここで法然聖人は「必得往生」の道を求めたと言ってあるのです。これは目の付け所がおもしろいです。これは後に親鸞聖人が「自然法爾」という形で展開する思想の元なのです。私たちは日常、「必ず」とか「決定」という言葉をあまりにも簡単に使い過ぎている。私たちの上に「必ず」ということが言えるのは一体何があるか。考えてみたらそれは、生きている人間が死ぬということでしょう。これは「必ず」と言える、それ以外にない。それ以外に人間の営みの上で「必ず」ということは言えない。これ以外のことには必ず不確実さが付いてくる。だから完全な確実さというのは、人間のはからい・力を超えた所でしか言い様がない。その人間のはからい・力を超えた所でしか言い様のない「必ず」ということを自分の上で言う。これがなぜ言えるか。実はこれが法然聖人の問題だったのです。つまり称名念仏が「必得往生の行」「決定往生の行」であるという確証がもてなかったのです。称名念仏によって、必ず往生する、決定して往生すると言い切ることがどうしてもできなかった。だからこれを必死になって求め続けたわけです。そうして善導大師のご文によって回心したわけです。それが

一心専念弥陀名号、行住坐臥不問時節久近、念念不捨者是名正定之業、順彼仏願故
（一心にもつぱら弥陀の名号を念じて、行住座臥に時節の久近を問はず念々に捨てざるは、これを正定の業と名づく、かの仏の願に順ずるがゆゑなり。『註釈版聖典（七祖篇）』四六三頁、『註釈版聖典』二二一頁）

という言葉でした。

法然聖人はこの回心について、「順彼仏願故の文ふかくたましゐにそみ、心にとゞめたる也」と言われています（『徹選択集』〈『浄土宗全書（七）』九五頁〉、『和語燈録』〈『昭和新修法然上人全集』四

六〇頁〉)。「順彼仏願故」という言葉が心に染み込んだと仰っていますから、特にこの言葉によって、称名念仏が正しく往生が決定する行（正定業）であるのは、阿弥陀仏が本願において選び定められた行であるからだ、と気づいたのです。

また法然聖人の伝記の『十六門記（じゅうろくもんき）』には、聖覚法印（せいかくほういん）が、「法然聖人からこういうことを聞いた」と仰っています。

> 善導大師のお言葉の深い意味を知り、嬉しさのあまり、だれも聞く人はいなかったが、〈私のような愚かな者のために仏様はかねて念仏の道を定めていてくださったのだ〉と叫び、とめどなく涙が流れた。
>
> （『浄土宗全書（十七）』六頁、取意）

四十三歳の分別盛りの男が、経蔵の中で一人で聖教を読みながら泣いていたというのです。法然聖人はこの時、「念仏は私の行ではなかった」と気がついたのです。念仏は私の行だ、私が定めたと思っているから、どうしても安心できなかった、決定往生と言えなかった。人間のはからいが微塵でも入ったら「決定的な」「必ず」ということは決して出て来ない。ところが念仏は私の行ではない、如来の行なのだ。如来が往生の行として定めた行なのだということに気がついた時、法然聖人は回心するわけです。この法然聖人の回心から、全く新しい仏教理解の枠組みが成立するのです。

第二十六章　法然聖人㈢　回心の内景

念仏―救済の願いに包まれる

法然聖人が回心をされたのは四十三歳の時でした。そのきっかけになったのは善導大師の、

一心にもっぱら弥陀の名号を念じて、行住坐臥に時節の久近を問はず念々に捨てざるは、これを正定の業と名づく、かの仏の願に順ずるがゆゑなり。

（『註釈版聖典（七祖篇）』四六三頁、『註釈版聖典』一二二一頁）

というお言葉だったのです。

「行住坐臥」の行とは歩く、住はとどまる、坐は座る、臥は寝ることです。これは人間の行いを四種類に分類したもので、四威儀と言います。四種類の行動様式です。すなわち、阿弥陀仏が本願

の中で、「念仏しなさい、必ず救う」と誓われた念仏は、歩いている時は歩いているまま、じーっとしている時はじーっとしているまま、座っている時は座ったまま、寝た時は寝たまま、そのままの姿で称えるものだということです。例えば常行三昧は歩きながら念仏を称える、常坐三昧(じょうざざんまい)は座ったまま称えるというように、威儀が決まっています。しかし本願の念仏は、どんな称え方でも問題はないのです。

「時節の久近を問はず」の久とは久しい、近は近い、つまり長いと短いです。長い間称えようと、短い間称えようと関係ないということです。たった一声称えただけで命が終わる人もあるし、何十年も念仏生活を送る人もある。一声でも少ないということはない、百万遍でも多すぎることはない。ただ思い出すごとに称えて、念仏を捨てないこと。これを正しく往生が決定する行いと言われているのです。

このお言葉は法然聖人も何度も何度も読んでいらっしゃったものですが、はじめて、「かの仏の願に順ずるがゆゑなり（順彼仏願故(じゅんぴぶつがんこ)）」という言葉の重さに気がついたわけです。それまでは、「念仏をすれば必ずたすかる」ことの理由を、「念仏を称えれば心が静まるからだ」、「念仏を称えたらあらゆる罪がなくなるからだ」など、いろんな理由が言われてきました。けれども、法然聖人はそれでは納得できなかったのです。

それがここでは、その理由を、「仏の願に順ずるからだ」と言われている。阿弥陀仏がその本願の中で、「お願いだから念仏してくれ。必ずたすける」と誓っておられる。そして、「念仏する者をもし救うことができなかったら、私は仏にならない」とまで誓っていらっしゃる。後に法然聖人はこの本願を「選択本願」と呼びました。阿弥陀仏は、念仏以外の行を「選び捨て」、念仏一つを「選び取り」、念仏を往生の行業として「選び定めた」。「選捨」「選取」「選定」を選択と言うのです。

そうしますと、念仏は私が選び定めた行ではないわけです。他の修行は皆自分が選び決めます。たとえば回峰行（かいほうぎょう）をやるかやらないかは自分で決めるのです。自分の選びである以上は、私の営み・行いになります。私の営み・行いである限り、そこに何らかの不確かさがまじります。「これは絶対に確実だ」とは言えない。「私は確実だと思う」というだけなのです。すると、「お前がそう思ったとしても、それがどうしたのだ」ということになってしまいます。ここでは選びの主体は全部「私」なのです。それまで法然聖人は、自分で念仏を選んだと思っていたから安心できなかった。

しかし称名念仏は自分が決めるのではない。仏様が決めていらっしゃる。だから私はただ仏様が決めてくださったことに随順しているのだ、と気がついた時に、私が念仏の主人公ではない、それは見せ掛けの主人公にすぎない、本当の念仏の主人公は阿弥陀様だ、というふうに主人公が転換した。この転換を回心というのです。阿弥陀様が「南無阿弥陀仏」という阿弥陀仏の名を往生の行として選び取って、「これを称えてくれ」と願いを込めて私たちに与えておられる。したがって、私は私が称えた念仏で救われるのではなくて、阿弥陀仏が私を救おうとして選ばれた念仏によって救われるということになります。そうすると、私が念仏していることは、阿弥陀仏の本願に包まれていることなのです。念仏は、如来様の救済の願いに包まれていることだということに、法然聖人は納得できたわけなのです。

如来が主であって、私は客なのです。これを逆転させたらいけないのです。逆転させると、私が如来を使うようになります。「私は悪いことをしますが、地獄に堕ちないようお願いします」。これでは仏様を召使にしています。つまり如来を召使として私が命令する。大概これをやっているわけです。それは反対なのだ、仏様が主人公で私は客人なのだ、私は、「お願いだから助かってくれよ。お願いだから念仏してくれよ」と仏様に願われている。だから私はその願いにしたがうだけなのだ。仏様が私に願っていらっしゃる、その如来の願いを聞き入れる。そうすると、主人公が転換するのです。

阿弥陀様が責任者

「決定」とか「必ず」と言えるような領域を確認しようと、法然聖人は道を求めていかれたのです。

人間とは、不確かな存在です。我々は何でも分かっているようなつもりでおりますが、自分が生まれてきたことも知らない。それに、この「いのち」の営みは、私の意志・思いとは全く関係なしに行われている。自分で心臓や胃を動かしているわけではないのです。だからまったく私の意志の彼方(かなた)で「いのち」の営みは行われている。そしてやがて自分の意志と関係なしに死を迎えます。しかも「死ぬ」と言うけれど、自分の知識・経験として死を持つことはできません。「私は死んだ」と言えないのです。死は決定的だと言いながら、それを自分の経験として持つことはできない。何だか変ですね。生まれてくることも、この「いのち」の営みも、死ぬことも、自分では分からないのです。

いわば、始めも真ん中も終わりもすべて不確かな、責任の持てない私という存在。何も知らずに生まれてきたのだったら、責任を持てはしません。死ぬ時も知らずに死んでいくのなら、これまた責任を持てません。だから私はいつも申しますが、生まれ方によって人をとやかく言うのは残酷というものです。自分が決めていないことで責任とらされることはない。どこの家でどんな形で生まれようと、それはその人の責任ではないのです。ですから、先に生まれている者はそれを無条件に受け入れてやらないといけない。どんな生まれ方をしようと無条件に受け入れて、その子が一番よい条件で生きていけるような方策を考えていくのが、先に生まれた者の責任だと思うのです。これは、広く言えば社会の責任だし、狭く言えば家庭の親となった者の責任です。それでも人間が背負っていける責任は高が知れています。いくら、「こうしてやりたい」と思っても、それにふさわしい力がなければ、どうしてやることもできない。『歎異抄』に、「存知のごとくたすけがたければ、この慈悲始終なし」（『註釈版聖典』八三四頁）と言われますが、本当にそんな所があります。

そういう中で私たちの生と死の全体に、「私が責任を持とう」と名乗り出られたのが阿弥陀様なのです。「責任を持つ」と言った以上、責任を果たされます。どんな責任かと言うと、私たちを仏の子として育てていく。どんな生まれ方であろうと、どんな生き方であろうと、如来様は、仏の子として私たちの存在を認めてくださる。そして仏の子としてふさわしい生き方をするように導いてくださる。その仏様の導きの言葉がお経です。「このように生きなさい。このようにものを考えるのだよ」と教育をしてくださる。あれは責任者だから言える言葉なのです。仏様の教えは、無責任な教えではないのです。「お前の全責任を持つから、こういう生き方をしてほしいのだ。こういうふうに人生を見てほしいのだ」という、仏様の願いが示されているのです。これを本願と言います。阿弥陀様の本願は責任者としての願いなのです。その願いを聞いて、それにふさわしい生き方をするのが仏弟子であり、仏の子なのです。

法然聖人は、その願いを受け入れた途端、自分の主人公が変わった。「私の私」だと思っていたものが、「仏様の私」「仏様の子」と人生観が転換したのです。回心とはそういうものなのです。「かの仏の願に順ずるがゆゑに」という言葉によって、仏様は私の主人公なのだから、仏様の願いにかなう生き方が本物だ、と転換をしたわけです。聖人はこれまで、自分が修行の主人公であり責任者だから、私が悪いことを止めて良いことをして、私が私をちゃんと整えて、仏様のお気に召す者になっていかなければならないと、持てない責任を持っていました。そういう自分の愚かさに気がついたのです。

もちろん自分が持つべき責任は、ちゃんと持たなければなりません。けれども、生まれてくること、生きていること、死ぬこと、その根元的な所には私の責任は全くない。問われてもしょうがないのだから、責任の持ちようがない。その責任の持ちようのない所を、仏様が「私が全責任を持つ」と仰ってくださる。そういう仏様のおはからいは、私の思いはからいを超えているのです。それを親鸞聖人は「誓願不思議（せいがんふしぎ）」（『註釈版聖典』五五五頁、八三一頁など）という言葉で表されます。「不思議」というのは単に分からないということではないのです。分からない私を包み、分からない私を導いてくださる仏様のおはからいだから、私には分かりようがないということなのです。

この法然聖人の回心の世界を、きちっと論理化したものが『選択本願念仏集（選択集）』なのです。だから『選択集』はただの教義書ではない。法然聖人の信仰、信心の内景を論理的に説明したものなのです。したがってあれを一般の仏教学者たちが読んで、「これはおかしいではないか」と非難攻撃をするのは無理のないことなのです。しかし法然聖人にしてみたら、「聖道門からはみ出してしまった、仏道の器でない愚かな私を包摂してくれるものは、ただ阿弥陀仏の大悲の本願だけなのだ」という信念があるのです。そこに立って仏教をもう一度確認すると、こういう論理になると言うのです。これが法然聖人の教えなのです。

死の前に立っても

回心してから、法然聖人は今までとは全く違った領域を生きるようになっていかれます。そうするとやはり比叡山では生きにくくなります。そのうちに、年は六つも下ですが、天才的な学者であり、非常に厳しい念仏の行者であった遊蓮房円照（ゆうれんぼうえんしょう）に招かれて彼の所へ行くのです。現在、京都からずっと西の方に行った長岡京市の北東の方に、粟生（あお）の光明寺（こうみょうじ）というお寺があります。西山浄土宗（せいざんじょうどしゅう）の本山です。あの辺りは広谷別所（ひろだにべっしょ）と言います。遊蓮房はそこに住んでいた人です。遊蓮房のお父さんは藤原信西入道（ふじわらしんぜいにゅうどう）という方で、有名な保元（ほうげん）の乱の立役者です。いわば平安時代の幕を閉じて鎌倉時代の幕を開く、その舞台回しの役をやった人なのです。親鸞聖人の得度の師である慈円僧正（じえんそうじょう）

は、彼自身が大変な天才ですから、めったに人を誉めないのですが、藤原信西入道の息子たちだけは誉めています。信西入道にはたくさんの子があったのですが、皆それぞれひとかどのものだと言うのです。たしかにこの一族は仏教界や政界の大物をたくさん輩出しています。その一族の人たちから、仏様のように崇められたのが遊蓮房なのです。

これは法然聖人が四十三歳の時ですから、遊蓮房はまだ三十七歳の若さだったのです。けれどもすでに胸を病んでおりました。それで遊蓮房は今まで住んでいた草庵を法然聖人に差し上げて、自分は善峰（よしみね）の方へ移っていきまして、そこで三十九歳の若さで亡くなります。法然聖人は彼が亡くなる時に最後まで看病しておられます。いわゆる臨終の善知識となって彼を看取っていくのです。法然聖人の晩年、あるお弟子が、「あなたの一生涯の思い出とは何ですか」と尋ねた時に、「私のこの世の思い出は、浄土の教えに遇ったことと、遊蓮房に遇ったことだ」と仰ったそうです。それほど遊蓮房との出遇いは、法然聖人に大きな影響を及ぼしている。恐らく最初に聖人の教えを評価し、認め、認めただけではなくて、その教えにしたがって実に見事に生き抜いて臨終を迎えたのが遊蓮房です。その遊蓮房を通して、念仏の教えが死の前に立ってもたじろぐことのない本当の意味での支えとなることを、法然聖人は確認したのです。

法然聖人は、遊蓮房から譲り受けた草庵を東山に移築します。これが吉水草庵です。それから十年余りは、思索と勉強に明け暮れておられたと思います。その聖人が非常に有名になったのが「大原問答」です。それがいつ頃あったのか、ちょっとはっきりしないのです。五十四歳くらいという説もありますが、私は五十六歳くらいではないかなと思っています。というのは、その明くる年に、摂政関白にまで昇った藤原（九条）兼実と初めて出会うのです。あの兼実が注目したというのは、「大原問答」があってこそだと思うのです。

大原の三千院は梶井門跡と言うのですが、天台宗にはその当時、梶井門跡・青蓮院門跡・妙法院門跡という三門跡がありました。その門跡が、必ずしも順番ではないけれども天台の座主になるわけです。その梶井門跡に連なる方で顕真という人がいたのです。大原問答の翌年に天台座主になる方です。大原問答の数年前、この顕真の師匠であった天台座主・明雲が、木曾義仲が叡山に攻め込んだ時、流れ矢に当たって戦死したのです。天台の座主ともあろう者が矢に当たって戦陣の中で死ぬなんてことはあってはならないことです。それで顕真は今までの自分たちの生き方に疑問を抱き、大原へ隠遁するのです。この顕真に招かれて、法然聖人がはじめて善導流の専修念仏の教えを一般に披露したのが「大原問答」なのです。

問答が行われた大原の勝林院には、天台の智海のような当時の叡山きっての学僧や、後に嵯峨門徒の指導者となる念仏房念阿であるとか、当時の名だたる学僧や念仏聖たちが集まりました。おそらく四～五十人くらい集まって法然聖人の教えを聞いたのだと思います。テーマは『往生要集』だったようです。みんなが知っているもので論議をするのが一番良いですから、善導の立場に立って『往生要集』を理解する法然聖人と、天台の伝統にしたがって理解する人たちの間で問答が交わされたわけです。それで顕真を始め、集まった人たちは非常に感銘を受けた。「これはとんでもない大物だ」ということで、聖人の名声が一気に上がるわけです。

法然聖人はその時のことを一言だけ、「法門は牛角の論なりしかども、機根比べには、源空勝ちたりき」(『浄土宗聖典（六）』六七頁）と仰っています。牛角とは牛の角です。牛の角は両方が一緒に向かい合って立っているから、どちらが良くてどちらが悪いということはないという意味です。「機根比べには、源空勝ちたりき」とは、「勝った」とは変な表現ですが、つまり「私が一番愚かだ」と言ったのです。「私は他の修行によって悟りを開くような能力はありません。そんな私にふさわしい念仏の道を阿弥陀様は選び取ってくださったから、私のような愚かな者は、これ以外に道はありません」と言ったら、皆が納得したというわけです。この出来事によって法然聖人が一気に有名になったのです。

けれどもこの大原問答ではまだ「選択（せんじゃく）」という言葉が使われていないのです。だから私はどうもこの辺までは「選択」という概念がきちっと出来上がっていなかったのではないかと思います。

それが初めて語られるのは、文治六（一一九〇）年、聖人五十八歳の「東大寺問答」と言われる東大寺での浄土三部経の講釈なのです。

浄土宗を開く

浄土三部経の講釈は、法然聖人が奈良の大仏を再建した俊乗房重源に招かれて、再建中の東大寺大仏殿で重源とその配下の念仏聖たちに浄土三部経の講義をされたものです。『漢語燈録』にはその講義の聞き書きのような「三部経釈」という漢文で書かれたものが収録されています。講釈は、初めに『阿弥陀経』、続いて『大経』、そして『観経』で終わったようです。おそらく三部経の重要な問題点について講義をされたのでしょう。実はこれが元になって八年後に『選択集』が書かれるわけです。しかし、この東大寺での講釈は南都仏教にカルチャーショックを与えたようです。俊乗房重源というバックがありますので、直接法然聖人に危害を加えることはなかったようですけれども、聖人に対する賛否両論が渦巻いたようです。しかもここで法然聖人は、浄土教という独自の教義体系を立てて浄土宗という一宗を開くという「立教開宗」を行っているのです。

ご存じのように、鑑真和上が日本にやって来まして、東大寺に戒壇院を作って、お坊さんを養成する根本道場を作りました。日本で初めて正式に僧侶を養成することができるようになったのがこの東大寺の戒壇院です。つまり東大寺は日本仏教の中心道場なのです。ここで新しい仏教の立教開宗宣言をやるのですから、これは不敵というか、ずいぶん剛胆なことをやってのけたのです。それだけに南都の人たちは凄いカルチャーショックを受けているわけです。これから後に法然聖人に轟々（ごうごう）たる非難が巻き起こるわけなのです。

そしてそれから八年経ちまして、聖人の主著『選択集』の撰述が行われるのです。『選択集』は、九歳で出家してから四十三歳で回心するまで、それこそ三十数年の厳しい求道の果てに到達した境地を、さらに十五年かけて磨き上げて、それを教義として確立していったものなのです。

第二十七章　法然聖人㈣　善悪を超えた世界

『選択集』を著す

『選択本願念仏集（選択集）』は法然聖人の主著です。建久九（一一九八）年、法然聖人六十六歳の時に、先の関白・九条兼実の要請によって著されました。

この前年から、どうやら法然聖人はずいぶん重い病気になっておられたようなのです。『選択集』を著された翌月、法然聖人は「没後起請文」というものを書き残しておられます。「私が死んだら、この吉水の草庵は誰それが、白川の坊は誰それが、本尊は誰それが、それぞれ受けてくれるように」と言ってあるのです。それからまた、「私が死んだからといって特別にお寺を造ったり、仏像を造ったりする必要はない。私は一生涯お念仏を事として生きてきたのだから、私を偲ぶ者はお念仏をしてくれ」というようなことをずーっと書いて、「それ以外に何もない」と言っておられます。だからこの時期、法然聖人は死を意識されていたのでしょう。そういう状況でしたので、兼実は、

「このままでは、せっかくの法然聖人の教えが消えてしまうのではないか」という恐れを抱いたのです。

加えて、法然聖人の教えというのは、余りにも分かりやす過ぎるので、かえって分からないという問題があります。いろんな人がそれぞれ自分勝手に理解しますから、どんな解釈でもできるという恐ろしさがある訳です。そのために様々な誤解に晒(さら)されて、法然聖人の教えの真意がどこにあるか分からなくなってしまうようなことがありました。さらに、法然聖人は書かない人なのです。筆無精と思ってもらったらいいでしょう。ですから著書というものがなかった訳です。弟子たちが講義を記録した「聞書」はあります。けれども「聞書」には、聞き書きする人の能力がずいぶん影響します。

ちなみに、法然聖人は文章は下手ではありません。法然聖人のお手紙だといわれるものを全部調べてみると、いくつか紛れもない聖人の真筆があります。それを見ますと、良い文章を書いておられます。美文で、きらきらした文章ではないですが、非常に重厚な、そして深い思いのこもった良い文章を書かれます。ああいうのが名文なのです。けれども余り文章を書くのはお好きではなかったようです。

このような状況だったので、「きっちりとした書物を書いて残して欲しい」と兼実がお願いしたのです。法然聖人も「それはそうだ」と思われたのでしょう。それで先に東大寺で講義した浄土三部経の講釈を下敷きにし、手直ししながら、今度は三部経の講義ではなくて、「選択本願念仏」という教えを表す『選択本願念仏集』という書物を法然聖人は書かれる訳なのです。

『選択集』は、伝承によると、安楽房遵西(あんらくぼうじゅんさい)、真観房感西(しんかんぼうかんさい)、善恵房証空(ぜんねぼうしょうくう)の三人を助手として書いていらっしゃいます。『選択集』の「廬山寺本(ろざんじぼん)」というものが現存しています。これが原本と見てよいでしょう。それによると、第一章から第三章の中頃までは一人の筆で書いてあります。続く第三章から真ん中より少し終わりくらいまでは次の人の筆です。それから後の方がもう一人の筆、続いてさらにまた二番目の人の筆がありまして、最後にまた三番目の人の筆があります。この三人が書いているのです。

『選択集』はどのような書物か

『選択集』は全部で十六章から成り立っています。第一章は「二門章(にもんしょう)」と通称しています。「二門章」とは後の者がつけた名前で、正式には、「道綽禅師(どうしゃくぜんじ)、聖道(しょうどう)・浄土(じょうど)の二門(もん)を立(た)てて、聖道(しょうどう)を捨(す)ててまさしく浄土(じょうど)に帰(き)する文(もん)」(『註釈版聖典(七祖篇)』一一八三頁)という標題です。長い標題ですので、略して「二門章」と呼んでいるのです。第二章は「二行章(にぎょうしょう)」で、これは「善導和尚(ぜんどうかしょう)、正雑二行を立てて、雑行を捨てて正行に帰する文」（『註釈版聖典（七祖篇）』一一九一頁）という標題を略しています。それから第三章が「本願章」で、これは「弥陀如来、余行をもつて往生の本願となさず、ただ念仏をもつて往生の本願となしたまへる文」（『註釈版聖典（七祖篇）』一二〇一頁）という表題を略しています。『選択集』は全部で十六章ありますが、その法義はこれら初めの三章に要約することができると言われています。そして、この三つをまとめると「三選の文」と言われるものに約まるのです。

『選択集』の最後の所に、

> それすみやかに生死を離れんと欲はば、二種の勝法のなかに、しばらく聖道門を閣きて選びて浄土門に入るべし。浄土門に入らんと欲はば、正雑二行のなかに、しばらくもろもろの雑行を抛てて選びて正行に帰すべし。正行を修せんと欲はば、正助二業のなかに、なほ助業を傍らにして選びて正定をもつぱらにすべし。正定の業とは、すなはちこれ仏名を称するなり。名を称すれば、かならず生ずることを得。仏の本願によるがゆゑなり。
>
> （『註釈版聖典（七祖篇）』一二八五頁、『註釈版聖典』一八五頁）

と仰ってあります。これが「三選の文」です。

「三選」とは三つの選びということで、第一の選びは「二門章」の心、第二の選びは「二行章」の心、第三の選びは「本願章」の心を述べたものです。つまり、迷いの世界を離れようと思ったら、聖道門をさしおいて浄土門に入る。浄土門に入ろうと思ったら、雑行を捨てて正行を修する。正行を行おうと思ったら、正行の中で助業と言われるものは傍らにして、正定業を専らにするべきである。正定業とは正しく往生が決定する行業のことで、それが称名であると言われているのです。なぜ称名が正定業なのかと言うと、それは「仏の本願によるがゆゑなり」、すなわち、阿弥陀仏が本願の中で往生の行として選び定めたのが称名の一行であるから、名を称えるものは本願のお約束通りに本願に乗じて必ず浄土に生まれるのだ、と仰っているのです。これが「三選の文」の内容で、『選択集』全体をまとめたものなのです。そしてこれは、法然聖人が回心された状況を教義的に明確にされたものでもあるのです。

善と悪とが翻る

法然聖人が『選択集』を残してくださったことによって、法然聖人の教えを体系的に知ることができるわけなのです。親鸞聖人はこの『選択集』の内容を「正信偈」で讃歎されるのです。まずは最初のところを見ていきましょう。

本師源空明仏教　憐愍善悪凡夫人
真宗教証興片州　選択本願弘悪世

（本師源空は、仏教にあきらかにして、善悪の凡夫人を憐愍せしむ。真宗の教証、片州に興す。選択本願、悪世に弘む。『註釈版聖典』二〇七頁）

「本師源空明仏教　憐愍善悪凡夫人」とは、法然聖人は、善人であれ悪人であれ、その善悪の凡夫人を憐れまれた、ということです。善人・悪人と言いましても、どこかに善人・悪人というものがいる訳ではないのです。一人の人間の中で善と悪とが翻るのです。ある時は善人の姿を取ったり、ある時はとんでもない愚かしいことをやったり、またそうかと思うと素晴らしいことを言ったりしたりするのが人間なのです。だから、善ばかり悪ばかりの人間がいると思ったら大間違いです。一人の人間の中で善い時と悪い時がある。けれども多くの場合は、悪人というレッテルを貼ったり、場合によったら裏切り者というレッテルを貼ったり、あるいは反社会的な行動をしたということでレッテルを貼ったりする訳です。

考えてみたら、人間というのは危ないものなのです。善と悪とが常に翻っているのです。例えば、学校の校長先生だとか、会社の社長さんだとかがお辞めになる時に、「魔事なく終わらせていただきました」とよく挨拶されますが、あれは本当だと思います。人間とは危ないものなのです。そういう綱渡りをしている訳です。ですから、「善人は善人のまま、悪人は悪人のまま、そのまま救われるのだよ」ということを法然聖人は仰いましたが、あれはそういう人間存在であることを洞察していらっしゃるのです。善い時の私は救われて、悪い時の私は救われないのだったら、結局私は救われないということになるのでしょう。私の中で善と悪とが常に翻っている。そういう存在である人間の救いは、善悪共に摂取することがなければ成立しないのです。

これは何も真宗で言うだけではありません。例えば、禅宗の人がそういうものを見ています。悟った人たちというのは凄いのです。その凄さというのは、こういうものを見据えているということなのです。つまり、人間の本質なんてものがどこかにあると考えることはおかしいのです。「善いばかり、そんなものではないぞ」、「悪いばかり、そんなものでもないぞ」ということを見据えているのです。

父母が生まれる前の私

例えば禅宗に、六祖慧能禅師（六三八—七一三）という有名な方がいます。禅宗は、達磨大師（？—五三〇？）が南北朝時代にインドからやって来て、禅の開祖だと言われているのですが、この慧能禅師が事実上、我々が今言っているような禅というものを築いた人なのです。禅師は中国の南方の広東の人で、元々は貧しい農民でした。たまたま『金剛般若経』というお経を聞く機会があり、何か心に響くものがあって、弘忍という禅僧のもとに入門します。しかし、田舎から飛び出して来て、学問も何もないので、正式なお坊さんになれず、米搗きに雇われたのです。昔は米を搗くのは杵を足で踏んで搗いていた訳です。そういう仕事をしながら、彼は心境に磨きをかけていくのです。

これは伝説ですけれども、弘忍が跡継ぎを決める際、慧能禅師の兄弟子で学徳円満の神秀が、悟りの境地を表現する「投機の偈」をよみます。それは、「身は是れ菩提樹、心は明鏡台の如し。時々に勤めて払拭して、塵埃を惹かしむるなかれ」（私の身体は悟りの樹であり、心は清らかな鏡の台である。いつも勤めて塵や埃を拭い、塵や埃をつかせまい）という詩でした。これは誰が見ても素晴らしい詩なのです。しかし、それを見た慧能禅師が、「菩提本より樹なし、明鏡も亦台にあらず、本来無一物、いずれの処にか塵埃を惹かん」（悟りにはもともと樹はない、清らかな鏡も台ではない。本来何もない。どこに塵や埃があろうか）という有名な投機の偈を作るのです。あらゆるものに固定的実体はないことを意味する「本来無一物」という言葉はここから出たものです。この偈を見て、師匠の弘忍はびっくりし、「これはただものではない」と、自分の衣鉢（袈裟と鉄鉢）を禅師に与えるのです。これは法を受け継いだ伝法のしるしです。

衣鉢をいただいた慧能禅師が郷里に帰る時、それを知った弟子たち、ことに明上座と言われる弘忍の上足の弟子が衣鉢を奪い取りに追いかけてきたのです。「その衣鉢はお前みたいなものが持って帰るべきものではない、返せ」ということでしょう。そうしたら禅師は衣鉢を石の上に置いて、「あなたのしたいようにしろ」と言ったのです。それを明上座が持ち上げようと思ったら、上がらない。お袈裟一枚なのですが、それが持ち上がらなかった。その時に禅師が、「善を思わず、悪を思わず、正に恁麼の時、いかなるか是れ、明上座、父母未生前の本来の面目（不思善不思悪　正恁麼時　如何是明上座　父母未生前　本来面目）」と言い、それを聞いた明上座が豁然と悟ったのです。こういう有名な話があるのです。

「不思善不思悪」は、「善を思わず、悪を思わず」と読んでいますが、あれは日本語の「思わず」とはどうも違うようです。「不思善不思悪」と言った時には、善でもない悪でもない、ということです。ですから慧能禅師は、「明上座よ、善と悪を超えたところで、お前の本来のすがたをここへ出してみろ」と言っているのです。「善と悪を超えた所に本来の面目というものがある」ということ、つまり「お前の本来のすがたは何だ」と言っているのです。「善人であるお前でもない、悪人であるお前でもない、お前の本来のすがたは何だ、それをここへ出してみろ」と言った訳です。やはり、善悪というような人工的な価値観の枠組みの中に人間を入れて、そこで理解された人間なんてものは、人間の影に過ぎないのだということでしょう。そして、それにもう一つ付け加えて、「父母未生前」なんて言ったりするのです。あんたの本当のすがた、いやお父さんやお母さんがまだ生まれる前のお前の本当のすがたを出してみろ、というのですから、無茶な話です。

私たちは、生まれたとか死んだとか、お父さんだとかお母さんだとか、そういう人間が作り上げた枠組みによって、人間というものを規定しています。またそれでなければ私たちは社会生活ができないから、そうしていくのです。そういう枠組みの中で私たちはマインドコントロールされて生きているのです。マインドコントロールなんてカルトのように聞こえるかもしれませんが、みんなマインドコントロールを受けているのです。十年生きた人は十年の間にちゃんとその社会に適応していけるようにマインドコントロールされて、社会生活を営んでいる訳です。それは枠組みです。それはその枠組みによって私たちは人になる、社会生活を送れる人として育てられる訳です。それはそれで非常によいのです。だけど後天的な枠組みは後天的な枠組みであって、「いのち」そのものとは違うということをハッキリと見抜けということでしょう。そういう「死んだとか、生きたとかいう枠組みを全部取っ払ってしまって、お前の本来のすがたを出してみろ」というのが「本来の面目」ということなのです。こんな風に禅宗の和尚さんは「鬼面人を威す」というような怖い言葉を使って言われるのです。

危ういものを無条件に承認する

それを法然聖人は、「善人は善人のまま、悪人は悪人のまま」と言われる。その時に阿弥陀様に見えているのは一体何なのか。状況次第によってはとんでもなく善いこともすれば、とんでもなく悪いこともする。そういう意味では実に危ない存在、そして本当に生まれたての赤ちゃんみたいにすごくまっさらなのだけど、傷つきやすい「いのち」というものがあるのです。純真無垢、しかし純真無垢であるということは、ある意味から言うと非常に危ない、非常に壊れやすい、本当に生まれたての赤ちゃんみたいな、そういう「いのち」がある。そういうものが、阿弥陀様がご覧になった時の私たちの姿なのでしょう。阿弥陀様はそれを限りなく慈愛し、無条件にその存在を承認し、無条件にその存在を支えて育てていかれるのです。

ですから、阿弥陀様がご覧になった私たちの姿というものは、善悪ではとらえられないものです。だけど実際にあるのは善人であったり、悪人であったりしますから、それを「善人は善人のまま、悪人は悪人のまま」という言葉によって、善悪を超えた世界というものを見せていく訳です。『歎異抄』の「弥陀の本願には、老少・善悪のひとをえらばれず」（『註釈版聖典』八三一頁）という言葉も、若い時の私も年老いてからの私も、と私は受けとっています。

「善悪の凡夫人を憐愍せしむ」と言われるのは、私たちが壊れやすく、善人でも悪人でもなく、状況次第でどう変わっていくか分からない、そういう意味で憐れむべき存在だと言っていらっしゃるのです。私たちは憐れむべき存在なのです。法然聖人はそういうものをズバリ見抜いていらっしゃる。そしてそういう私が、善い時だけ救われるような道ではなく、悪い時の私も、善い時の私もスッポリと包んでいくような、そしてそこに方向づけを与えていくような仏教、それが阿弥陀様の本願の教えだということを法然聖人は見定められたということです。

世界の片隅で

次の「真宗教証興片州」の「真宗」とは、阿弥陀様の本願のことです。「真宗」とか「浄土真宗」という言葉は教団の名前ではありません。教団の名前としてはっきりと確立してくださるのは蓮如上人でございまして、親鸞聖人が「浄土真宗」と言われた時は、阿弥陀様の本願のみ教えを意味します。「教証」とは、本願のみ教えと、その教えが実際に人々を救い、完全な悟りの境地に導いていく、その救いの証のことです。

そういう阿弥陀様の本願の教えを法然聖人は「片州に興」されたのです。「片州」とは日本です。ユーラシア大陸の東の方に、粟粒が散らばっているような小さな国ということです。『高僧和讃』では、法然聖人のお徳を、

粟散片州に誕生して
念仏宗をひろめしむ
（『註釈版聖典』五九八頁）

と讃えられています。現代の世界地図のようなことが昔の人に何で分かるのだろうと思いますが、結構みんな知っているのです。その粟散片州に浄土真宗の教えを興してくださり、浄土真宗の本体である選択本願を悪世に弘めて、人々に救いを明らかにしてくださったということが、「選択本願弘悪世」の句の意味です。これは『選択集』を著して、選択本願の念仏を弘めてくださったことを表している訳です。

第二十八章　法然聖人㈤　深く信ずる心

深心と深信

還来生死輪転家　決以疑情為所止
速入寂静無為楽　必以信心為能入
（生死輪転の家に還来ることは、決するに疑情をもつて所止とす。すみやかに寂静無為の楽に入ることとは、かならず信心をもつて能入とすといへり。『註釈版聖典』二〇七頁）

『選択集』の中で信心を明かされたのが「三心章」です。法然聖人はこの「三心章」で、『観経』の至誠心・深心・回向発願心（『註釈版聖典』一〇八頁）という三種の心（三心）が「至要（もっとも肝要なもの）」（『註釈版聖典（七祖篇）』一二四七頁）であり、行者が必ず具えるべきものと言われています。その三心の中でも一番肝心なのが深心です。この深心は、善導大師が『観経疏』「散善義」において、以下のように「二種深信」という形で表していらっしゃいます。

> 「二には深心」と。「深心」といふはすなはちこれ深く信ずる心なり。また二種あり。一には決定して深く、自身は現にこれ罪悪生死の凡夫、曠劫よりこのかたつねに没しつねに流転して、出離の縁あることなしと信ず。二には決定して深く、かの阿弥陀仏の、四十八願は衆生を摂受したまふこと、疑なく慮りなくかの願力に乗じてさだめて往生を得と信ず。
> （『註釈版聖典（七祖篇）』四五七頁、『註釈版聖典』二一七頁）

善導大師は、深心は「深い心」ではなくて「深く信ずる心」と言われています。そして「深く信ずる」とは疑いなく信ずることであり、その事柄に二種類あると言って、二種深信という形で出されるのです。「深心」と書いた時には三心の中の真ん中の深心のこと、「深信」と書いた時には二種深信を表します。「散善義」ではこれから後に七深信が展開されますが、初めの二つですべてを包摂されるのです。

この「散善義」の文章を法然聖人は非常に重要視なさいまして、「三心章」の終わりに、

「深心」とは、いはく深信の心なり。まさに知るべし、生死の家には疑をもつて所止となし、涅槃の城には信をもつて能入となす。ゆゑにいま二種の信心を建立して、九品の往生を決定するものなり。

（『註釈版聖典（七祖篇）』一二四八頁）

と仰います。私たちの救いは信心によるのであり、その信心の内容は開けば二種の信心になり、善人であれ悪人であれ、智者であれ愚者であれ、あらゆる者の救いは、この二種深信によってはじめて成立すると言われるのです。この『選択集』の文章によって作られた言葉が今の「正信偈」の文章です。実はこの文章だけが、親鸞聖人が『選択集』から直接取られたものなのです。ですから非常に重要な意味を持つ訳です。

仏様でさえも持て余した私

二種深信の一つは「機の深信」です。自身は現に罪悪にまみれた迷いの凡夫であって、はじめもわからない遠い過去から、煩悩にまつわられながら迷いの境界を流転し続けてきて、わが力では未来永劫、生死の迷いを脱却する手がかりさえもっていないものである、と深く信ずることです。救いの対象（機）である自分の本当の相（すがた）はこういうものだと信ずるので、機の深信と呼ぶのです。

『大経』には、法蔵菩薩が五劫という途方もなく長い時間をかけて万人の救いの道を考えられたと言われています（『註釈版聖典』一五頁）。五劫の間考え、私たちの救いの道を見つけたということは、実は、私が仏様さえも持て余す程の罪業を持っていたことを意味しています。そして仏様の本願はそういう私を救うために発されたのだということが明かされているのです。

『歎異抄』には、親鸞聖人が、

> 弥陀の五劫思惟の願をよくよく案ずれば、ひとへに親鸞一人がためなりけり。さればそれほどの業をもちける身にてありけるを、たすけんとおぼしめしたちける本願のかたじけなさよ
>
> （『註釈版聖典』八五三頁）

とご述懐になったと言われています。仏様が五劫もの間考えなければならないほど救われがたい私、それほどの業を持っている私を阿弥陀様は救おうとされたのだ、まことにありがたいことだと聖人は仰いました。

それを承けて唯円房は、善導大師の「機の深信」の文を出し、この「金言に、すこしもたがはせ

おはしまさず」と味わっています。親鸞聖人のあのご述懐は、機の深信の心を明かしているというのです。唯円房は的確に捉えているのです。『歎異抄』の註釈を見ておりますと、法の深信の方に主眼を置いた解釈が多いようですけれども、『歎異抄』自体は法の深信より機の深信の方を中心にして語っています。

「機の深信」とは要するに、私自身が手のつけようのない者だということなのです。「私は仏様が持て余された程の深い罪業を抱えている、だから自分が自分をどうにかしようといったって、それはどうしようもないのだ、本質的にはどうしようもないのだ」ということを明かしているのです。だから機の深信は「自力無功」、自分で自分を根源的に救いきることはできない、自力功無しということを明かしているのです。私の意志も知恵も意識も、私自身を完全にコントロールするなんてことはできない、自分というのは何とでもできるものとは違うということです。悟りを開く手がかりさえもない、そういう私なのだということが機の深信なのです。

そういう私を阿弥陀様は必ず救いとってくださると信じることが「法の深信」です。「阿弥陀様の四十八願は衆生をおさめとってお救いくださると、疑いなく、ためらいなく、かの阿弥陀様の本願力におまかせして、かならず往生させていただくと、深く、決定的に信ずる」と善導大師は言われています。この私を必ず救ってくださる本願力（法）を信ずるので、「法の深信」と呼ばれる訳です。私の救いの道は、「他力全託」、すなわち阿弥陀仏の本願他力にすべてをゆだねるしかないのです。ですから、自力無功と信知して、他力にまかせることを機の深信・法の深信と言うのです。

真宗の信心は「二種深信」

親鸞聖人は『愚禿鈔』という書物にも同じ「散善義」の文を引用され、その後に「いまこの深信は他力至極の金剛心、一乗無上の真実信海なり」（『註釈版聖典』五二一頁）と仰っています。この深信こそ阿弥陀仏から頂戴する信心である、私が仏様から頂いた信心は、こういう二種の深信なのだということです。だから信心というのは、自分で考えて起こす信心ではないのです。「曠劫よりこのかたつねに没し、つねに流転して……」と言ったって、私に分かるわけはないのです。第一私は自分が生まれてきたことさえよく知らない、気が付いたら生まれていたのです。自分が生きていることに気が付くのは幼稚園か、小学校へ行くくらいの時です。ですから、自分が手のつけようのない罪業を背負った存在であるということは、ただ仏様の教え・言葉を疑いなく聞いて信知する事柄なのです。

この二種深信が信心なのです。煩悩具足の凡夫（機）を必ず救うと仰せられる本願（法）の言葉を聞いて、その仰せのままを受け入れている、聞き開いている事を信心という訳です。仏様の言葉、仏様の仰せを本当だと受け入れている状態が信心なのです。その信心を開けば、私は悟りへの手がかりさえもない者であり、そういう私を阿弥陀仏は「確実に救う」と言い切っていらっしゃる、ということです。それで事は足りる、もうそれ以上何も存在しないということになります。「どうしたら救われるのでしょうか」という問いに対して、「どうしたら救われるとか、どうなったら救われるとか、というようなものではないのだ」というのが、機の深信です。それを阿弥陀様が「救う」と仰っているのだからお任せするしかないではないかというのです。これが真宗の信心です。

本願を信ずるか疑うか

先ほど述べましたように、法然聖人は「三心章」の最後のところで、「まさに知るべし、生死の家には疑をもつて所止となし、涅槃の城には信をもつて能入となす」（『註釈版聖典（七祖篇）』一二四八頁）と仰いました。私たちが迷いの領域、迷いの境界にとどまっているのは、阿弥陀仏の本願を疑っているからであり、逆にこの本願を信ずる者は、如来のおはからいによって確実に涅槃の城に入れしめられるのだと言われたのです。阿弥陀仏の本願を疑うか、信ずるかによって、迷いの領域にとどまるか、悟りの領域に入るかの分かれ目になることを、「信疑決判（しんぎけっぱん）」と呼びます。これは従来の仏教のものの考え方を大きく転換している訳です。

今までは、「仏教とは何だ」と言えば、それは「諸悪莫作、衆善奉行、自浄其意、是諸仏教」（諸々の悪を為すことなかれ、諸々の善はつつしんで行え、みずからその心を浄める、これ諸仏の教えなり）という「七仏通誡（しちぶつつうかい）の偈（げ）」が仏教だと考えられてきたのです。これを「廃悪修善（はいあくしゅぜん）」というのです。戒律を守って、心を浄化して、「一切は空である、生死は本来空なり」という悟りの智慧を開き、そして涅槃の領域に到達するのです。

ところが法然聖人は、善人であるか悪人であるか、智者であるか愚者であるかということは、決定的な意味を持たないと言い切られたのです。本願がなければ、善人であるか悪人であるか、智者であるか愚者であるかは、決定的な意味を持っているけれども、善悪智愚を隔てなく救うと誓われた本願がある以上は、この本願にまかせるか、まかせないかによって、迷うか悟るかが決まるのだと言われたのです。ですから「善悪対」、あるいは「智愚対」で迷いと悟りを分けていた従来の考え方から、「信疑対」で迷いと悟りを分ける考え方に転換した。これで仏教理解の枠組みが転換したことになります。廃悪修善が仏教であると捉えてきた従来の考え方を転換して、本願を信ずるか疑うかが、迷いと悟りの元だぞと決めた訳です。それがここで言われているのです。

「鏡（かがみ）の御影（ごえい）」と言われる、国宝に指定されている親鸞聖人の御影があります。この「鏡の御影」の上部に、今は覚如上人がお書きになった讃があります。これを修復するときに、その下から『選択集』の信疑決判の文が出てきたのです。親鸞聖人が信疑決判の文を自分の肖像画の上に讃としてお書きになっていたということで、この文が大変重要な意味を持つことがわかるのです。

「みやこ」に込められた意味

今の「正信偈」の文章は、その『選択集』の文章から言葉を少し変えられていますけれども、内容は全く同じです。

「生死輪転の家に還来ることは」の、「輪転」は輪廻転生、生死を繰り返すということです。そして、「還来」とは、生と死を繰り返していく迷いの領域に再びもどってくることです。これは、浄土に往生したものが穢土に還り利他活動を行う「還相」ではありません。次生もまた迷いの境界にとどまり、いつまでも迷い続けていることを意味します。「決するに疑情をもつて所止とす」とは、本願を受け入れない疑いの心が、私を迷いの領域にとどめているということです。

続く「寂静」は、涅槃の訳語です。涅槃は「滅」とも翻訳されるように、煩悩が滅して、心の騒がしさがなくなった静かな安らかな状態ですので、寂静と表現されるのです。その涅槃の境界は、人間が作った世界ではありません。人為的な領域ではなく、法そのままの、法の本来の世界であるというので、「無為」と言われます。

この涅槃の領域を、親鸞聖人は「寂静無為の楽」と言われ、「楽」を「みやこ」と読んでいらっしゃるのです。元の『選択集』の文では「涅槃の城」と言われておりまして、「城」と書いて「みやこ」と読んであります。この「みやこ」は城郭に囲まれた都市、城郭都市です。しかもこれは首府のある所で、その国の中心地を「みやこ」と呼ぶのです。日本では平城京とか平安京とか言っていますが、城郭はありませんでした。中国の場合は、洛陽（らくよう）にせよ長安（ちょうあん）にせよ壮大な城郭を持っている。高さ十五メートル、幅五メートルといった強大な城壁があって、長安の場合は、その中に百万の民衆が住んでいたのです。それが「みやこ」です。その国の中枢があって、すべてはそこに集約されているのです。

親鸞聖人はここで「楽」という字を書いて、「みやこ」と読ませています。凝った言葉を使っておられるのです。凝った言葉を使われるということは、何かそこで言い表わしたいものがあるのです。それをこういう言葉でさり気なく表現していかれるのです。

極楽浄土は「安楽国」、あるいは「極楽」と言われます。親鸞聖人はその安楽国を「みやこ」と読んでおられるのです。これは変わった読み方なのです。なぜに「楽」を「みやこ」と読むのかというと、「楽」は「洛」に通じるのです。「洛」とは中国の都の洛陽のことです。この「洛」と「楽」は音が通ずるでしょう。ですから「楽」を「みやこ」と読ませた。「寂静無為の楽」というのは、煩悩を完全に断ち切った悟りの領域が阿弥陀仏の安楽国であり、その安楽国が実は「みやこ」なのだということです。都というのはその国の中枢であり、その国の支配者がいる所です。国が国としての体裁が保てるのは、「みやこ」にいる主人公を中心にした秩序体系というものがあるからです。それがあって初めて国家と言われるものが成立する。安楽国を「みやこ」と言うのは、お浄土というものが、そして浄土にいます阿弥陀様が、全世界の中心であることを意味しているのです。阿弥陀様の世界が「みやこ」なのです。したがって阿弥陀様はその主なのです。「煩悩をは心のまら（客）人とし、念仏をは心のあるし（主）としつれば」（『昭和新修法然上人全集』八〇九頁）と法然聖人は仰います。阿弥陀様の智慧と慈悲が念仏となって、すべての煩悩具足の凡夫を貫いて、煩悩を転換して悟りの方向へ向けしめていく。そこに阿弥陀仏を中心にした新しい秩序の体系ができあがる。実は親鸞聖人はここでその秩序体系を表わそうとしていらっしゃるのです。

煩悩というのは無秩序です。混沌としてテンデンバラバラ、そこには少しも統一性がない。みんな自分勝手に、自分の都合を中心にして是非善悪を考えて、自分の世界を作っている。そこに如来の智慧と慈悲によって一つの秩序をあらしめる。その秩序の源泉が浄土であり阿弥陀仏です。それが主人公なのです。ですから「みやこ」と言い、そして阿弥陀仏を「主」と言うのです。『浄土論』（『註釈版聖典（七祖篇）』二九頁）では、「主功徳（しゅくどく）」や「上首功徳（じょうしゅくどく）」が説かれて、阿弥陀様が浄土の中心であると言われています。

救われるということは、煩悩の心に新しい秩序が成立することです。そこで我々は浄土に向かった者になる訳です。それが願生浄土です。そこに初めて闇を背にして光に向かった人生が成立する。同じ闇を持っていても、光を背にして闇に向かえば暗い。けれども影を背にして光に向かえば明るい。その転換が救いです。十方の諸仏、無数の菩薩、そして一切の衆生、それらが阿弥陀様を中心にした一つの秩序体系を確立する。それが救済であり、それは阿弥陀様から信心を頂戴することによって成立するのです。そしてお浄土へ往くというのは、今度はそちらの側、秩序を作る側に行くのです。

ただ七高僧の説を信じて

弘経大士宗師等　拯済無辺極濁悪
道俗時衆共同心　唯可信斯高僧説
（弘経の大士・宗師等、無辺の極濁悪を拯済したまふ。道俗時衆ともに同心に、ただこの高僧の説を信ずべしと。『註釈版聖典』二〇七頁）

「正信偈」の最後のところに入ります。「弘経の大士・宗師等」の「弘経」とはお経を弘めていくこと、「大士」とは龍樹菩薩や天親菩薩、「宗師」とは曇鸞、道綽、善導、そして源信、源空（法然）という方々です。このいわゆる七高僧たちが、「無辺の極濁悪を拯済したまふ」、つまりほとりなき濁悪の世界をお救いくださると言われているのです。「拯済」の「拯」とは溺れている者を両手ですくい上げることで、「済」とは自分と同じ安全な領域におくことです。溺れている者をすくい上げて、自分と同じ安らかな状態においていくことを意味する言葉が「拯済」なのです。

「道俗時衆共に同心に」の「道」はお坊さん、出家の人、「俗」は在家の人です。「時衆」とは「一時衆会（いちじしゅえ）」ということで、「今ここに集まっている人」を意味します。今ここに集まっている人々は、みんな同じ心をもって、ただこの七高僧の説を信じて、そして教えられた通りに本願を信じ、念仏を申そうではないかと仰って、「正信念仏偈」を終わられるのです。

（完）

■著者紹介■

梯　實圓（かけはし　じつえん）

1927年生まれ。宗学院卒業。本願寺派勧学、行信教校名誉校長、大阪教区阿倍野組廣臺寺前住職。2014年逝去。

【著　書】

『聖典セミナー　観無量寿経』『聖典セミナー　教行信証 ―教行の巻―』『聖典セミナー　教行信証 ―信の巻―』『聖典セミナー　歎異抄』『聖典セミナー　口伝鈔』（本願寺出版社）、『親鸞教学の特色と展開』『教行信証の宗教構造 ―真宗教義学体系―』『親鸞聖人の生涯』（法藏館）、『法然教学の研究』『浄土教学の諸問題（全２巻）』『玄義分抄講述 ―幸西大徳の浄土教―』『顕浄土方便化身土文類講讃』『一念多念文意講讃』（永田文昌堂）ほか

正信偈講座

2023年６月20日　初版第１刷発行
2024年６月20日　　　　第３刷発行

著　者　梯　實圓

発　行　本願寺出版社
〒600-8501
京都市下京区堀川通花屋町下ル
浄土真宗本願寺派（西本願寺）
TEL.075-371-4171　FAX.075-341-7753
https://hongwanji-shuppan.com/

印　刷　大村印刷株式会社

MO02-SH3-①60-42　ISBN978-4-86696-046-3